元 脱 脱 等撰

宋 史

第 三 七 册
卷四三一至卷四四五（傳）

中 華 書 局

宋史卷四百三十一

列傳第一百九十

儒林一

聶崇義　邢昺　孫奭　王昭素　孔維　孔宜　崔頌子曮　尹拙
田敏　辛文悅　李覺　崔頤正弟偓佺　李之才

聶崇義，河南洛陽人。少舉三禮，善禮學，通經旨。漢乾祐中，累官至國子禮記博士，校定公羊春秋，刊板于國學。周顯德中，累遷國子司業兼太常博士。先是，世宗以郊廟祭器止由有司相承製造，年代浸久，無所規式，乃命崇義檢討摹畫以聞。四年，崇義上之，乃命有司別造焉。五年，將禘於太廟，言事者以宗廟無祧室，不當行禘祫之禮。崇義援引故事上言，其略曰：「魏明帝以景初三年正月上仙，至五年二月祫祭，明年又禘，自茲後以五年爲禘。且魏以武帝爲太祖，至明帝始三帝，未有毀主而行禘祫。其證一也。宋文帝元嘉六年，祠部定十月三日大祠，其太學博士議云：案禘祫之禮，三年一，五年再。宋高祖至文帝裁亦三帝，未有毀主而行禘祫。其證二也。梁武帝用謝廣議，三年一禘，五年一祫，謂之大祭，禘祭以夏，祫祭以冬。且梁武乃受命之君，裁追尊四朝而行禘祫，則知祭者是追養之道，以時移節變，孝子感而思親，故薦以首時，祭以仲月，間以禘祫，序以昭穆，乃禮之經也，非關宗廟備與未備。其證三也。」終從崇義之議。

未幾，世宗詔崇義參定郊廟祭玉，又詔翰林學士竇儼統領之。崇義因取三禮圖再加考正，建隆三年四月表上之，儼爲序。太祖覽而嘉之，詔曰：「禮器禮圖，相承傳用，寖歷年祀，寧免差違。聶崇義典事國庠，服膺儒業，討尋故實，刊正疑訛，奉職效官，有足嘉者。崇義宜量與酬奬，所進三禮圖，宜令太子詹事尹拙集儒學三五人更同參議，所冀精詳，苟有異同，善爲商確。」五月，賜崇義紫袍、犀帶、銀器、繒帛以奬之。拙多所駁正，崇義復引經以釋之，悉以下工部尚書竇儀，俾之裁定。儀上奏曰：「伏以聖人制禮，垂之無窮，儒者據經，所傳或異，年祀寖遠，圖繪缺然，踳駁彌深，丹青靡據。聶崇義研求師說，耽味禮經，較於舊圖，良有新意。尹拙爰承制旨，能罄所聞。尹拙駁議及聶崇義答義各四卷，臣再加詳閱，隨而裁置，率用增損，列於注釋，共分爲十五卷以聞。」詔頒行之。

拙、崇義復陳祭玉鼎釜異同之說，詔下中書省集議。吏部尙書張昭等奏議曰：

按聶崇義稱：祭天蒼璧九寸圓好，祭地黃琮八寸無好，圭、璋、琥並長九寸。自言周顯德三年與田敏等按周官玉人之職及阮諶、鄭玄舊圖，載其制度。

臣等按周禮玉人之職，只有「璧琮九寸」、「瑑琮八寸」及「璧羨度尺、好三寸以爲度」之文，卽無蒼璧、黃琮之制。兼引注有爾雅「肉倍好」之說，此卽是注「璧羨度」之文，又非蒼璧之制。又詳鄭玄自注周禮，不載尺寸，豈復別作畫圖，違經立異？

四部書目內有三禮圖十二卷，是隋開皇中敕禮官修撰，其圖第一、第二題云「梁氏」，第十後題云「鄭氏」，又稱不知梁氏、鄭氏名位所出。今書府有三禮圖，亦題「梁氏、鄭氏」，不言名位。厥後有梁正者，集前代圖記更加詳議，題三禮圖曰：「陳留阮士信受禮學於潁川綦册君〔二〕，取其說爲圖三卷，多不按禮文而引漢事，與鄭君之文違錯。」正删爲二卷，其阮士信卽諶也。如梁正之言，可知諶之紕謬。兼三卷禮圖删爲二卷，應在今禮圖之內，亦無改祭玉之說。

臣等參詳自周公制禮之後，叔孫通重定以來，禮有緯書，漢代諸儒頗多著述，討尋祭玉，並無尺寸之說。魏、晉之後，鄭玄、王肅之學各有生徒，三禮、六經無不論說，檢其書亦不言祭玉尺寸。臣等參驗畫圖本書，周公所說正經不言尺寸，設使後人謬爲之說，安得便入周圖？知崇義等以諸侯入朝獻天子夫人之琮璧以爲祭玉，又配合「羨度」、「肉好」之言，彊爲尺寸，古今大禮，順非改非，於理未通。

又據尹拙所述禮神之六玉，稱取梁桂州刺史崔靈恩所撰三禮義宗內「昊天及五精帝圭、璧、琮、璜皆長尺二寸，以法十二時；祭地之琮長十寸，以傚地之數」。又引白虎通云：「方中圓外曰璧，圓中方外曰琮。」崇義非之，以爲靈恩非周公之才，無周公之位，一朝撰述，便補六玉闕文，尤不合禮。

臣等竊以劉向之論洪範，王通之作元經，非必挺聖人之姿，而居上公之位，有益於教，不爲斐然。臣等以靈恩所撰之書，聿稽古訓，祭玉以十二爲數者，蓋天有十二次，地有十二辰，日有十二時，封山之玉牒十二寸，圜丘之籩豆十二列，天子以鎭圭外守，宗后以大琮內守，皆長尺有二寸。又祼圭尺二寸，王者以祀宗廟。若人君親行之郊祭，登壇酌獻，服大裘，搢大圭，行稽奠，而手秉尺二之圭，神獻九寸之璧，不及禮宗廟祼圭之數，父天母地，情亦奚安？則靈恩議論，理未爲失，所以自義宗之出，歷梁、陳、隋、唐垂四百年，言禮者引爲師法，今五禮精義、開元禮、郊祀錄皆引義宗爲標準。近代晉、漢兩朝，仍依舊制。周顯德中田敏等妄作穿鑿，輒有更改。自唐貞觀之後凡三次大修五禮，並因隋朝典故，或節奏繁簡之間稍有釐革，亦無改祭玉之說。伏望依白虎通、義宗、唐禮之制，以爲定式。

又尹拙依舊圖畫釜，聶崇義去釜畫鑊。臣等參詳舊圖，皆有釜無鑊。按易說卦云「坤爲釜」，詩云「惟錡及釜」，又云「溉之釜鬵」，春秋傳云「錡釜之器」，禮記云「燔黍捭豚」，解云「古未有甑釜，所以燔捭而祭」。即釜之爲用，其來尙矣，故入於禮圖。今崇義以周官祭祀有省鼎鑊，供鼎鑊，又以儀禮有羊鑊、豕鑊之文，乃云畫釜不如畫鑊。今諸經皆載釜之用，誠不可去，又周、儀禮皆有鑊之文，請兩圖之。又若觀諸家祭祀之畫，今代見行之禮，於大祀前一日，光祿卿省視鼎鑊。伏請圖鑊於鼎下。

詔從之。未幾，崇義卒，三禮圖遂行於世，幷畫於國子監講堂之壁。

崇義爲學官，兼掌禮，僅二十年，世推其該博。郭忠恕嘗以其姓嘲之曰：「近貴全爲聵，攀龍即作聾。雖然三箇耳，其奈不成聰。」崇義對曰：「僕不能爲詩，聊以一聯奉答。」即云：「勿笑有三耳，全勝畜二心。」蓋因其名以嘲之，忠恕大慚，人許其機捷而不失正，眞儒者之戲云。

邢昺字叔明，曹州濟陰人。太平興國初，舉五經，廷試日，召升殿講師、比二卦，又問以羣經發題，太宗嘉其精博，擢九經及第，授大理評事、知泰州鹽城監，賜錢二十萬。昺以是監處楚、泰間，泰僻左而楚會要，盥食爲急，請改隸楚州，從之。明年，召爲國子監丞，專講學之任。遷尙書博士，出知儀州，就轉國子博士。代還，賜緋，選爲諸王府侍講。雍熙中，遷水部員外郞，改司勳。端拱初，賜金紫，累遷金部郞中。

眞宗卽位，改司勳郞中，俄知審刑院，以昺儒者不達刑章，命劉元吉同領其事。是冬，昺上表自陳夙侍講諷，遷右諫議大夫。咸平初，改國子祭酒。二年，始置翰林侍講學士，以昺爲之。受詔與杜鎬、舒雅、孫奭、李慕淸、崔偓佺等校定周禮、儀禮、公羊穀梁春秋傳、孝經論語爾雅義疏，及成，並加階勳。俄爲淮南、兩浙巡撫使。初置講讀之職，卽於便坐令昺講左氏春秋，侍讀預焉。五年講畢，宴近臣於崇政殿，賜昺襲衣、金帶加器幣，仍遷工部侍郞，兼國子祭酒、學士如故。知審官院陳恕丁內艱，以昺權知院事。

景德二年，上言：「亡兄素嘗舉進士，願霑贈典。」特贈大理評事。是夏，上幸國子監閱庫書，問昺經版幾何，昺曰：「國初不及四千，今十餘萬，經、傳、正義皆具。臣少從師業儒時，經具有疏者百無一二，蓋力不能傳寫。今板本大備，士庶家皆有之，斯乃儒者逢辰之幸也。」上喜曰：「國家雖尙儒術，非四方無事何以及此。」上又訪以學館故事，有未振舉者，昺不能有所建明。先是，印書所裁餘紙，鬻以供監中雜用，昺請歸之三司，以裨國用。自是監學公費不給，講官亦厭其寥落。上方與起道術，又令昺與張雍、杜鎬、孫奭舉經術該博、德行端良者，以廣學員。三年，加刑部侍郎。

昺居近職，常多召對，一日從容與上語及宮邸舊僚，歎其淪喪殆盡，唯昺獨存。翌日賜白金千兩，且詔其妻至宮庭，賜以冠帔。四年，昺以羸老艱於趨步上前，自陳曹州故鄉，願給假一年歸視田里，俟明年郊祀還朝。上命坐慰勞之，因謂曰：「便可權本州，何須假耶？」昺又言楊礪、夏侯嶠同爲府僚，二臣沒皆贈尙書。上憫之，翌日謂宰相曰：「此可見其志矣。」卽超拜工部尙書，知曹州職如故。

入辭日，賜襲衣、金帶。是日，特開龍圖閣，召近臣宴崇和殿，上作五、七言詩二首賜之，預宴者皆賦。昺視壁間尙書、禮記圖，指中庸篇曰，凡爲天下國家有九經，因陳其大義，上嘉納之。及行，又令近臣祖送，設會於宜春苑。大中祥符初，上東封泰山，昺表曹州民請車駕經由本州，仍令濟陰令王範部送父老詣闕，優詔答之。俄召還。車駕進發，命判留司御史臺。禮畢，進位禮部尙書。

上勤政憫農，每雨雪不時，憂形於色，以昺素習田事，多委曲訪之。初，田家察陰晴豐凶，皆有狀候，老農之相傳者率有驗，昺多采其說爲對。又言：「民之災患大者有四：一曰疫，二曰旱，三曰水，四曰畜災。歲必有其一，但或輕或重耳。四事之害，旱暵爲甚，蓋田無昳澮，悉不可救，所損必盡。傳曰：『天災流行，國家代有。』此之謂也。」

三年，被病請告，詔太醫診視。六月，上親臨問疾，賜名藥一奩、白金器千兩、繒綵千匹。國朝故事，非宗戚將相，無省疾臨喪之禮，特有加於昺與郭贄者，以恩舊故也。未幾，有旨命中書召其子太常博士知東明縣仲寶、國子博士知信陽軍若思還侍疾。踰月卒，年七十九，贈左僕射，三子並進秩。

初，雍熙中，昺撰禮選二十卷獻之，太宗探其帙，得文王世子篇，觀之甚悅，因問衞紹欽曰：「昺爲諸王講說，曾及此乎？」紹欽曰：「諸王常時訪昺經義，昺每至發明君臣父子之道，必重複陳之。」太宗益喜。上嘗因內閣暴書，覽而稱善，召昺同觀，作禮選贊賜之。昺言：「家無遺稿，願得副本。」上許之。繕錄未畢而昺卒，亟詔寫二本，一本賜其家，一本俾置冢中。

昺在東宮及內庭，侍上講孝經、禮記、論語、書、易、詩、左氏傳，據傳疏敷引之外，多引時事爲喩，深被嘉獎。上嘗問：「管仲、召忽皆事公子糾，小白之入，召忽死之，管仲乃歸齊相桓公。豈非召忽以忠死，而管仲不能固其節，爲臣之道當若是乎？又鄭注禮記世子篇云：『文王以勤憂損壽，武王以安樂延年。』朕以爲本經旨意必不然也。且夏禹焦勞，有玄圭之賜，而享國永年。若文王能憂人之心，不自暇逸，縱無感應，豈至虧損壽命耶？」各隨其事理以對。

先是，咸平中，王欽若知貢舉，有告其受舉人賄賂者，下御史臺鞫得狀，欽若自訴，詔昺與邊肅、毋賓古、閻承翰就太常寺覆推。昺力辨欽若，而洪湛抵罪，欽若以是德之。昺之厚被寵顧，欽若與有功焉。

仲寶貪猥不才，舉止率易，士大夫多鄙笑之。欽若在中書，用爲三司判官，後至祠部郎中，坐贓黜官，卒。若思終於駕部郎中。

孫奭字宗古，博州博平人。幼與諸生師里中王徹，徹死，有從奭問經者，奭爲解析微指，人人驚服，於是門人數百皆從奭。後徙居須城。

九經及第，爲莒縣主簿，上書願試講說，遷大理評事，爲國子監直講。太宗幸國子監，召奭講書，至「事不師古，以克永世，匪說攸聞」。帝曰：「此至言也。商宗乃得賢相如此耶！」因咨嗟久之。賜五品服。眞宗以爲諸王府侍讀。會詔百官轉對，奭上十事。判太常禮院、國子監、司農寺，累遷工部郎中，擢龍圖閣待制。

奭以經術進，守道自處，卽有所言，未嘗阿附取悅。大中祥符初，得天書於左承天門，帝將奉迎，召宰相對崇政殿西廡。王旦等曰：「天貺符命，實盛德之應。」皆再拜稱萬歲。又召問奭，奭對曰：「臣愚，所聞『天何言哉』，豈有書也？」帝既奉迎天書，大赦改元，布告其事于天下，築玉清昭應宮。是歲，天書復降泰山，帝以親受符命，遂議封禪，作禮樂。王欽若、陳堯叟、丁謂、杜鎬、陳彭年皆以經義左右附和，由是天下爭言符瑞矣。

四年，又將祀汾陰，是時大旱，京師近郡穀踊貴，奭上疏諫曰：「先王卜征，五年歲習其祥，祥習則行，不習則增修德而改卜。陛下始畢東封，更議西幸，殆非先王卜征五年愼重之意，其不可一也。夫汾陰后土，事不經見。昔漢武帝將封禪，故先封中嶽，祠汾陰，始巡幸郡縣，遂有事於泰山。今陛下既已登封，復欲幸汾陰，其不可二也。古者圜丘方澤，所以郊祀天地，今南北郊是也。漢初承秦，唯立五畤以祀天，而后土無祀，故武帝立祠於汾陰。自元、成以來，從公卿之議，遂徙汾陰后土於北郊，後之王者多不祀汾陰。今陛下已建北郊，乃舍之而遠祀汾陰，其不可三也。西漢都雍，去汾陰至近。今陛下經重關，越險阻，輕棄京師根本，而慕西漢之虛名，其不可四也。河東，唐王業之所起也。唐又都雍，故明皇間幸河東，因祠后土。聖朝之興，事與唐異，而陛下無故欲祀汾陰，其不可五也。昔者周宣王遇災而懼，故詩人美其中興，以爲賢主。比年以來，水旱相繼，陛下宜側身修德，以答天譴，豈宜下徇姦回，遠勞民庶，盤游不已，忘社稷之大計？其不可六也。夫雷以二月啓蟄，八月收聲，育養萬物，失時則爲異。今震雷在多，爲異尤甚。此天意丁寧以戒陛下，而反未悟，殆失天意，其不可七也。夫民，神之主也，是以聖王先成民而後致力於神。今國家土木之功累年未息，水旱洊沴，饑饉居多，乃欲勞民事神，神其享之乎？此其不可八也。陛下必欲爲此者，不過效漢武帝、唐明皇，巡幸所至，刻石頌功，以崇虛名，夸示後世爾。陛下天資聖明，當慕二帝、三王，何爲下襲漢、唐之虛名，其不可九也。唐明皇以嬖寵姦邪，內外交害，身播國屯，兵交闕下，亡亂之迹如此，由狃於承平，肆行非義，稔致禍敗。今議者引開元故事以爲盛烈，乃欲倡導陛下而爲之，臣切爲陛下不取，此其不可十也。臣言不逮意，陛下以臣言爲可取，願少賜淸問，以畢臣說。」

帝遣內侍皇甫繼明就問，又上疏曰：

陛下將幸汾陰，而京師民心弗寧，江、淮之衆困於調發，理須鎭安而矜存之。且土木之功未息，而奪攘之盜公行，外國治兵，不遠邊境，使者雖至，寧可保其心乎？昔陳勝起於徭戍，黃巢出於凶饑，隋煬帝勤遠略而唐高祖興於晉陽，晉少主惑小人而耶律德光長驅中國。陛下俯從姦佞，遠棄京師，涉仍歲荐饑之墟，修違經久廢之祠，不念民疲，不恤邊患。安知今日戍卒無陳勝，饑民無黃巢，英雄將無窺伺於肘腋，外敵將無觀釁於邊陲乎？

先帝嘗議封禪，寅畏天災，尋詔停寢。今姦臣乃贊陛下力行東封，以爲繼成先志。先帝嘗欲北平幽朔，西取繼遷，大勳未集，用付陛下，則羣臣未嘗獻一謀、畫一策，以佐陛下繼先帝之志者；反務卑辭重幣，求和於契丹，蹙國縻爵，姑息於繼遷；曾不思主辱臣死爲可戒，誣下罔上爲可羞。撰造祥瑞，假託鬼神，纔畢東封，便議西幸，輕勞車駕，虐害饑民，冀其無事往還，便謂成大勳績。是陛下以祖宗艱難之業，爲姦邪僥倖之資，臣所以長嘆而痛哭也。

夫天地神祇，聰明正直，作善降之百祥，作不善降之百殃，未聞專事籩豆簠簋，可邀福祥。春秋傳曰：「國之將興聽於民，將亡聽於神。」愚臣非敢妄議，惟陛下終賜裁擇。

後天下數有災變，又言：「古者五載巡守，有國之事爾，非必有紫氣黃雲，然後登封，嘉禾異草，然後省方也。今野鵰山鹿，郡國交奏，秋旱冬雷，羣臣率賀，退而腹非竊笑者比比皆是。孰謂上天爲可罔，下民爲可愚，後世爲可欺乎？人情如此，所損不細，惟陛下深鑒其妄。」

六年，又上疏曰：「陛下封泰山，祀汾陰，躬謁陵寢，今又將祠于太淸宮，外議籍籍，以謂陛下事事慕效唐明皇，豈以明皇爲令德之主耶？甚不然也。明皇禍敗之迹有足爲深戒者，非獨臣能知之，近臣不言者，此懷姦以事陛下也。明皇之無道，亦無敢言者，及奔至馬嵬，軍士已誅楊國忠，請矯詔之罪，乃始諭以識理不明，寄任失所。當時雖有罪己之言，覺寤已晚，何所及也。臣願陛下早自覺寤，抑損虛華，斥遠邪佞，罷興土木，不襲危亂之迹，無爲明皇不及之悔，此天下之幸，社稷之福也。」帝以爲「封泰山，祠汾陰，上陵，祀老子，非始於明皇。開元禮今世所循用，不可以天寶之亂，舉謂爲非也。秦爲無道甚矣，今官名、詔令、郡縣猶襲秦舊，豈以人而廢言乎？」作解疑論以示羣臣。然知奭朴忠，雖其言切直，容之而弗斥。

久之，以父老請歸田里，不許，以知密州。居二年，遷左諫議大夫，罷待制還，糾察在京刑獄。是時初置天慶、天祺、天貺、先天、降聖節，天下設齋醮張燕，費甚廣。奭又請裁省浮用，不報。復出知河陽，又求解官就養，遷給事中，徙兗州。

天禧中，朱能獻乾祐天書。復上疏曰：

朱能者，姦險小人，妄言祥瑞，而陛下崇信之，屈至尊以迎拜，歸祕殿以奉安，上自朝廷，下及閭巷，靡不痛心疾首，反脣腹非，而無敢言者。

昔漢文成將軍以帛書飯牛，既而言牛腹中有奇書，殺視得書，天子識其手迹。又有五利將軍妄言，方多不讎，二人皆坐誅。先帝時有侯莫陳利用者，以方術暴得寵用，一旦發其姦，誅於鄭州。漢武可謂雄材，先帝可謂英斷。唐明皇得靈寶符、上清護國經、寶劵等，皆王鉷、田同秀等所爲，明皇不能顯戮，怵於邪說，自謂德實動天，神必福我。夫老君，聖人也。儻實降語，固宜不妄，而唐自安、史亂離，乘輿播越，兩都盪覆，四海沸騰，豈天下太平乎？明皇雖僅得歸闕，復爲李輔國刼遷，卒以憂終，豈聖壽無疆、長生久視乎？以明皇之英睿，而禍患猥至曾不知者，良由在位既久，驕亢成性，謂人莫己若，謂諫不足聽。心玩居常之安，耳熟導諛之說，內惑寵嬖，外任姦回，曲奉鬼神，過崇妖妄。今日見老君於閣上，明日見老君於山中。大臣尸祿以將迎，端士畏威而緘默。既惑左道，卽紊政經，民心用離，變起倉卒。當是之時，老君寧肯禦兵，寶符安能排難邪？

今朱能所爲，或類於此，願陛下思漢武之雄材，法先帝之英斷，鑒明皇之召禍，庶幾災害不生，禍亂不作。

未幾，能果敗。奭又嘗請減修寺度僧，帝雖未用其言，嘗令向敏中諭令陳時政得失，奭以納諫、恕直、輕徭、薄斂四事爲言，頗施行焉。

仁宗卽位，宰相請擇名儒以經術侍講讀，乃召爲翰林侍講學士，知審官院，判國子監，修眞宗實錄。丁父憂，起復，兼判太常寺及禮院，三遷兵部侍郎、龍圖閣學士。每講論至前世亂君亡國，必反覆規諷。仁宗意或不在書，奭則拱默以俟，帝爲竦然改聽。嘗畫無逸圖上之，帝施於講讀閣。時章憲明肅皇后每五日一御殿，與帝同聽政，奭言：「古帝王朝朝暮夕，未有曠日不朝。陛下宜每日御殿，以覽萬機。」奏留中不報。然帝與皇太后尤愛重之，每進見，未嘗不加禮。

三請致仕，召對承明殿，敦諭之，以年踰七十固請，泣下，帝亦惻然，詔與馮元講老子三章，各賜帛二百匹。以不得請，求近郡，優拜工部尚書，復知兗州。詔須宴而後行，又留數月，特宴太清樓，近臣皆預，帝作飛白大字以賜二府，而小字賜諸學生，獨奭與晁迥兼賜大小字。詔羣臣即席賦詩，太后又別出禁中珍器勸酒。翌日奭入謝，又命講老子，賜襲衣、金帶、銀鞍勒馬。及行，賜宴瑞聖園，又賜詩，詔近臣皆賦。以恭謝恩改禮部尚書，既而累表乞歸，以太子少傅致仕。疾甚，徙正寢，屛婢妾，謂子瑜曰：「無令我死婦人之手。」卒，奏至，帝謂張士遜曰：「朕方欲召奭還，而奭遂死矣。」嗟惜者久之，罷朝一日，贈左僕射，謚曰宣。

奭性方重，事親篤孝，父亡，舐其面以代頮。常掇五經切於治道者，爲經典徽言五十卷。又撰崇祀錄、樂記圖、五經節解、五服制度。嘗奉詔與邢昺、杜鎬校定諸經正義，莊子、爾雅釋文，考正尙書、論語、孝經、爾雅謬誤及律音義。

初，圜丘無外壝，五郊從祀不設席，尊不施冪；七祠時饗飲福用一尊，不設三登，升歌不以雍徹；冬至攝祀昊天上帝，外級止十七位，而不以星辰從；饗先農在祈穀之前；上丁釋奠無三獻；宗廟不備二舞；諸臣當謚者，或旣葬乃請。奭皆援古奏正，遂著於禮。又請冬至罷祀五帝，大雩設五帝而罷祠昊天上帝。事下有司議，不合而止。

瑜官至工部侍郎致仕。

王昭素，開封酸棗人。少篤學不仕，有至行，爲鄉里所稱。常聚徒敎授以自給，李穆與弟肅及李惲皆常師事焉。鄉人爭訟，不詣官府，多就昭素決之。

昭素博通九經，兼究莊、老，尤精詩、易，以爲王、韓注易及孔、馬疏義或未盡是，乃著易論二十三篇。

開寶中，穆薦之朝，詔召赴闕，見於便殿，時年七十七，精神不衰。太祖問曰：「何以不求仕進，致相見之晚？」對曰：「臣草野惷愚，無以裨聖化。」賜坐，令講易乾卦，召宰相薛居正等觀之，至「飛龍在天」，上曰：「此書豈可令常人見？」昭素對曰：「此書非聖人出不能合其象。」因訪以民間事，昭素所言誠實無隱，上嘉之。以衰老求歸鄉里，拜國子博士致仕，賜茶藥及錢二十萬，留月餘遣之，年八十九，卒於家。

昭素頗有人倫鑒。初，李穆兄弟從昭素學易，常謂穆曰：「子所謂精理，往往出吾意表。」又語人曰：「穆兄弟皆令器，穆尤沈厚，他日必至廊廟。」後果參知政事。

昭素每市物，隨所言而還直，未嘗論高下。縣人相告曰：「王先生市物，無得高取其價也。」治所居室，有椽木積門中，夜有盜者抉門將入，昭素覺之，即自門中潛擲椽於外，盜者慚而去，由是里中無盜。家有一驢，人多來假，將出，先問僮奴曰：「外無假驢者乎？」對云「無」，然後出。其爲純質若此。

子仁著，亦有隱德。

孔維字爲則，開封雍丘人。乾德四年九經及第，解褐東明、鄢陵二主簿。開寶中，禮部再奏爲考試官，調滁州軍事推官。太宗卽位，擢授太子左贊善大夫，知河南縣，通判滑、梓二州。太平興國中，就拜國子周易博士，代還，遷禮記博士。七年，使高麗，王治問禮於維，維對以君父臣子之道，升降等威之序，治悅，稱之曰：「今日復見中國之夫子也。」九年，判國學事。雍熙初，遷主客員外郎。三年，擢爲國子司業，賜金紫。

會將有事于籍田，維起周禮至于唐書，凡沿革制度並錄之以獻，觀者稱其博。又上書請禁原蠶以利國馬。直史館樂史駁之曰：

管子云：「倉廩實，知禮節；衣食足，知榮辱。」是以古先哲王厚農桑之業，以其爲衣食之原耳。一夫不耕，天下有受其飢者；一婦不蠶，天下有受其寒者。故天子親耕，后妃親蠶，屈身以化下者，邦國之重務也。吳都賦曰：「國賦再熟之稻，鄉貢八蠶之緜。」則蠶之有原，其來舊矣。今孔維請禁原蠶以利國馬，徒引前經物類同氣之文，不究時事確實之理。夫所市國馬來自外方，涉遠馳驅，虧其秣飼，失於善視，遂至玄黃，致斃之由，鮮不以此。今乃欲禁其蠶事，甚無謂也。唐朝畜馬，具存監牧之制，詳觀本書，亦無禁蠶之文。況近降明詔，來年春有事于籍田，是則勸農之典方行，而禁蠶之制又下，事相違戾，恐非所長。

臣嘗歷職州縣，粗知利病，編民之內，貧窶者多，春蠶所成，止充賦調之備，晚蠶薄利，始及卒歲之資。今若禁其後圖，必有因緣爲弊，滋彰撓亂，民豈皇寧。渙汗絲綸，所宜重愼。

上覽之，遂寢晚蠶之禁。維復抗疏曰：

按周禮夏官司馬職禁原蠶者，爲傷馬也。原，再也。天文，辰爲馬。蠶書，蠶爲龍精，月直大火，則浴其種。是蠶與馬同氣，物莫能兩大，故禁再蠶以益馬也。又郭璞云：「重蠶爲原，今晚蠶也。」臣少親耕桑之務，長歷州縣之職，物之利害，熟知之矣。蚩蚩之氓知其利而不知其害，故有早蠶之後，重養晚蠶之繭，出絲甚少，再采之葉來歲不茂，豈止傷及於馬，而桑亦損矣。臣自縣歷官，路見坰野之地官馬多死，若非明援典據，助其畜牧，安敢妄有舉陳哉。

按本草注：「以僵蠶塗馬齒，則不能食草。」物類相感如此。月令仲春祭馬祖，季春享先蠶，皆謂天駟房星也，爲馬祈福，謂之馬祖，爲蠶祈福，謂之先蠶，是蠶與馬同其類爾。蠶重則馬損，氣感之而然也。臣謂依周禮禁原蠶爲當。

上雖不用維言，而嘉其援引經據，以章付史館。籍田畢，拜國子祭酒。淳化初，兼工部侍郎。二年，卒，年六十四。

維通經術。準舊制，舉九經，一上不中第卽改科。開寶中，維論其事非便，詔禮部，自今九經同諸科許再赴舉。

太宗尹京日，維爲屬邑吏，頗以經術受知。卽位後，維始升郎署。自以通經求爲司業，卽以授之。使外國者皆假服紫，維自高麗還，會東使至，維自恥衣緋，因求見上，詭言：「高麗使問臣獲何罪降服，臣無以對。」因泣下。上憐之，卽賜以金紫。及爲祭酒，又奏言：「朝廷久不置此官，少有知者，臣之親戚故舊有書信來者，多云祭酒郎中。田敏晉朝任祭酒，仍兼侍郎，願循前例，兼領是官，庶獲美稱。」上從之。然縉紳惡其儒者躁求，無退讓之風。嘗建議乞廣太學，上以侵壞民舍不許。受詔與學官校定五經疏義，刻板行用，功未及畢，被病，上遣太醫診視，使者撫問。初，維私用印書錢三十餘萬，爲掌事黃門所發，維憂懼，遽以家財償之，疾遂亟，上赦而不問。維將終，召其壻鄭革口授遺表，以五經疏未畢爲恨。景德四年，錄其孫禹圭同學究出身。

孔宜字不疑，兗州曲阜人，孔子四十四世孫。孔子生鯉，字伯魚。鯉生伋，字子思。伋生白，字子上。白生求〔二〕，字子家。求生箕，字子京。箕生穿，字子高。穿生謙，字子愼。謙生鮒，字子魚，以弟子騰爲嗣。騰字子襄，值秦難，藏其家書于屋壁。騰生忠，字季忠。忠生武〔三〕。武生延年及安國。延年生霸，字次孺，漢昭帝時爲博士，宣帝時爲太中大夫，授皇太子經，元帝卽位，賜爵關內侯，號褒成君。霸生福。福生房。房生均，字長平，好學有才，爲尙書郎，平帝元始元年，封均爲褒成侯，食邑二千戶，追謚夫子爲褒成宣尼公。王莽以均爲太尉，三以疾辭，得還，莽敗，失國。後漢世祖建武十四年，復封均子志爲褒成侯，謚元成。志生損，襲爵，和帝永元四年，徙封損爲褒亭侯。損卒，子曜嗣侯，邑千戶。子完嗣，邑百戶。完早卒無子，以弟子羨襲爵。

羨仕魏爲議郎，黃初二年，封宗聖侯，邑百戶。羨生震，晉武帝泰始三年，徙封奉聖亭侯，邑二百戶，歷太常、黃門侍郎。震生嶷。嶷生撫，舉孝廉，辟太尉掾，歷豫章太守。撫生懿。懿生鮮，有度量，好學，宋文帝元嘉十九年，襲封奉聖侯。鮮生乘，博學有才藝，後魏孝文延興初，舉孝廉，三年，封乘爲崇聖大夫，復十戶，以供洒掃。乘生靈珍，襲爵，歷祕書郎，太和十九年，改封崇聖侯，邑百戶。靈珍生文泰。文泰生渠，北齊文宣帝天保元年，改封恭聖侯。後周宣帝大象二年，追封孔子爲鄒國公，以渠襲爵，邑百戶。

渠生長孫，隋文帝復封長孫爲鄒國公。長孫生嗣哲，應制舉，歷涇州司兵參軍、太子通事舍人，大業四年，改封紹聖侯，邑百戶。嗣哲生德倫，唐太宗貞觀十一年，封褒聖侯，邑百戶，朝會位同三品，復其子孫。則天天授二年，賜德倫璽書、衣服。德倫生崇基，襲侯，中宗神龍元年，授朝散大夫。崇基生璲之，玄宗開元中，歷國子四門博士、邠王府文學、蔡州長史。二十七年，詔追謚孔子爲文宣王，改封褒聖侯璲之爲襲文宣公，兼兗州長史。璲之生萱，襲封，歷兗州泗水令。萱生齊卿，德宗建中三年，詔以齊卿爲兗州司馬，陷於東平，卒。至憲宗元和十三年，平李師道，其子惟晊歸魯，詔以惟晊爲兗州參軍，奉夫子祀，復五十戶，以供灑掃。惟晊生策，會昌元年，歷國子監丞、尚書博士。大中元年，宰相白敏中奏歲給封戶絹百疋，充春秋奉祀。自璲之至策，五世並襲封文宣公。策生振，懿宗咸通四年，舉進士甲科，歷兗州觀察判官，至刑部員外郎。振生昭儉，歷兗州司馬、曲阜令。自策至昭儉，三世歲給封絹，以供享祀。昭儉生光嗣，哀帝天祐中，爲泗水主簿，奉孔子祀。

光嗣生仁玉，九歲通春秋，姿貌雄偉。後唐明宗長興元年，以爲曲阜主簿，三年，遷龔丘令，襲文宣公，晉高祖天福五年，改曲阜令。周高祖廣順二年，平慕容彥超，幸曲阜，拜孔子廟及墓，召仁玉，賜五品服，復以爲本縣令。

仁玉四子，長曰宜，舉進士不第，乾德中詣闕上書，述其家世，詔以爲曲阜主簿，歷黃州軍事推官，遷司農寺丞，掌星子鎭市征。宜上言：「星子當江湖之會，商賈所集，請建爲軍。」詔以爲縣，就命宜知縣事，後以爲南康軍。

宜代還，獻文賦數十篇，太宗覽而嘉之，召見，問以孔子世嗣，因下詔曰：「素王之道，百代所崇，傳祚襲封，抑存典制。文宣王四十四代孫、司農寺丞宜服勤素業，砥礪廉隅，亟歷官聯，洽聞政績，聖人之後，世德不衰，俾登朝倫，以光儒胄。可太子右贊善大夫，襲封文宣公，復其家。」未幾，通判密州。太平興國八年，詔修曲阜孔子廟，宜貢方物爲謝，詔褒之，遷殿中丞。雍熙三年，王師北征，受詔督軍糧，涉拒馬河溺死，年四十六。

子延世字茂先，以父死事賜學究出身，爲曲阜主簿，歷閬、長葛二令。眞宗至道三年十一月，召赴闕，以爲曲阜令，襲封文宣公，賜白金束帛及太宗御書印九經。咸平三年，詔本道轉運使、本州長吏待以賓禮，仍留三年，卒官，年三十八。次曰憲，太平興國二年進士及第，至工部員外郎，知浚儀縣。次曰冕，應城主簿。次曰勗，雍熙中進士及第。

延世子聖祐，景德初始九歲，特賜同學究出身。大中祥符元年，東封泰山，特聽聖祐衣綠陪位，綴京官班後。及還至兗州，十一月朔，幸曲阜，謁孔子廟，行酌獻之禮，孔氏宗屬並令陪位。又幸孔林，觀其墓久之。又御北亭，召從臣觀古碑。加謚孔子爲玄聖文宣王，追封孔子父叔梁紇齊國公，母顏氏魯國太夫人。擢聖祐爲太常寺奉禮郎，又錄其近屬進士請同三傳出身，習進士延祐、習學究延渥延魯延齡並同學究出身，共賜銀二百兩、絹三百疋，以充奉祠廟。時勗爲殿中丞、通判廣州，王欽若言其有聲於鄉曲，召赴闕，改太常博士，賜緋，令知曲阜縣，專主祠廟。二年三月，又遣使賜太宗御書及九經書疏、三史藏于廟，令本州選儒生講說。聖祐後改大理評事。天禧五年，授光祿寺丞，襲封文宣公，知仙源縣事。後改名佑，遷太子中舍，卒年三十。

勗爲司封郎中。延魯大中祥符五年復舉進士及第，後改名道輔，爲左司諫、龍圖閣待制，自有傳。

崔頌字敦美，河南偃師人。父協，後唐門下侍郎、平章事。頌幼喪母，爲外祖母所鞠養。以蔭補河南府巡官，歷開封主簿、鄧州錄事參軍，以疾去官。未幾，詣闕上書言事，宰相桑維翰覽而奇之，擢爲左拾遺，選右補闕。

漢初，加朝散階，副右散騎常侍張煦冊錢俶爲吳越王。梁末，協嘗使兩浙，至是，越人美之，贈賄甚厚。及還，值周祖入京師，爲軍士剽奪悉盡。世宗鎭澶淵，擇僚佐，頌與王朴、王敏中皆中其選，以頌爲觀察判官，贈金紫。世宗尹京，拜司封員外郎，充判官，以斷獄悞失罷職，守本官。卽位，拜駕部郎中，遷吏部，復副尹日就使兩浙。世宗讀唐元稹均田疏，命寫爲圖賜近臣，遣使均諸道租賦，頌使兗州，頗增舊額。恭帝嗣位，改左諫議大夫。

宋初，判國子監。會重修國學及武成王廟，命頌總領其事。建隆三年夏，始會生徒講說，太祖遣中使以酒果賜之。每臨幸國學，召頌與語，因及經義，頌應答無滯。及郊祀，以頌攝太僕，升車執綏，上問以一時典禮，頌占對閑雅，上甚重之。未幾，坐請託有司爲所親求便官，出爲保大軍行軍司馬。乾德六年，暴得疾卒，年五十。

頗好詼諧，善筆札，受命書世宗謚册文，當時稱其遒麗。篤信釋氏，睹佛像必拜。性多疑，在鄜州官舍，嘗召圬墁者治堂室，以帛蒙其目，人皆笑之。

子曉，至太子右贊善大夫。

噓字文炳，雍熙二年進士，淹雅有士行，累爲屯田員外郎、開封三司戶部判官。景德中，雍王元份薨，府官皆坐黜。時戚維爲曹國公元儼府翊善，上謂宰相曰：「元儼年少，尤資贊導，維迂懦循默，不能規戒，聞崔噓性純謹，以之代維，庶有裨益。」因召對，遷都官員外郎，充記室參軍，賜金紫，遷兵部郎中，出知河中府，轉太常少卿、將作監，卒。

尹拙，潁州汝陰人。梁貞明五年舉三史，調補下邑主簿，攝本鎭館驛巡官。後唐長興中，召爲著作佐郎、直史館，遷左拾遺，依前直史館，加朝散大夫。應順初，出爲宣武軍掌書記、檢校虞部員外郎兼殿中侍御史。清泰初，加檢校駕部員外郎兼御史大夫。二年，改檢校虞部郎中、忠武軍掌書記。

晉天福四年，入爲右補闕。明年，轉侍御史。會詔拙與張昭、呂琦等同修唐史，改倉部員外郎，賜金紫。八年，遷左司員外郎。契丹入寇，趙延壽鎭常山，以拙爲掌書記。漢初，召爲司馬郎中、弘文館直學士。

周廣順初，遷庫部郎中兼太常博士，仍充直學士。奉使荆南還，改兵部郎中。顯德初，拜檢校右散騎常侍、國子祭酒、通判太常禮院事，與張昭同修唐應順、清泰及周祖實錄，又與昭及田敏同詳定經典釋文。丁憂，免。宋初，改檢校工部尚書、太子詹事、判太府寺，遷祕書監、判大理寺。乾德六年，告老，以本官致事。

拙性純謹，博通經史。周世宗北征，命翰林學士爲文祭白馬祠，學士不知所出，遂訪於拙，拙歷舉郡國祠白馬者以十數，當時伏其該博。開寶四年，卒，年八十一。

子季通，至國子博士。

田敏，淄州鄒平人。少通春秋之學。梁貞明中登科，調補淄州主簿，不令之任，留爲國子四門博士。後唐天成初，改尙書博士，賜緋。滿歲，爲國子博士。上言請四郊置齋宮，不報。秩滿，轉屯田員外郎，以詳明典禮兼太常博士。建議請依春秋每歲藏冰薦宗廟，頒公卿，如古禮。奉詔與太常卿劉岳、博士段顒、路航、李居浣、陳觀等删定唐鄭餘慶書儀，又詔與馬鎬等同校九經。改戶部員外郎，賜金紫。淸泰初，遷國子司業。

晉天福四年授祭酒，仍檢校工部尚書，俄兼戶部侍郎。開運初，遷兵部侍郎，充弘文館學士、判館事。議者以敏止可任學官，宰相桑維翰聞之，即改授檢校右僕射，復爲祭酒。漢乾祐中，拜尚書右丞，判國子監。

周廣順初，改左丞，遣使契丹，將歲賂錢十萬貫，止其侵剽，契丹不許。周祖將親郊，命權判太常卿事。世宗即位，眞拜太常卿、檢校左僕射，加司空。顯德五年，上章請老，賜詔曰：「卿詳明禮樂，博涉典墳，爲儒學之宗師，乃薦紳之儀表。朕方資舊德，以訪話言，遽覽封章，願致官政。引年之制雖著舊文，尊賢之心方深虛佇，所請宜不允。」遷工部尚書。俄再上表願歸故鄉，以遂首丘之志，改太子少保致仕，歸淄州別墅。恭帝即位，加少傅。開寶四年，卒，年九十二。

敏解官歸鄉，有良田數十頃，多釀美酒待賓客。體強少疾，徒步往來閭巷間不以杖。每日親授諸子經。自作父墓碑，辭甚質。敏嘗使湖南，路出荆渚，以印本經書遺高從誨，從誨謝曰：「祭酒所遺經書，僕但能識孝經耳。」敏曰：「讀書不必多，十八章足矣。如諸侯章云『在上不驕，高而不危，制節謹度，滿而不溢』，皆至要之言也。」時從誨兵敗於郢，故敏以此諷之，從誨大慚。

敏雖篤於經學，亦好爲穿鑿，所校九經，頗以獨見自任，如改尚書盤庚「若網在綱」爲

「若綱在綱」，重言「綱」字。又爾雅「椵，木槿」注曰：「日及」，改爲「白及」。如此之類甚衆，世頗非之。

子章，至殿中丞。

辛文悅者，不知何許人。以五經教授，太祖幼時從其肄業。周顯德中，太祖歷禁衞爲殿前都點檢，節制方面。文悅久不獲接見，一日，夢邀車駕請見，既拜，乃太祖也。太祖亦夢其來謁，因令左右尋訪，文悅果自至，太祖異之。及登位，召見，授太子中允，判太府事。開寶三年，出知房州。時周鄭王出居是州，上以文悅長者，故命焉。文悅後累遷至員外郎。

又有張遁、張文旦者，嘗與太宗同學校，太平興國中，詣闕自言，各起家爲主簿。

李覺字仲明，本京兆長安人。曾祖鼎，唐國子祭酒、蘇州刺史，唐末，避亂徙家青州益都。鼎生瑜，本州推官。瑜生感，字咸熙，性曠蕩，嗜酒，喜吟詩，善琴奕，畫山水尤工，人多傳祕其蹟。周樞密使王朴將薦其能，會朴卒，鬱鬱不得志。乾德中，司農卿衞融知陳州，聞其名，召之，咸因挈族而往，日以酣飮爲事，醉死於客舍。

子覺，太平興國五年舉九經，起家將作監丞，通判建州，秩將滿，州人借留，有詔褒之，就遷左贊善大夫、知泗州，轉祕書丞。太宗以孔穎達五經正義刊板詔孔維與覺等校定。王師征燕薊，命覺部京東諸州芻糧赴幽州。維薦覺有學，遷禮記博士，賜緋魚。

雍熙三年，與右補闕李若拙同使交州，黎桓謂曰：「此土山川之險，中朝人乍歷之，豈不倦乎？」覺曰：「國家提封萬里，列郡四百，地有平易，亦有險固，此一方何足云哉！」桓默然色沮。使還久之，遷國子博士。

端拱元年春，初令學官講說，覺首預焉。太宗幸國子監謁文宣王畢，升輦將出西門，顧見講坐，左右言覺方聚徒講書，上卽召覺，令對御講。覺曰：「陛下六龍在御，臣何敢輒升高坐。」上因降輦，令有司張帟幕，設別坐，詔覺講周易之泰卦，從臣皆列坐。覺因述天地感通、君臣相應之旨，上甚悅，特賜帛百疋。

俄獻時務策，上頗嘉獎。是冬，以本官直史館。右正言王禹偁上言：「覺但能通經，不當輒居史職。」覺倣韓愈毛穎傳作竹穎傳以獻，太宗嘉之，故寢禹偁之奏。淳化初，上以經書板本有田敏輒删去者數字，命覺與孔維詳定。二年，詳校春秋正義成，改水部員外郎、判國子監。四年，遷司門員外郎。被病假滿，詔不絕奉。卒。

覺累上書言時務，述養馬、漕運、屯田三事，太宗嘉其詳備，令送史館，語見本志。覺性彊毅而聰敏，嘗與祕閣校理吳淑等同考試開封府秋賦舉人，語及算雉兎首足法，覺曰：「此頗繁，吾能易之。」及成，果精簡。淑意其宿製，卽試以別法，皆能立就，坐中皆嘆伏。

子脩，大中祥符五年進士，爲祠部員外郎、集賢校理。

崔頤正開封封丘人〔四〕。與弟偓佺並舉進士，明經術。頤正雍熙中爲高密尉，秩滿，國子祭酒孔維薦之，以爲國學直講，遷殿中丞。太宗召見，令說莊子一篇，賜錢五萬。判監李至上言：「本監先校定諸經音疏，其間文字訛謬尙多，深慮未副仁君好古誨人之意也。蓋前所遣官多專經之士，或通春秋者未習禮記，或習周易者不通尙書，至於旁引經史，皆非素所傳習，以是之故，未得周詳。伏見國子博士杜鎬、直講崔頤正、孫奭皆苦心彊學，博貫九經，問義質疑，有所依據。望令重加刊正，冀除舛謬。」從之。

咸平初，又有學究劉可名言諸經版本多舛誤，眞宗命擇官詳正，因訪達經義者，至方參知政事，以頤正對。曰：「朕宮中無事，樂聞講誦。」翌日召頤正於苑中，說尙書大禹謨，賜以牙緋。自是日令赴御書院待對，說尙書至十卷。頤正年老步趨艱蹇，表求致仕，上命坐，問恤甚至，賜器幣，聽以本官致仕，仍充直講，改國子博士。三年，卒，年七十九。

偓佺淳化中歷福州連江尉，判國子監李至奏爲直講，引對便坐，太宗顧謂曰：「李覺嘗奏朕云，『四皓』中一先生，或言姓『用』字加撇，或云加點。爾知否？」偓佺曰：「昔秦時程邈撰隸書，訓如僕隸之易使也。今字與古或異。臣聞刀用爲角，音權。兩點爲甪，音鹿。用上一撇一點俱不成字。」

咸平二年，眞宗幸國學，召偓佺說尙書，卽特賜緋。景德後，令講道德經，日於崇文院候對，終篇，賜以白金繒綵。三年，卒，年七十九。嘗撰帝王手鑑十卷，幷注曹唐大遊仙詩十五卷。其子世安上之，特賜出身。

李之才字挺之，青社人也。天聖八年同進士出身，爲人朴且率，自信，無少矯厲。師河南穆脩，脩性卞嚴寡合，雖之才亦頻在訶怒中，之才事之益謹，卒能受易。時蘇舜欽輩亦從脩學易，其專授受者惟之才爾。脩之易受之种放，放受之陳摶，源流最遠，其圖書象數變通之妙，秦、漢以來鮮有知者。

之才初爲衞州獲嘉主簿〔五〕、權共城令。時邵雍居母憂于蘇門山百源之上，布裘蔬食，躬爨以養父。之才叩門來謁，勞苦之曰：「好學篤志果何似？」雍曰：「簡策之外，未有迹也〔六〕。」之才曰：「君非迹簡策者，其如物理之學何？」他日則又曰：「物理之學學矣，不有性命之學乎？」雍再拜願受業，於是先示之以陸淳春秋，意欲以春秋表儀五經，既可語五經大旨，則授易而終焉。其後雍卒以易名世。

之才器大，難乎識者，棲遲久不調，或惜之，則曰：「宜少貶以圖榮進。」石延年獨曰：「時不足以容君，盍不棄之隱去。」再調孟州司法參軍，時范雍守孟，亦莫之知也。雍初自洛建節守延安，送者皆出境外，之才獨別近郊，或病之，謝曰：「故事也。」頃之，雍謫安陸，之才沿檄見之洛陽，前日遠送之人無一來者，雍始恨知之之晚。

友人尹洙以書薦於中書舍人葉道卿，因石延年致之，曰：「孟州司法參軍李之才，年三十九，能爲古文章，語直意遂，不肆不窘，固足以蹈及前輩，非洙所敢品目，而安於卑位，無仕進意，人罕知之。其才又達世務，使少用於世，必過人遠甚，恨其貧不能決其歸心，知之者當共成之。」延年復書曰：「今業文好古之士至鮮且不張，苟遺若人，其學益衰矣。」延年素不喜謁貴仕，凡四五至道卿門，通其書乃已。道卿薦之，遂得應銓新格，有保任五人，改大理寺丞，爲緱氏令。未行，會延年與龍圖閣直學士吳遵路調兵河東，辟之才澤州簽署判官。

澤人劉義叟從受曆法，世稱「義叟曆法」，遠出古今上，有楊雄、張衡所未喻者，實之才授之。

在澤轉殿中丞，丁母憂，甫除喪，暴卒于懷州官舍〔七〕，慶曆五年二月也〔八〕。時尹洙兄漸守懷〔九〕，哭之才過哀，感疾不踰月亦卒。之才歸葬青社，邵雍表其墓，有曰：「求於天下，得聞道之君子李公以師焉。」

校勘記

〔一〕綦毌君　玉海卷三九建隆三禮圖條引會要作「綦毋君」，四庫全書總目提要卷二二三禮圖集注條作「綦母君」。按「綦毋」、「綦母」同，鄭樵通志氏族略複姓有「綦毋」，疑此有誤。

〔二〕白生求　「求」原作「永」，據史記卷四七孔子世家、漢書卷八一孔光傳改，下文「求生箕」句同。

〔三〕騰生忠字季忠忠生武　「忠」原作「正」，據史記卷四七孔子世家、漢書卷八一孔光傳改。

〔四〕開封封丘人　東都事略卷一一三本傳作「開封雍丘人」。

〔五〕衞州獲嘉主簿　「嘉」原作「加」，據晁說之嵩山文集卷一九本傳、本書卷八六地理志改。

〔六〕未有迹也　原作「未有適也」。按嵩山文集卷一九本傳作「未有迹也」、本卷下文：「君非迹簡策者」，以「迹」爲是，據改。

〔七〕暴卒于懷州官舍　「官舍」，嵩山文集卷一九本傳作「守舍」，錢大昕諸史拾遺卷四說：「按晁傳本云卒于懷州守舍，蓋其時尹源方守懷州，之才訪之，遂卒于源廨耳，史改作官舍，則之才未嘗官懷也。」

〔八〕慶曆五年二月也　「慶曆」原作「寶曆」，據嵩山文集卷一九本傳改。

〔九〕時尹洙兄漸守懷　按尹洙兄名源，字子漸，見本書卷四四二尹源傳，嵩山文集卷一九本傳作「時友人尹子漸守懷」，此處有誤。

宋史卷四百三十二

列傳第一百九十一

儒林二

胡旦　賈同　劉顏　高弁　孫復　石介　胡瑗　劉羲叟　林槩
李覯　何涉　王回弟向　周堯卿　王當　陳暘

胡旦字周父，濱州渤海人。少有儁才，博學能文辭。舉進士第一，爲將作監丞，通判昇州。時江南初平，汰李氏時所度僧，十減六七。旦曰：「彼無田廬可歸，將聚而爲盜。」悉黥爲兵。遷左拾遺、直史館，數上書言時政利病。出爲淮南東路轉運副使、知海州，踰年召歸。

先是，盧多遜貶，趙普罷相。其夏，河決韓村，尋復塞。旦獻河平頌曰：「天祚我宋，以君兆民。配天成休，惟堯與隣。粵有大水，昏墊下人。非曰聖作，孰究孰度。蔽賢者退，壅澤者罪。我防大患，河豈云敗。逆遜遠投，姦普屏外。聖道如隄，崇崇海內。帝曰守文，是塞是親。調爾衞兵，程是烝民。民以盡力，臣以勤職。役云其終，河以之塞。唐堯懷山，實讋神德。漢武宣防，實彰令式。我塞長河，融流惠澤。明明聖功，萬代成則。」太宗覽頌有「逆遜、姦普」之語，召宰相謂曰：「胡旦獻頌，詞意悖戾。朕自擢於甲科，歷試外任，所至無善狀。知海州日爲部下所訟，獄已具，適會大赦，朕錄其材而捨其過，尙令在近列，又領史職，乃敢恣胸臆狂躁如此，其亟逐之！」卽貶殿中丞、商州團練副使。

上平燕議曰：

今幽州在北門之外，東封非國家所急，願移其資以事北伐。且天時、地利、人事皆有可伐之意。歲之所臨，其地受福。今年春末至來年，歲在宋分，今年初秋至六年，鎭在燕分。從今年爲備，至來春興師。北兵之遇春夏，則氈裘、皮履、羊弓、塞馬不爲用，而中原士卒素不能寒，往北逢暄，筋力勇健。以勇健之士驅不用之敵，承福慶之時討災殃之城，成功立事，在于此矣。

長淮以北，太行以東，河水罷災，土地甚沃。因其豐實，取其穀帛，減價以折納，見錢以貴糴，官府多積，兵役無虞，用兵豐財，可濟大事。

太原克復以來，于今七載，兵甲甚利，士卒甚雄，夜寢晨興，寒裘飢粟。若以促裝之賜，發軍而用之，恩賞之賚，成功而賚之，可以齊心平敵，恢拓舊境。

幽州平土而負敵，爲勢必擇四人，分之方面，以剛斷勇毅者主之，選和平恭愼者一人部之。幽州之北，皆是山谷，通人馬者不過十處，領將士者亦擇十人，同行則共議兵機，分出則各司軍事，寇來則同戰以驅逐，寇歸則畫疆以扞蔽。苟塞斷山路，餘寇在燕與大軍相持，則遷延其時以度春夏，寇不能熱，有退無前。使士之剛勇與才力者各爲一將，多則分部扞敵攻城，兩盡其力。定其軍名，實其軍數。我寡彼多則力不勝，我實彼虛則勝有餘。力均則較其地形，地均則爭其謀略，分明勇怯，各致其用。

以茶鹽香藥之價十分減二，從新者先賣於邊城要路、軍馬屯所。以芻粟錢帛之價十分增二，納貨以出券者詣本場以交貨，得貨者緣逐路以納稅。出往來四方之饒，爲兩地費用之耗，自然商得其利，則買之於人，人得其資，則勤之於穡。故必民效兼倍之力，國貯九年之積，科撥不假於度支，轉般何勞於漕挽。芻粟之給，攻具之用，委輸發運，以爲後繼。

今將用二十萬之衆，役三十州之民，願陛下明降日月之信，先示雨露之澤。民知信賞則悅而忘死，士得仰給則死而力戰。如此則逆壘不足下，猾寇不足殄也。

起爲左補闕，復直史館，遷修撰，預修國史，以尚書戶部員外郎知制誥，遷司封員外郎。

有儒書人翟頴者，旦嘗與之善，因爲改姓名馬周，以爲唐馬周復出，上書詆時政，且自薦可爲大臣。又舉材任公輔者十人，其辭頗壯。當時皆謂旦所爲。馬周坐流海島，旦亦貶坊州團練副使。坐擅離所部謁宋白于鄜州，既被劾，特釋之。徙絳州。稍復工部員外郎、直集賢院，遷本曹郎中、知制誥、史館修撰。

素善中官王繼恩，爲繼恩草制辭過美。繼恩敗，眞宗聞而惡之，貶安遠軍行軍司馬，又削籍流潯州。咸平初，移通州團練副使，徙徐州，以祠部員外郎分司西京，又爲保信軍節度副使。久之，以司封員外郎通判襄州。封泰山，改祠部郎中。服母喪既除，乃言父卒時嘗詔奪哀從事，請追行服三年。已而失明，以秘書省少監致仕，居襄州。再遷祕書監，卒。

旦喜讀書，既喪明，猶令人誦經史，隱几聽之不少輟。著漢春秋、五代史略、將帥要略、演聖通論、唐乘、家傳三百餘卷。嘶大硯，方五六尺，刻而瘞之，曰「胡旦修漢春秋硯」。晚尤黷貨，干擾州縣，持吏短長，爲時論所薄。既死，子孫貧甚，寓柩民間。皇祐末，知襄州王田爲言於朝，得錢二十萬以葬。

賈同字希得，青州臨淄人。五代時，楊光遠反，同祖崇率鄉里四百餘家保愚谷山，全活者二千人。同初名罔，字公疎，篤學好古，有時名，著山東野錄七篇。年四十餘，同進士出身，眞宗命改今名。王欽若方貴盛，聞同名欲致之，固謝不往。居八九年，始補歷城主簿。張知白薦爲大理評事，通判兗州。

天聖初，上書言：「自祥符以來，諫諍路塞，丁謂乘間造符瑞以欺先帝。今謂姦旣白，宜明告天下，正符瑞之謬，罷宮觀崇奉，歸不急之衞兵，收無名之賓費，使先帝免後世之議，國家無因循之失。」又言：「寇準忠規亮節，疾惡擯邪。自其貶黜，天下之人弗見其罪，宜還之內地，以明忠邪善惡之分。」時章獻太后臨朝，而同言如此，人以爲難。再遷殿中丞、知棣州，卒。劉顏、李冠、王無忌及其門人謚同曰存道先生。

劉顏字子望，彭城人。少孤，好古，學不專章句。師事高弁。舉進士第，以試祕書省校書郎知龍興縣，坐法免。久之，授徐州文學。居鄉里，敎授數十百人。採漢、唐奏議爲輔弼名對。馮元、劉筠、錢易、滕涉、蔡齊上其書，除任城主簿。歲饑，發大姓所積粟，活數千人。李迪知兗州、靑州，皆辟爲從事。卒。著儒術通要、經濟樞言復數十篇。石介見其書，歎曰：「恨不在弟子之列。」子庠，自有傳。

高弁字公儀，濮州雷澤人。弱冠，徒步從种放學于終南山，又學古文于柳開，與張景齊名。至道中，以文謁王禹偁，禹偁奇之。舉進士，累官侍御史。諫修玉淸昭應宮，降知廣濟軍。尋以戶部判官試開封府進士，私發糊名，奪二官。稍復知單州、邢州、鹽鐵判官。河決澶州，請弛隄防，縱水所之，可省民力，且以扼契丹南向。議寢。知陝州，卒。弁性孝友。所爲文章多祖六經及孟子，喜言仁義。有帝則三篇，爲世所傳。與李迪、賈同、陸參、朱頔、伊淳相友善。石延年、劉潛皆其門人也。

孫復字明復，晉州平陽人。舉進士不第，退居泰山。學春秋，著尊王發微十二篇，大約本於陸淳，而增新意。石介有名山東，自介而下皆以先生事復。年四十不娶，李迪知其賢，以其弟之子妻之。復初猶豫，石介與諸弟子請曰：「公卿不下士久矣，今丞相不以先生貧賤，欲託以子，宜因以成丞相之賢名。」復乃聽。孔道輔聞復之賢，就見之，介執杖屨立侍復左右，升降拜則扶之，其往謝亦然。介既爲學官，語人曰：「孫先生非隱者也。」於是范仲淹、富弼皆言復有經術，宜在朝廷。除祕書省校書郎、國子監直講。車駕幸太學，賜緋衣銀魚，召爲邇英閣祇候說書。楊安國言其講說多異先儒，罷之。

孔直温敗，得所遺復詩，坐貶虔州監稅，徙泗州，又知長水縣，簽書應天府判官事。通判陵州，未行，翰林學士趙槩等十餘人言復經爲人師，不宜使佐州縣。留爲直講，稍遷殿中丞。卒，賜錢十萬。

復與胡瑗不合，在太學常相避。瑗治經不如復，而教養諸生過之。復既病，韓琦言於仁宗，選書吏，給紙筆，命其門人祖無擇就復家得書十五萬言，錄藏祕閣。特官其一子。

石介字守道，兗州奉符人。進士及第，歷鄆州、南京推官。篤學有志尚，樂善疾惡，喜聲名，遇事奮然敢爲。御史臺辟爲主簿，未至，以論赦書不當求五代及諸僞國後，罷爲鎭南掌書記。代父丙遠官，爲嘉州軍事判官。丁父母憂，耕徂徠山下，葬五世之未葬者七十喪。以易教授于家，魯人號介徂徠先生。入爲國子監直講，學者從之甚衆，太學緜此益盛。介爲文有氣，嘗患文章之弊、佛老爲蠹，著怪說、中國論，言去此三者，乃可以有爲。又著唐鑑以戒姦臣、宦官、宮女，指切當時，無所諱忌。杜衍、韓琦薦擢太子中允，直集賢院。會呂夷簡罷相，夏竦既除樞密使，復奪之，以衍代。章得象、晏殊、賈昌朝、范仲淹、富弼及琦同時執政，歐陽脩、余靖、王素、蔡襄並為諫官，介喜曰：「此盛事也，歌頌吾職，其可已乎！」作慶曆聖德詩，曰：

於惟慶曆，三年三月。皇帝龍興，徐出闈闥。晨坐太極，晝開閶闔。躬覽英賢，手鉏姦枿。大聲渢渢，震搖六合。如乾之動，如雷之發。昆蟲蹢躅，怪妖藏滅。同明道初，天地嘉吉。

初聞皇帝，蹙然言曰：「予祖予父，付予大業。予恐失墜，實賴輔弼。汝得象、殊，重慎微密。君相予久，予嘉君伐。君仍相予，笙鏞斯協。昌朝儒者，學問該洽。與予論政，傅以經術。汝貳二相，庶績咸秩。

惟汝仲淹，汝誠予察。太后乘勢，湯沸火熱。汝時小臣，危言嶪嶪。為予司諫，正予門闑。為予京兆，堲予讒說。賊叛予夏，往予式遏。六月酷日，大冬積雪。汝寒汝暑，同予士卒。予聞辛酸，汝不告乏。予晚得弼，予心弼悅。弼每見予，無有私謁。以道輔予，弼言深切。予不堯、舜，弼自笞罰。諫官一年，疏奏滿篋。侍從周歲，忠力廛竭。契丹忘義，檮杌饕餮。敢侮大國，其辭慢悖。弼將予命，不畏不怯。卒復舊好，民得食褐。沙磧萬里，死生一節。視弼之膚，霜剝風裂。觀弼之心，鍊金鍛鐵。寵名大官，以酬勞渴。弼辭不受，其志莫奪。惟仲淹、弼，一夔一契。天實賚予，予其敢忽。並來弼予，民無瘥札。

曰衍汝來，汝予黃髮。事予二紀，毛禿齒豁。心如一兮，率履弗越。遂長樞府，兵政無蹶。予早識琦，琦有奇骨。其器魁落，豈視居楔。其人渾樸，不施劊劂。可屬大事，敦厚如勃。琦汝副衍，知人予哲。

惟脩惟靖，立朝巘巘。言論磥砢，忠誠特達。祿微身賤，其志不怯。嘗詆大官，亟遭貶黜。萬里歸來，剛氣不折。屢進直言，以補予闕。素相之後，含忠履潔。昔爲御史，幾叩予榻。襄雖小官，名聞予徹。亦嘗獻言，箴予之失。剛守粹慤，與脩儔匹。並爲諫官，正色在列。予過汝言，毋鉗汝舌。」

皇帝聖明，忠邪辨別。舉擢俊良，掃除妖魃。衆賢之進，如茅斯拔。大姦之去，如距斯脫。上倚輔弼，司予調燮。下賴諫諍，維予紀法。左右正人，無有邪孽。予望太平，日不逾浹。

皇帝嗣位，二十二年。神武不殺，其默如淵。聖人不測，其動如天。賞罰在予，不失其權。恭己南面，退姦進賢。知賢不易，非明弗得。去邪惟艱，惟斷乃克。明則不貳，斷則不惑。旣明且斷，惟皇帝之德。

羣臣踧踖，重足屛息，交相敎語：曰惟正直，毋作側僻，皇帝汝殛。諸侯危慄，墮玉失舃，交相告語：皇帝神明，四時朝覲，謹修臣職。四夷走馬，墜鐙遺策，交相告語：皇帝英武，解兵修貢，永爲屬國。皇帝一舉，羣臣懾焉，諸侯畏焉，四夷服焉。

臣願皇帝，壽萬千年。

詩所稱多一時名臣，其言大姦蓋斥竦也。詩且出，孫復曰：「子禍始於此矣。」介不畜馬，借馬而乘，出入大臣之門，頗招賓客，預政事，人多指目。不自安，求出，通判濮州，未赴，卒。

會徐狂人孔直溫謀反，搜其家得介書；夏竦銜介甚，且欲中傷杜衍等，因言介詐死，北走契丹，請發棺以驗。詔下京東訪其存亡。衍時在兗州，以驗介事語官屬，衆不敢答，掌書記龔鼎臣願以闔族保介必死，衍探懷出奏稿示之，曰：「老夫已保介矣。君年少，見義必爲，豈可量哉。」提點刑獄呂居簡亦曰：「發棺空，介果走北，孥戮非酷。不然，是國家無故剖人冢墓，何以示後世？且介死必有親族門生會葬及棺斂之人，苟召問無異，卽令具軍令狀保之，亦足應詔。」於是衆數百保介已死，乃免斲棺。子弟羈管他州，久之得還。

介家故貧，妻子幾凍餒，富弼、韓琦共分奉買田以贍養之。有徂徠集行於世。

胡瑗字翼之，泰州海陵人。以經術教授吳中，年四十餘。景祐初，更定雅樂，詔求知音者。范仲淹薦瑗，白衣對崇政殿。與鎮東軍節度推官阮逸同較鐘律，分造鐘磬各一虡。以一黍之廣爲分，以制尺，律徑三分四釐六毫四絲，圍十分三釐九毫三絲。又以大黍累尺，小黍實龠。丁度等以爲非古制，罷之。授瑗試祕書省校書郎。范仲淹經略陝西，辟丹州推官。以保寧節度推官教授湖州。瑗教人有法，科條纖悉備具，以身先之。雖盛暑必公服坐堂上，嚴師弟子之禮。視諸生如其子弟，諸生亦信愛如其父兄。從之游者常數百人。慶曆中，興太學，下湖州取其法，著爲令。召爲諸王宮教授，辭疾不行。爲太子中舍，以殿中丞致仕。

皇祐中，更鑄太常鐘磬，驛召瑗、逸，與近臣、太常官議于祕閣，遂典作樂事。復以大理評事兼太常寺主簿，辭不就。歲餘，授光祿寺丞、國子監直講。樂成，遷大理寺丞，賜緋衣銀魚。瑗既居太學，其徒益衆，太學至不能容，取旁官舍處之。禮部所得士，瑗弟子十常居四五，隨材高下，喜自修飭，衣服容止，往往相類，人遇之雖不識，皆知其瑗弟子也。嘉祐初，擢太子中允、天章閣侍講，仍治太學。既而疾不能朝，以太常博士致仕，歸老於家。諸生與朝士祖餞東門外，時以爲榮。既卒，詔賻其家。

劉羲叟字仲更，澤州晉城人。歐陽脩使河東，薦其學術。試大理評事，權趙州軍事判官。精算術，兼通大衍諸曆。及修唐史，令專修律曆、天文、五行志。尋爲編修官，改秘書省著作佐郎。以母喪去，詔令家居編修。書成，擢崇文院檢討，未入謝，疽發背卒。

羲叟強記多識，尤長於星曆、術數。皇祐五年，日食心，時胡瑗鑄鐘弇而直，聲鬱不發。又陝西鑄大錢，羲叟曰：「此所謂害金再興，與周景王同占，上將感心腹之疾。」其後仁宗果不豫。又月入太微，曰：「後宮當有喪。」已而張貴妃薨。至和元年，日食正陽，客星出于昴，曰：「契丹宗眞其死乎？」事皆驗。羲叟未病，嘗曰：「吾及秋必死。」自擇地於父冢旁，占庚穴，以語其妻，如其言葬之。著十三代史志、劉氏輯曆、春秋災異諸書。

林槩字端父，福州福清人。父高，太常博士，有治行。槩幼警悟，舉進士，以祕書省校書郎知長興縣。歲大饑，富人閉糴以邀價，槩出奉粟庭下，誘士豪輸數千石以飼飢者。

知連州。康定初，上封事曰：「古者民爲兵，而今兵食民。古馬寓於民，而今不習馬。此兵與馬之大患也。請附唐府兵之法，四斂一民，部以爲軍，閑耕田里，被甲皆兵。因命其家咸得畜馬，私乘休暇，官爲調習。則人便干戈，馬識行列。又行陣無法，而出於臨時；將無素備，而取於倉卒；軍不予權，而監以宦侍：若是者，雖得古之材，使循今之法，亦必屢戰而屢敗。」又請備蠻，籍土民爲兵，柵要衝，購傜人使守禦。徙淮安軍。

程琳嘗禁蜀人不得自爲渠堰，槩奏罷之。又言蜀飢，願罷川峽漕，發常平粟貸民租，募富人輕粟價，除商旅之禁，使通貨相資。官至太常博士、集賢校理，卒。著史論、辨國語。子希，自有傳。

李覯字泰伯，建昌軍南城人。俊辯能文，舉茂才異等不中。親老，以教授自資，學者常數十百人。皇祐初，范仲淹薦爲試太學助教，上明堂定制圖序曰：

考工記「周人明堂，度九尺之筵」，是言堂基脩廣，非謂立室之數。「東西九筵，南北七筵，堂崇一筵」，是言堂上，非謂室中。東西之堂各深四筵半，南北之堂各深三筵半。「五室，凡室二筵」，是言四堂中央有方十筵之地，自東至西可營五室，自南至北可營五室。十筵中央方二筵之地，既爲太室，連作餘室，則不能令十二位各直其辰，當於東南西北四面及四角缺處，各處方二筵之地，周而通之，以爲太廟。太室正居中，月令所謂「中央土」、「居太廟太室」者，言此太廟之中有太室也。太廟之外，當子、午、卯、酉〔一〕四位上各畫方二筵地，以與太廟相通〔二〕，爲青陽、明堂、總章、元堂四太廟；當寅、申、巳、亥、辰、戌、丑、未八位上各畫方二筵地，以爲左个、右个也。

大戴禮盛德記：「明堂凡九室，室四戶八牖，共三十六戶七十二牖。」八个之室，并太室而九，室四面各有戶，戶旁夾兩牖也。

白虎通：「明堂上圓下方，八窗、四闥、九室、十二坐。」四太廟前各爲一門，出於堂上，門旁夾兩窗也。左右之个其實皆室，但以分處左右，形如夾房〔三〕，故有个名。太廟之內以及太室，其實祀文王配上帝之位，謂之廟者義當然矣。土者分王四時，於五行最尊，故天子當其時居太室，用祭天地之位以尊嚴之也。四仲之月，各得一時之中，與餘月有異。故復於子、午、卯、酉之方，取二筵地，假太廟之名以聽朔也。

周禮言基而不及室，大戴言室而不及廟，稽之月令則備矣，然非白虎通亦無以知窗闥之制也。聶崇義所謂秦人明堂圖者，其制有十二階，古之遺法，當亦取之。

禮記外傳曰「明堂四面各五門」，今按明堂位：四夷之國，四門之外〔四〕。九采之國，應門之外。時天子負斧扆南嚮而立。南門之外者北面東上，應門之外者亦北面東上，是南門之外有應門也。既有應門，則不得不有皐、庫、雉門。明堂者四時所居，四面如一，南面既有五門，則餘三面皆各有五門。鄭注明堂位則云「正門謂之應門」，其意當謂變南門之文以爲應門。又見王宮有路門，其次乃有應門。今明堂無路門之名，而但有應門，便謂更無重門，而南門卽是應門。且路寢之前則名路門；其次有應門。明堂非路寢，乃變其內門之名爲東門南門，而次有應門，何害於義？四夷之君，既在四門之外，而外無重門，則是列於郊野道路之間，豈朝會之儀乎？王宮常居，猶設五門，以限中外；明堂者效天法地，尊祖配帝，而止一門以表之，豈爲稱哉！

若其建置之所，則淳于登云「在國之陽，三里之外，七里之內，丙巳之地」；玉藻「聽朔於南門之外」，康成之注亦與是合。夫稱明也，宜在國之陽；事天神也，宜在城門之外。

今圖以九分當九尺之筵，東西之堂共九筵，南北之堂共七筵；中央之地自東至西凡五室，自南至北凡五室，每室二筵，取於考工記也。一太室、八左右个，共九室，室有四戶、八牖，共三十六戶、七十二牖，協於戴德記也。九室四廟，共十三位，本於月令也。四廟之面，各爲一門，門夾兩窗，是爲八窗四闥，稽於白虎通也。十二階，采於三禮圖也。四面各五門，酌於明堂位、禮記外傳也。

嘉祐中，用國子監奏，召爲海門主簿、太學說書而卒。覯嘗著周禮致太平論、平土書、禮論。門人鄧潤甫，熙寧中，上其退居類稿、皇祐續稿并後集，請官其子參魯，詔以爲郊社齋郎。

何涉字濟川，南充人。父祖皆業農。涉始讀書，晝夜刻苦，汎覽博古。上自六經、諸子百家，旁及山經、地志、醫卜之術，無所不學，一過目不復再讀，而終身不忘。人問書傳中事，必指卷第册葉所在，驗之果然。

登進士第，調洛交主簿〔五〕，改中部令。范仲淹一見奇之，辟彰武軍節度推官。用龐籍奏，遷著作佐郎，管勾鄜延等路經略安撫招討司機宜文字。時元昊擾邊，軍中經畫，涉預有力。元昊納款，籍召爲樞密使，欲與之俱，涉曰：「親老矣，非人子自便之時。」拜章願得歸養，特改祕書丞，通判眉州，徙嘉州。用文彥博、龐籍薦，召還，除集賢校理。既又求歸蜀，遂得知漢州。歲滿，移合州。累官尚書司封員外郎。父喪罷歸，卒。詔恤其家，幷官其一子。

涉長厚有操行，事親至孝，平居未嘗談人過惡。所至多建學館，勸誨諸生，從之游者甚衆。雖在軍中，亦嘗爲諸將講左氏春秋，狄靑之徒皆橫經以聽。有治道中術、春秋本旨、廬江集七十卷。

王回字深父，福州侯官人。父平言，試御史。回敦行孝友，質直平恕，造次必稽古人所爲，而不爲小廉曲謹以求名譽。嘗舉進士中第，爲衞眞簿，有所不合，稱病自免。作告友曰：

古之言天下達道者，曰君臣也，父子也，夫婦也，兄弟也，朋友也。五者各以其義行而人倫立，其義廢則人倫亦從而亡矣。

然而父子兄弟之親，天性之自然者也；夫婦之合，以人情而然者也；君臣之從，以衆心而然者也。是雖欲自廢，而理勢持之，何能斬也。惟朋友者，舉天下之人莫不可同，亦舉天下之人莫不可異，同異在我，則義安所卒歸乎？是其漸廢之所繇也。

君之於臣也，父之於子也，夫之於婦也，兄之於弟也，過且惡，必亂敗其國家，國家敗而皆受其難，被其名，而終身不可辭也。故其爲上者不敢不誨，爲下者不敢不諫。世治道行，則人能循義而自得；世衰道微，則人猶顧義而自全。間有不若，則亦無害於衆焉耳。此所謂理勢持之，雖百代可知也。

親非天性也，合非人情也，從非衆心也，羣而同，別而異，有善不足與榮，有惡不足與辱。大道之行，公於義者可至焉，下斯而言，其能及者鮮矣。是以聖人崇之，以列於君臣父子夫婦兄弟而壹爲達道也。聖人旣沒，而其義益廢，於今則亡矣。

夫人有四肢，所以成身；一體不備，則謂之廢疾。而人倫缺焉，何以爲世？嗚呼，處今之時而望古之道，難矣。姑求其肯告吾過也，而樂聞其過者，與之友乎！

退居潁州，久之不肯仕，在廷多薦者。治平中，以爲忠武軍節度推官、知南頓縣，命下而卒。回在潁川〔六〕，與處士常秩友善。熙寧中，秩上其文集，補回子汾爲郊社齋郎。弟向。

向字子直，爲文長於序事，戲作公默先生傳曰：

公議先生剛直任氣，好議論，取當世是非辨明。游梁、宋間，不得意。去居潁，其徒從者百人。居二年，與其徒謀，又去潁。弟子任意對曰：「先生無復念去也，弟子從先生久矣，亦各厭行役。先生舍潁爲居廬，少有生計。主人公賢，遇先生不淺薄，今又去之，弟子未見先生止處也。先生豈薄潁邪？」

公議先生曰：「來，吾語爾！君子貴行道信於世；不信貴容，不容貴去，古之辟世、辟地、辟色、辟言是也。吾行年三十，立節循名，被服先王，究窮六經。頑鈍晚成，所得無幾；張羅大綱，漏略零細。校其所見，未爲完人。豈敢自忘，冀用於世？予所厭苦，正謂不容。予行世間，波混流同。予譽不至，予毀日隆。小人鑿空，造事形迹；侵排萬端，地隘天側。詩不云乎，『讒人罔極』。主人明恕，故未見疑。不幸去我，來者謂誰？讒一日效，我終顚危。智者利身，遠害全德，不如亟行，以適異國。」

語已，任意對曰：「先生無言也。意輩弟子嘗竊論先生樂取怨憎，爲人所難，不知不樂也。今定不樂，先生知所以取之乎？先生聰明才能，過人遠甚，而刺口論世事，立是立非，其間不容豪髮。又以公議名，此人之怨府也。傳曰：『議人者不得其死』，先生憂之是也，其去未是。意有三事爲先生計，先生幸聽意，不必行；不聽，先生雖去絕海，未見先生安也。」

公議先生彊舌不語，下視任意，目不轉。移時，卒問任意，對曰：「人之肺肝，安得可視，高出重泉，險不足比。聞善於彼，陽譽陰非，反背復憎，詆笑縱橫。得其細過，聲張口播，緣飾百端，德敗行破。自然是人，賤彼善我。意策之三，此爲最上者也。先生能用之乎？」公議先生曰：「不能，爾試言其次者。」對曰：「捐棄骨肉，佯狂而去，令世人不復顧忌。此策之次者，先生能用之乎？」公議先生曰：「不能，爾試言其又次者。」對曰：「先生之行己，視世人所不逮何等也！曾未得稱高世，而詆訶鋒起，幾不得與妄庸人伍者，良以口禍也。先生能不好議而好默，是非不及口而心存焉，何疾於不容？此策之最下者也，先生能用之乎？」公議先生喟然歎曰：「吁，吾爲爾用下策也。」

任意乃大笑，顧其徒曰：「宜吾先生之病於世也。吾三策之，卒取其下者矣。」弟子陽思曰：「今日非任意，先生不可得留。」與其徒謝意，更因意請去公議爲公默先生。弟同，字容季。性純篤，亦善序事。皆早卒。仕止於縣主簿。

周堯卿字子俞，道州永明人。警悟彊記，以學行知名。天聖二年，舉進士。歷連、衡二州司理參軍、桂州司錄。知高安、寧化二縣，提點刑獄楊紘入境，有被刑而耘苗者，紘就詢其故，對曰：「貧以利故，爲人直其枉，令不我欺而我欺之，我又何怨？」紘至縣，以所聞薦之。後通判饒州，積官至太常博士。范仲淹薦經行可爲師表，未及用，以慶曆五年卒，年五十一。

始，堯卿年十二喪父，憂戚如成人，見母則抑情忍哀，不欲傷其意。母知而異之，謂族人曰：「是兒愛我如此，多知孝養矣。」卒能如母之言。及母喪，倚廬三年，席薪枕塊，雖疾病不飲酒食肉。既葬，慈烏百數銜土集隴上，人以爲孝感所致。其於昆弟尤篤友愛。又爲人簡重不校，有慢己者，必厚爲禮以愧之。居官祿雖薄，必以周宗族朋友，罄而後已。

爲學不專於傳注，問辨思索，以通爲期。長於毛、鄭詩及左氏春秋。其學詩，以孔子所謂「詩三百，一言以蔽之曰：思無邪」，孟子所謂「說詩者以意逆志，是爲得之」，考經指歸，而見毛、鄭之得失。曰：「毛之傳欲簡，或寡於義理，非一言以蔽之也。鄭之箋欲詳，或遠於性情，非以意逆志也。是可以無去取乎？」其學春秋，由左氏記之詳，得經之所以書者，至三傳之異同，均有所不取。曰：「聖人之意豈二致耶？」讀莊周、孟子之書，曰：「周善言理，未至於窮理。窮理，則好惡不繆於聖人，孟軻是已。孟善言性，未至於盡己之性。能盡己之性，則能盡物之性，而可與天地參，其唯聖人乎。天何言哉？性與天道，子貢所以不可得而聞也。昔宰我、子貢善爲說辭，冉牛、閔子、顏淵善言德行，孔子曰：『我於辭命，則不能也。』惟不言，故曰不能而已，蓋言生於不足者也。」其講解議論皆若是。

有詩、春秋說各三十卷，文集二十卷。七子：諭，鼎州司理參軍；誂，湖州歸安主簿；

謚、諷、謳、説、誼。

王當字子思，眉州眉山人。幼好學，博覽古今，所取惟王佐大略。嘗謂三公論道經邦，燮理陰陽，塡撫四方，親附百姓，皆出於一道，其言之雖大，其行之甚易。嘗舉進士不中，退居田野，歎曰：「士之居世，苟不見其用，必見其言。」遂著春秋列國名臣傳五十卷，人競傳之。

元祐中，蘇轍以賢良方正薦，廷對慷慨，不避權貴，策入四等。調龍遊縣尉。蔡京知成都，舉爲學官，當不就。其後京相，當遂不復仕。卒，年七十二。當於經學尤邃易與春秋，皆爲之傳，得聖人之旨居多。又有經旨三卷，史論十二卷，兵書十二篇。

陳暘字晉之，福州人。中紹聖制科，授順昌軍節度推官。徽宗初，進迓衡集以勸導紹述，得太學博士、祕書省正字。禮部侍郎趙挺之言，暘所著樂書二十卷貫穿明備，乞援其兄祥道進禮書故事給札。既上，遷太常丞，進駕部員外郎，爲講議司參詳禮樂官。

魏漢津議樂，用京房二變四清。暘曰：「五聲十二律，樂之正也。二變四清，樂之蠹也。二變以變宮爲君，四淸以黃鐘清爲君。事以時作，固可變也，而君不可變。太簇、大呂、夾鐘，或可分也，而黃鐘不可分。豈古人所謂尊無二上之旨哉？」時論方右漢津，絀暘議。

進鴻臚太常少卿、禮部侍郎，以顯謨閣待制提舉醴泉觀，嘗坐事奪，已而復之。卒，年六十八。

祥道字用之。元祐中，爲太常博士，終祕書省正字。所著禮書一百五十卷，與暘樂書並行于世。

校勘記

〔一〕當子午卯酉　「當」原作「堂」，據李覯直講李先生文集卷一五明堂定制圖序改。

〔二〕以與太廟相通　「以」原作「二」，據直講李先生文集卷一五明堂定制圖序改。

〔三〕形如夾房　「房」原作「戶」，據直講李先生文集卷一五明堂定制圖序改。

〔四〕四夷之國四門之外　「四門」原作「西門」。按禮記明堂位：「九夷之國，東門之外，西面北上；八蠻之國，南門之外，北面東上；六戎之國，西門之外，東面南上；五狄之國，北門之外，南面東上。」直講李先生文集卷一五明堂定制圖序：「今按明堂位曰，九夷之國，東門之外；八蠻之國，南門之外；六戎之國，西門之外；五狄之國，北門之外。」據此，當時以「九夷」、「八蠻」、「六戎」、「五狄」爲「四夷」，以東門、南門、西門、北門爲「四門」，「西門」，應爲「四門」之誤。下文又有「四夷之君，既在四門之外」語。今改。

〔五〕調洛交主簿　「洛交」原作「落交」。按宋無「落交縣」，「落」當作「洛」，見元豐九域志卷三「鄜州」條，今改。

〔六〕回在潁川　按此與上文「退居潁州」句不符。據東都事略卷一一八及本書卷三二九常秩傳，秩潁州汝陰人，與回同里相友善。潁川，宋時已廢，舊治在今河南許昌。此處「川」字疑爲「州」字之誤。

宋史卷四百三十三

列傳第一百九十二

儒林三

邵伯温　喩樗　洪興祖　高閌　程大昌　林之奇　林光朝

楊萬里

邵伯温字子文，洛陽人，康節處士雍之子也。雍名重一時，如司馬光、韓維、呂公著、程頤兄弟皆交其門。伯温入聞父教，出則事司馬光等，而光等亦屈名位輩行，與伯温爲再世交，故所聞日博，而尤熟當世之務。光入相，嘗欲薦伯温，未果而薨。後以河南尹與部使者薦，特授大名府助教，調潞州長子縣尉。

初，蔡確之相也，神宗崩，哲宗立，邢恕自襄州移河陽，詣確謀造定策事。及司馬光子康詣闕，恕召康詣河陽，伯温謂康曰：「公休除喪未見君，不宜枉道先見朋友。」康曰：「已諾之。」伯溫曰：「恕傾巧，或以事要公休，若從之，必爲異日之悔。」康竟往。恕果勸康作書稱確，以爲他日全身保家計。康、恕同年登科，恕又出光門下，康遂作書如恕言。恕蓋以康爲光子，言確有定策功，世必見信。既而梁燾以諫議召，恕亦要燾至河陽，連日夜論確功不休，且以康書爲證，燾不悅。會吳處厚奏確詩謗朝政，燾與劉安世共請誅確，且論恕罪，亦命康分折，康始悔之。康卒，子植幼。宣仁后憫之。呂大防謂康素以伯溫可託，請以伯溫爲西京教授以教植。伯溫既至官，則誨植曰：「溫公之孫，大諫之子，賢愚在天下，可畏也。」植聞之，力學不懈，卒有立。

紹聖初，章惇爲相。惇嘗事康節，欲用伯溫，伯溫不往。會法當赴吏部銓，程頤爲伯溫曰：「吾危子之行也。」伯溫曰：「豈不欲見先公於地下耶？」至則先就部擬官，而後見宰相。惇論及康節之學，曰：「嗟乎，吾於先生不能卒業也。」伯溫曰：「先君先天之學，論天地萬物未有不盡者。其信也，則人之仇怨反覆者可忘矣。」時惇方興黨獄，故以是動之。惇悚然。猶薦之于朝，而伯溫願補郡縣吏，惇不悅，遂得監永興軍鑄錢監。時元祐諸賢方南遷，士鮮訪之者。伯溫見范祖禹於咸平，見范純仁於潁昌，或爲之恐，不顧也。會西邊用兵，復夏人故地，從軍者得累數階，伯溫當行，輒推同列。秩滿，惇猶在相位。伯溫義不至京師，從外臺辟環慶路帥幕，實避惇也。

徽宗卽位，以日食求言。伯溫上書累數千言，大要欲復祖宗制度，辨宣仁誣謗，解元祐黨錮，分君子小人，戒勞民用兵，語極懇至。宣仁太后之謗，伯溫旣辨之，又著書名辨誣。後崇寧、大觀間，以元符上書人分邪正等，伯溫在邪等中，以此書也。

出監華州西嶽廟，久之，知陝州靈寶縣〔二〕，徙芮城縣。丁母憂，服除，主管永興軍耀州三白渠公事。童貫爲宣撫使，士大夫爭出其門，伯溫聞其來，出他州避之。除知果州，請罷歲輸瀘南諸州綾絹、絲綿數十萬以寬民力。除知興元府、遂寧府、邠州，皆不赴。擢提點成都路刑獄，賊史斌破武休，入漢、利，窺劍門，伯溫與成都帥臣盧法原合謀守劍門，賊竟不能入，蜀人德之。除利路轉運副使、提舉太平觀。紹興四年，卒，年七十八。初，邵雍嘗曰：「世行亂，蜀安，可避居。」及宣和末，伯溫載家使蜀，故免於難。

伯溫嘗論元祐、紹聖之政曰：「公卿大夫，當知國體，以蔡確姦邪，投之死地，何足惜！然嘗爲宰相，當以宰相待之。范忠宣有文正餘風，知國體者也，故欲薄確之罪。言既不用，退而行確詞命，然後求去，君子長者仁人用心也。確死南荒，豈獨有傷國體哉！劉摯、梁燾、王巖叟、劉安世忠直有餘，然疾惡已甚，不知國體，以貽後日縉紳之禍，不能無過也。」

趙鼎少從伯溫游，及當相，乞行追錄，始贈祕閣修撰，嘗表伯溫之墓曰：「以學行起元祐，以名節居紹聖，以言廢於崇寧。」世以此三語盡伯溫出處云。

著書有河南集、聞見錄、皇極系述、辨誣、辨惑、皇極經世序、觀物內外篇解近百卷。三子：溥、博、傅。

喻樗字子才，其先南昌人。初，俞橐仕梁，位至安州刺史，武帝賜姓喻，後徙嚴，樗其十六世孫也。少慕伊、洛之學，中建炎三年進士第，爲人質直好議論。趙鼎去樞筦，居常山，樗往謁，因諷之曰：「公之事上，當使啓沃多而施行少。啓沃之際，當使誠意多而語言少。」鼎奇之，引爲上客。鼎都督川陝、荆襄，辟樗爲屬。

紹興初，高宗親征，樗見鼎曰：「六龍臨江，兵氣百倍，然公自度此舉，果出萬全乎？或姑試一擲也？」鼎曰：「中國累年退避不振，敵情益驕，義不可更屈，故贊上行耳。若事之濟否，則非鼎所知也。」樗曰：「然則當思歸路，毋以賊遺君父憂。」鼎曰：「策安出？」樗曰：「張德遠有重望，居閩。今莫若使其爲江、淮、荆、浙、福建等路宣撫使，俾以諸道兵赴闕，命下之日，府庫軍旅錢穀皆得專之。宣撫來路，即朝廷歸路也。」鼎曰：「諾。」於是入奏曰：「今沿江經畫大計略定，非得大臣相應援不可。如張浚人才，陛下終棄之乎？」帝曰：「朕用之。」遂起浚知樞密院事。浚至，執鼎手曰：「此行舉措皆合人心。」鼎笑曰：「子才之功也。」樗於是往來鼎、浚間，多所裨益。頃之，以鼎薦，授祕書省正字兼史館校勘。

初，金既退師，鼎、浚相得驩甚。人知其將並相，𣏌獨言：「二人宜且同在樞府，他日趙退則張繼之。立事任人，未甚相遠，則氣脈長。若同處相位，萬有一不合，或當去位，則必更張，是賢者自相背戾矣。」後稍如其言。又嘗曰：「推車者遇艱險則相詬病，及車之止也，則欣然如初。士之於國家亦若是而已。」

先是，𣏌與張九成皆言和議非便，秦檜既主和，言者希旨，劾𣏌與九成謗訕。𣏌出知舒州懷寧縣，通判衡州，已而致仕。檜死，復起爲大宗正丞，轉工部員外郎，出知蘄州。孝宗卽位，用爲提舉浙東常平，以治績聞。淳熙七年，卒。

初，𣏌善鑒識，宣和間，謂其友人沈晦試進士當第一。建炎初，又謂今歲進士張九成當第一，凌景夏次之。會風折大槐，𣏌以作二簡遺之，後果然。趙鼎嘗以樊光遠免舉事訪𣏌，𣏌曰：「今年省試不可無此人。」於是光遠亦第一。初，𣏌二女方擇配，富人交請婚，不許。及見汪洋、張孝祥，乃曰：「佳壻也。」遂以妻之。

洪興祖字慶善，鎭江丹陽人。少讀禮至中庸，頓悟性命之理，績文日進。登政和上舍第，爲湖州士曹，改宣教郎。高宗時在揚州，庶事草創，選人改秩軍頭司引見，自興祖始。召試，授祕書省正字，後爲太常博士。

上疏乞收人心，納謀策，安民情，壯國威。又論國家再造，一宜以藝祖爲法。紹興四年，蘇、湖地震。興祖時爲駕部郎官，應詔上疏，具言朝廷紀綱之失，爲時宰所惡，主管太平觀。

起知廣德軍，視水原爲陂塘六百餘所，民無旱憂。一新學舍，因定從祀：自十哲曾子而下七十有一人，又列先儒左丘明而下二十有六人。擢提點江東刑獄。知眞州。州當兵衝，瘡痍未瘳。興祖始至，請復一年租，從之。明年再請，又從之。自是流民復業，墾闢荒田至七萬餘畝。

徙知饒州，先夢持六刀，覺曰：「三刀爲益，今倍之，其饒乎？」已而果然。是時秦檜當國，諫官多檜門下，爭彈劾以媚檜。興祖坐嘗作故龍圖閣學士程瑀論語解序，語涉怨望，編管昭州。卒，年六十有六。明年，詔復其官，直敷文閣。

興祖好古博學，自少至老，未嘗一日去書。著老莊本旨、周易通義、繫辭要旨、古文孝經序贊、離騷楚詞考異行于世。

高閌字抑崇，明州鄞縣人。紹興元年，以上舍選賜進士第。執政薦之，召爲祕書省正字。時將賜新進士儒行、中庸篇，閌奏儒行詞說不醇，請止賜中庸，庶幾學者得知聖學淵源，而不惑於他說，從之。

權禮部員外郎兼史館校勘。面對，言：「春秋之法，莫大於正名。今樞密院號本兵柄，而諸路軍馬盡屬都督，是朝廷兵柄自分爲二。又周六卿其大事則從其長，小事官屬猶得專達。今一切拘以文法，雖利害灼然可見，官長且不敢自決，必請于朝。故廟堂之事益繁，而省曹官屬乃與胥吏無異。又政事之行，給、舍得繳駁，臺諫得論列，若給、舍以爲然，臺諫以爲不然，則不容不改。祖宗時有繳駁臺諫章疏不以爲嫌者，恐其得於風聞，致朝廷之有過舉。然此風不見久矣，臣恐朝廷之權反在臺諫。且祖宗時，監察御史許言事，靖康中嘗行之。今則名爲臺官，實無言責，此皆名之未正也。」

尋遷著作佐郎，以言者論罷，主管崇道觀。召爲國子司業。時興太學，閌奏宜先經術，帝曰：「士習詩賦已久，遽能使之通經乎？」閌曰：「先王設太學，惟講經術而已。國初猶循唐制用詩賦，神宗始以經術造士，遂罷詩賦，又慮不足以盡人才，乃設詞學一科。今宜以經義爲主，而加詩賦。」帝然之。閌於是條具以聞。其法以六經、語、孟義爲一場，詩賦次之，子史論又次之，時務策又次之。太學課試及郡國科舉，盡以此爲法，且立郡國士補國學監生之制。中興已後學制，多閎所建明。

閎又言建學之始，宜得老成以誘掖後進。乃薦全州文學師維藩，詔除國子錄。維藩，眉山人，精春秋學，林栗其高第也，故首薦之。新學成，閎奏補試者六千人，且乞臨雍，繼率諸生上表以請。於是帝幸太學，秦熺執經，閎講易泰卦，賜三品服。胡寅聞之，以書責閎曰：「閣下爲師儒之首，不能建大論，明天人之理，乃阿諛柄臣，希合風旨，求舉太平之典，欺天罔人孰甚焉！平生志行掃地矣。」

閎少宗程頤學。宣和末，楊時爲祭酒，閎爲諸生。胡安國至京師，訪士於時，以閎爲首稱，由是知名。閎除禮部侍郎，帝因問閎張九成安否，明日，復以問秦檜，檜疑閎薦。中丞李文會承檜旨劾閎，出知筠州，不赴，卒。初，秦棣嘗使姚孚請婚，閎辭之。其著述有春秋集傳行于世。

程大昌字泰之，徽州休寧人。十歲能屬文，登紹興二十一年進士第。主吳縣簿，未上，丁父憂。服除，著十論言當世事，獻於朝，宰相湯思退奇之，擢太平州教授。明年，召爲太學正，試館職，爲祕書省正字。

孝宗卽位，遷著作佐郎。當是時，帝初政，銳意事功，命令四出，貴近或預密議。會詔百官言事，大昌奏曰：「漢石顯知元帝信己，先請夜開宮門之詔。他日，故夜還，稱詔啓關，或言矯制，帝笑以前詔示之。自是顯眞矯制，人不復言。國朝命令必由三省，防此弊也。請自今被御前直降文書，皆中省審奏乃得行，以合祖宗之規，以防石顯之姦。」又言：「去歲完顏亮入寇，無一士死守，而兵將至今策勳未已。惟李寶捷膠西，虞允文戰采石，實屠亮之階。今寶罷兵，允文守夔，此公論所謂不平也。」帝稱善，選爲恭王府贊讀。遷國子司業兼權禮部侍郎、直學士院。帝問大昌曰：「朕治道不進，奈何？」大昌對曰：「陛下勤儉過古帝王，自女眞通和，知尊中國，不可謂無效。但當求賢納諫，修政事，則大有爲之業在其中，不必他求奇策，以幸速成。」又言：「淮上築城太多，緩急何人可守。設險莫如練卒，練卒莫如擇將。」帝稱善。

除浙東提點刑獄。會歲豐，酒稅踰額，有挾朝命請增額者，大昌力拒之，曰：「大昌寧罪去，不可增也。」徙江西轉運副使，大昌曰：「可以興利去害，行吾志矣。」會歲歉，出錢十餘萬緡，代輸吉、贛、臨江、南安夏稅折帛。淸江縣舊有破坑、桐塘二堰〔三〕，以捍江護田及民居，地幾二千頃，後堰壞，歲罹水患且四十年，大昌力復其舊。

進祕閣修撰，召爲祕書少監，帝勞之曰：「卿，朕所簡記。監司若人人如卿，朕何憂？」兼中書舍人。六和塔寺僧以鎭潮爲功，求內降給賜所置田產仍免科徭，大昌奏：「僧寺旣違法置田，又移科徭於民，奈何許之！況自修塔之後，潮果不齧岸乎？」寢其命。權刑部侍郎，升侍講兼國子祭酒。大昌言：「辟以止辟，未聞縱有罪爲仁也。今四方讞獄例擬貸死，臣謂有司當守法，人主察其可貸則貸之。如此，則法伸乎下，仁歸乎上矣。」帝以爲然。兼給事中。江陵都統制率逢原縱部曲毆百姓，守帥辛棄疾以言狀徙帥江西。大昌因極論「自此屯戍州郡，不可爲矣」！逢原由是坐削兩官，降本軍副將。累遷權吏部尚書。言：「今日諸軍，西北舊人日少，其子孫伉健者，當敎之戰陣，不宜輕聽離軍。且禁衞之士，祖宗非獨以備宿衞而已，南征北伐，是嘗爲先鋒。今率三年輒補外，用違其長，卽有征行，無人在選。奈何始以材武擇之，而終以庸常棄之乎？願留三衙勿遣。」

會行中外更迭之制，力請郡，遂出知泉州。汀州賊沈師作亂，戍將蕭統領與戰死，閩部大震。漕檄統制裴師武討之。師武以未得帥符不行，大昌手書趣之曰：「事急矣，有如帥責君，可持吾書自解。」當是時，賊謀攻城，而先使諜者衷甲縱火爲內應。會師武軍至，復得諜者，賊遂散去。遷知建寧府。光宗嗣位，徙知明州，尋奉祠。紹熙五年，請老，以龍圖閣學士致仕。慶元元年，卒，年七十三，諡文簡。

大昌篤學，於古今事靡不考究。有禹貢論、易原、雍錄、易老通言、攷古編、演繁露北邊備對行於世。

林之奇字少穎，福州候官人。紫微舍人呂本中入閩，之奇甫冠，從本中學。時將試禮部，行次衢州，以不得事親而反。學益力，本中奇之，由是學者踵至。中紹興二十一年進士第，調莆田簿，改尉長汀，召爲祕書省正字，轉校書郎。

會朝廷欲令學者參用王安石三經義之說，之奇上言：「王氏三經，率爲新法地。晉人以王、何淸談之罪，深於桀、紂。本朝靖康禍亂，考其端倪，王氏實負王、何之責。在孔、孟書，正所謂邪說、詖行、淫辭之不可訓者。」或傳金人欲南侵，之奇作書抵當路，以爲「久和畏戰，人情之常。金知吾重於和，故常以虛聲喝我，而示我以欲戰之意，非果欲戰，所以堅吾和。欲與之和，宜無憚於戰，則其權在我」。又言：「戰之所須不一，而人才爲先。必求可與共患難者，非得如龐士元所謂俊傑者不可也。」

以痺疾乞外，由宗正丞提舉閩舶，參帥議，遂以祠祿家居，自稱拙齋。東萊呂祖謙嘗受學焉。淳熙三年，卒，年六十有五。

有書春秋周禮說、論孟揚子講義、道山記聞等書行於世。

林光朝字謙之，興化軍莆田人。再試禮部不第，聞吳中陸子正嘗從尹焞學，因往從之游。自是專心聖賢踐履之學，通六經，貫百氏，言動必以禮，四方來學者亡慮數百人。南渡後，以伊、洛之學倡東南者，自光朝始。然未嘗著書，惟口授學者，使之心通理解。嘗曰：「道之全體，全乎太虛。六經既發明之，後世注解固已支離，若復增加，道愈遠矣。」

孝宗隆興元年，光朝年五十，以進士及第調袁州司戶參軍。乾道三年，龍大淵、曾覿以潛邸恩倖進，臺諫、給舍論駁不行。張闡自外召爲執政，銳欲去之，覺其不可拙，遂以老疾力辭不拜。而光朝及劉朔方以名儒薦對，頗及二人罪，由是光朝改左承奉郎、知永福縣。而大臣論薦不已，召試館職，爲祕書省正字兼國史編修、實錄檢討官，歷著作佐郎兼禮部郎官。八年，進國子司業兼太子侍讀，史職如故。是時，張說再除簽書樞密院事，光朝不往賀，遂出爲廣西提點刑獄，移廣東。

茶寇自荆、湘剽江西，薄嶺南，其鋒銳甚。光朝自將郡兵，檄摧鋒統制路海、本路鈐轄黃進各以軍分控要害。會有詔徙光朝轉運副使，光朝謂賊勢方張，留屯不去，督二將遮擊，連敗之，賊驚懼宵遁。帝聞之喜曰：「林光朝儒生，乃知兵耶。」加直寶謨閣，召拜國子祭酒兼太子左諭德。

四年，帝幸國子監，命講中庸，帝大稱善，面賜金紫；不數日，除中書舍人。是時，吏部郎謝廓然由曾覿薦，賜出身，除殿中侍御史，命從中出。光朝愕曰：「是輕臺諫、羞科目也。」立封還詞頭。天子度光朝決不奉詔，改授工部侍郎，不拜，遂以集英殿修撰出知婺州。光朝老儒，素有士望。在後省未有建明，或疑之，及聞繳駁廓然，士論始服。光朝因引疾提舉興國宮，卒，年六十五。

楊萬里字廷秀，吉州吉水人。中紹興二十四年進士第，爲贛州司戶，調永州零陵丞。時張浚謫永，杜門謝客，萬里三往不得見，以書力請始見之。浚勉以正心誠意之學，萬里服其敎終身，乃名讀書之室曰誠齋。

浚入相，薦之朝。除臨安府敎授，未赴，丁父憂。改知隆興府奉新縣，戢追胥不入鄉，民逋賦者揭其名市中，民讙趨之，賦不擾而足，縣以大治。會陳俊卿、虞允文爲相，交薦之，召爲國子博士。侍講張栻以論張說出守袁，萬里抗疏留栻，又遺允文書，以和同之說規之，栻雖不果留，而公論偉之。遷太常博士，尋升丞兼吏部侍右郎官，轉將作少監，出知漳州，改常州，尋提舉廣東常平茶鹽。盜沈師犯南粵，帥師往平之。孝宗稱之曰「仁者之勇」，遂有大用意，就除提點刑獄。請於潮、惠二州築外砦，潮以鎮賊之巢，惠以扼賊之路。俄以憂去。免喪，召爲尚左郎官。

淳熙十二年五月，以地震應詔上書曰：

臣聞言有事於無事之時，不害其爲忠；言無事於有事之時，其爲姦也大矣。南北和好踰二十年，一旦絕使，敵情不測。而或者曰彼有五單于爭立之禍，又曰彼有匈奴困於東胡之禍，既而皆不驗。道塗相傳，繕汴京城池，開海州漕渠，又於河南、北簽民兵，增驛騎，製馬櫪，籍井泉，而吾之間諜不得以入，此何爲者耶？臣所謂言有事於無事之時者一也。

或謂金主北歸，可爲中國之賀。臣以中國之憂，正在乎此。此人北歸，蓋懲創於逆亮之空國而南侵也。將欲南之，必固北之；或者以身塡撫其北，而以其子與壻經營其南也。臣所謂言有事於無事之時者二也。

臣竊聞論者或謂緩急淮不可守，則棄淮而守江，是大不然。昔者吳與魏力爭而得合肥，然後吳始安；李煜失滁、揚二州，自此南唐始蹙。今日棄淮而保江，既無淮矣，江可得而保乎？臣所謂言有事於無事之時者三也。

今淮東、西凡十五郡，所謂守帥，不知陛下使宰相擇之乎，使樞廷擇之乎？使宰相擇之，宰相未必爲樞廷慮也；使樞廷擇之，則除授不自己出也。一則不爲之慮，一則不自己出，緩急敗事，則皆曰非我也。陛下將責之誰乎？臣所謂言有事於無事之時者四也。

且南北各有長技，若騎若射，北之長技也；若舟若步，南之長技也。今爲北之計者，日繕治其海舟，而南之海舟則不聞繕治焉。或曰吾舟素具也，或曰舟雖未具而憚於擾也。紹興辛巳之戰，山東、采石之功，不以騎也，不以射也，不以步也，舟焉而已。當時之舟，今可復用乎？且夫斯民一日之擾，與社稷百世之安危，孰輕孰重？事固有大於擾者也。臣所謂言有事於無事之時者五也。

陛下以今日爲何等時耶？金人日逼，疆場日擾，而未聞防金人者何策，保疆場者何道；但聞某日修某禮文也，某日進某書史也，是以鄉飲理軍，以干羽解圍也。臣所謂言有事於無事之時者六也。

臣聞古者人君，人不能悟之，則天地能悟之。今也國家之事，敵情不測如此，而君臣上下處之如太平無事之時，是人不能悟之矣。故上天見災異，異時熒惑犯南斗，邇日鎭星犯端門，熒惑守羽林。臣書生，不曉天文，未敢以爲必然也。至於春正月日青無光，若有兩日相摩者，茲不曰大異乎？然天猶恐陛下不信也，至於春日載陽，復有雨雪殺物，茲不曰大異乎？然天猶恐陛下又不信也，乃五月庚寅，又有地震，茲又不曰大異乎？且夫天變在遠，臣子不敢奏也，不信可也；地震在外，州郡不敢聞也，不信可也。今也天變頻仍，地震輦轂，而君臣不聞警懼，朝廷不聞咨訪，人不能悟之，則天地能悟之。臣不知陛下於此悟乎，否乎？臣所謂言有事於無事之時者七也。

自頻年以來，兩浙最近則先旱，江淮則又旱，湖廣則又旱，流徙者相續，道殣相枕。而常平之積，名存而實亡；入粟之令，上行而下慢。靜而無事，未知所以振救之；動而有事，將何以仰以爲資耶？臣所謂言有事於無事之時者八也。

古者足國裕民，惟食與貨。今之所謂錢者，富商、巨賈、閹宦、權貴皆盈室以藏之，至於百姓三軍之用，惟破楮劵爾。萬一如唐涇原之師，因怒糲食，蹴而覆之，出不遜語，遂起朱泚之亂，可不爲寒心哉！臣所謂言有事於無事之時者九也。

古者立國必有可畏，非畏其國也，畏其人也。故苻堅欲圖晉，而王猛以爲不可，謂謝安、桓冲江左之望，是存晉者二人而已。異時名相如趙鼎、張浚，名將如岳飛、韓世忠，此金人所憚也。近時劉珙可用則早死，張栻可用則沮死，萬一有緩急，不知可以督諸軍者何人，可以當一面者何人，而金人之所素憚者又何人？而或者謂人之有才，用而後見。臣聞之記曰：「苟有車必見其式，苟有言必聞其聲。」今日有其人而未聞其可將可相，是有車而無式，有言而無聲也。且夫用而後見，非臨之以大安危，試之以大勝負，則莫見其用也。平居無以知其人，必待大安危、大勝負而後見焉。成事幸矣，萬一敗事，悔何及耶？昔者謝玄之北禦苻堅，而郗超知其必勝；桓温之西伐李勢，而劉惔知其必取。蓋玄於履屐之間無不當其任，温於蒱博不必得則不爲，二子於平居無事之日，蓋必有以察其小而後信其大也，豈必大用而後見哉？臣所謂言有事於無事之時者十也。

願陛下超然遠覽，昭然遠寤。勿矜聖德之崇高，而增其所未能；勿恃中國之生聚，而嚴其所未備。勿以天地之變異爲適然，而法宣王之懼災；勿以臣下之苦言爲逆耳，而體太宗之導諫。勿以女謁近習之害政爲細故，而監漢、唐季世致亂之由；勿以仇讎之包藏爲無他，而懲宣、政晚年受禍之酷。責大臣以通知邊事軍務如富弼之請，勿以東西二府異其心；委大臣以薦進謀臣良將如蕭何所奇，勿以文武兩途而殊其轍。勿使賂宦者而得旄節如唐大曆之弊，勿使貨近幸而得招討如梁段凝之敗。以重蜀之心而重荆、襄，使東西形勢之相接；以保江之心而保兩淮，使表裏脣齒之相依。勿以海道爲無虞，勿以大江爲可恃。增屯聚糧，治艦扼險。君臣之所咨訪，朝夕之所講求，姑置不急之務，精專備敵之策。庶幾上可消於天變，下不墮於敵姦。

然天下之事有本根，有枝葉。臣前所陳，枝葉而已。所謂本根，則人主不可以自用。人主自用，則人臣不任責，然猶未害也。至於軍事，而猶曰「誰當憂此，吾當自憂」。今日之事，將無類此？傳曰：「木水有本原〔三〕。」聖學高明，願益思其所以本原者。東宮講官闕，帝親擢萬里爲侍讀。宮僚以得端人相賀。他日讀陸宣公奏議等書，皆隨事規警，太子深敬之。王淮爲相，一日問曰：「宰相先務者何事？」曰：「人才。」又問：「孰爲才？」卽疏朱熹、袁樞以下六十人以獻，淮次第擢用之。歷樞密院檢詳，守右司郎中，遷左司郎中。

十四年夏旱，萬里復應詔，言：「旱及兩月，然後求言，不曰遲乎？上自侍從，下止館職，不曰隘乎？今之所以旱者，以上澤不下流，下情不上達，故天地之氣隔絕而不通。」因疏四事以獻，言皆懇切。遷祕書少監。會高宗崩，孝宗欲行三年喪，創議事堂，命皇太子參決庶務。萬里上疏力諫，且上太子書，言：「天無二日，民無二王。一履危機，悔之何及？與其悔之而無及，孰若辭之而不居。願殿下〔四〕三辭五辭，而必不居也。」太子悚然。高宗未葬，翰林學士洪邁不俟集議，配饗獨以呂頤浩等姓名上。萬里上疏詆之，力言張浚當預，且謂邁無異指鹿爲馬。孝宗覽疏不悅，曰：「萬里以朕爲何如主！」由是以直祕閣出知筠州。

光宗卽位，召爲祕書監。入對，言：「天下有無形之禍，僭非權臣而僭於權臣，擾非盜賊而擾於盜賊，其惟朋黨之論乎！蓋欲激人主之怒莫如朋黨，空天下人才莫如朋黨。黨論一興，其端發於士大夫，其禍及於天下。前事已然，願陛下建皇極於聖心，公聽並觀，壞植散羣，曰君子從而用之，曰小人從而廢之，皆勿問其某黨某黨也。」又論：「古之帝王，固有以知一己攬其權，不知臣下竊其權。大臣竊之則權在大臣，大將竊之則權在大將，外戚竊之則權在外戚，近習竊之則權在近習。竊權之最難防者，其惟近習乎！非敢公竊也，私竊之也。始於私竊，其終必至於公竊而後已。可不懼哉！」

紹熙元年，借煥章閣學士爲接伴金國賀正旦使兼實錄院檢討官。會孝宗日曆成，參知政事王藺以故事俾萬里序之，而宰臣屬之禮部郎官傅伯壽。萬里以失職力丐去，帝宣諭勉留。會進孝宗聖政，萬里當奉進，孝宗猶不悅，遂出爲江東轉運副使，權總領淮西、江東軍馬錢糧。朝議欲行鐵錢於江南諸郡，萬里疏其不便，不奉詔，忤宰相意，改知贛州，不赴。乞祠，除祕閣修撰、提舉萬壽宮，自是不復出矣。

寧宗嗣位，召赴行在，辭。升煥章閣待制、提舉興國宮。引年乞休致，進寶文閣待制，致仕。嘉泰三年，詔進寶謨閣直學士，給賜衣帶。開禧元年召，復辭。明年，升寶謨閣學士。卒，年八十三，贈光祿大夫。

萬里爲人剛而褊。孝宗始愛其才，以問周必大，必大無善語，由此不見用。韓侂胄用事，欲網羅四方知名士相羽翼，嘗築南園，屬萬里爲之記，許以掖垣。萬里曰：「官可棄，記不可作也。」侂胄恚，改命他人。臥家十五年，皆其柄國之日也。侂胄專僭日益甚，萬里憂憤，怏怏成疾。家人知其憂國也，凡邸吏之報時政者皆不以告。忽族子自外至，遽言侂胄用兵事。萬里慟哭失聲，亟呼紙書曰：「韓侂胄姦臣，專權無上，動兵殘民，謀危社稷。吾頭顱如許，報國無路，惟有孤憤！」又書十四言別妻子，筆落而逝。

萬里精於詩，嘗著易傳行於世。光宗嘗爲書「誠齋」二字，學者稱誠齋先生，賜謚文節。子長孺。

校勘記

〔一〕知陝州靈寶縣　「陝州」原作「峽州」，按本書卷八七地理志，靈寶縣屬陝州，今改。

〔二〕淸江縣舊有破坑桐塘二堰　「塘」字原脫，據周必大周益國文忠公集卷六三程大昌神道碑補。

〔三〕木水有本原　「木水」原作「水木」，據楊萬里誠齋集卷六二上壽皇論天變地震書改。

〔四〕殿下　原作「陛下」，據同上書同篇、左傳昭九年文改。

宋史卷四百三十四

列傳第一百九十三

儒林四

劉子翬　呂祖謙　蔡元定 子沉　陸九齡 兄九韶〔一〕　陸九淵

薛季宣　陳傅良　葉適　戴溪　蔡幼學　楊泰之

劉子翬字彥沖，贈太師韐之仲子。以父任授承務郎，辟眞定府幕屬。韐死靖康之難，子翬痛憤，幾無以爲生，廬墓三年。服除，通判興化軍。寇楊勍〔二〕犯閩境，子翬與郡將張當世畫計備禦，如素服戎事者，賊不敢犯。事聞，詔因任。

子翬始執喪致羸疾，至是以不堪吏責，辭歸武夷山，不出者凡十七年。間走其父墓下，瞻望徘徊，涕泗鳴咽，或累日而返。妻死不再娶，事繼母呂氏及兄子羽盡孝友。子羽之子珙，幼英敏嗜學，子翬教之不懈，珙卒有立。

與籍溪胡憲、白水劉勉之交相得，每見，講學外無雜言。它所與遊，皆海內知名士，而期以任重致遠者，惟新安朱熹而已。初，熹父松且死，以熹託子翬。及熹請益，子翬告以易之「不遠復」三言，俾佩之終身，熹後卒為儒宗。子翬少喜佛氏說，歸而讀易，即渙然有得。其說以為學易當先復，故以是告熹焉。

一日，感微疾，即謁家廟，泣別母，與親朋訣，付珙家事，指葬處，處親戚孤弱之無業者，訓學者修身求道數百言。後二日卒，年四十七。學者稱屏山先生。珙別有傳。

呂祖謙字伯恭，尚書右丞好問之孫也。自其祖始居婺州。祖謙之學本之家庭，有中原文獻之傳。長從林之奇、汪應辰、胡憲游，既又友張栻、朱熹，講索益精。

初，蔭補入官，後舉進士，復中博學宏詞科，調南外宗教。丁內艱，居明招山，四方之士爭趨之。除太學博士，時中都官待次者例補外，添差教授嚴州，尋復召為博士兼國史院編修官、實錄院檢討官。輪對，勉孝宗留意聖學。且言：「恢復大事也，規模當定，方略當審。陛下方廣攬豪傑，共集事功，臣願精加考察，使之確指經畫之實，孰為先後，使嘗試僥倖之說不敢陳於前，然後與一二大臣定成算而次第行之，則大義可伸，大業可復矣。」

召試館職。先是，召試者率前期從學士院求問目，獨祖謙不然，而其文特典美。嘗讀陸九淵文喜之，而未識其人。考試禮部，得一卷，曰：「此必江西小陸之文也。」揭示，果九淵，人服其精鑒。父憂免喪，主管台州崇道觀。

越三年，除祕書郎、國史院編修官、實錄院檢討官。以修撰李燾薦，重修徽宗實錄。書成進秩，面對，言曰：「夫治道體統，上下內外不相侵奪而後安。鄉者，陛下以大臣不勝任而兼行其事，大臣亦皆親細務而行有司之事，外至監司、守令職任，率爲其上所侵而不能令其下。故豪猾玩官府，郡縣忽省部，掾屬凌長吏，賤人輕柄臣。平居未見其患，一旦有急，誰與指麾而伸縮之邪？如曰臣下權任太重，懼其不能無私，則有給、舍以出納焉，有臺諫以救正焉，有侍從以詢訪焉。儻得端方不倚之人分處之，自無專恣之慮，何必屈至尊以代其勞哉？人之關鬲脈絡少有壅滯，久則生疾。陛下於左右雖不勞操制，苟玩而弗慮，則聲勢浸長，趨附浸多，過咎浸積，內則懼爲陛下所遣而益思壅蔽，外則懼爲公議所疾而益肆詆排。願陛下虛心以求天下之士，執要以總萬事之機。勿以圖任或誤而謂人多可疑，勿以聰明獨高而謂智足偏察，勿詳於小而忘遠大之計，勿忽於近而忘壅蔽之萌。」

又言：「國朝治體，有遠過前代者，有視前代爲未備者。夫以寬大忠厚建立規模，以禮遜節義成就風俗，此所謂遠過前代者也。故於俶擾艱危之後，駐蹕東南踰五十年，無纖豪之虞，則根本之深可知矣。然文治可觀而武績未振，名勝相望而幹略未優，故雖昌熾盛大之時，此病已見。是以元昊之難，范、韓皆極一時之選，而莫能平殄，則事功之不競從可知矣。臣謂今日治體視前代未備者，固當激厲而振起；遠過前代者，尤當愛護而扶持。」

遷著作郎，以末疾請祠歸。先是，書肆有書曰聖宋文海，孝宗命臨安府校正刊行。學士周必大言文海去取差謬，恐難傳後，盍委館職銓擇，以成一代之書。孝宗以命祖謙。遂斷自中興以前，崇雅黜浮，類爲百五十卷，上之，賜名皇朝文鑑。

詔除直秘閣。時方重職名，非有功不除，中書舍人陳騤駁之。孝宗批旨云：「館閣之職，文史爲先。祖謙所進，採取精詳，有益治道，故以寵之，可卽命詞。」騤不得已草制。尋主管沖祐觀。明年，除著作郎兼國史院編修官。卒，年四十五。謚曰成。

祖謙學以關、洛爲宗，而旁稽載籍，不見涯涘。心平氣和，不立崖異，一時英偉卓犖之士皆歸心焉。少卞急，一日，誦孔子言「躬自厚而薄責於人」，忽覺平時忿懥渙然冰釋。朱熹嘗言：「學如伯恭方是能變化氣質。」其所講畫，將以開物成務，旣臥病，而任重道遠之意不衰。居家之政，皆可爲後世法。修讀詩記、大事記，皆未成書。考定古周易、書說、閫範、官箴、辨志錄、歐陽公本末，皆行于世。晚年會友之地曰麗澤書院，在金華城中；旣歿，郡人卽而祠之。子延年。

蔡元定字季通，建州建陽人。生而穎悟，八歲能詩，日記數千言。父發，博覽羣書，號牧堂老人，以程氏語錄、邵氏經世、張氏正蒙授元定，曰：「此孔、孟正脈也。」元定深涵其義。既長，辨析益精。登西山絕頂，忍飢啖薺讀書。

聞朱熹名，往師之。熹扣其學，大驚曰：「此吾老友也，不當在弟子列。」遂與對榻講論諸經奧義，每至夜分。四方來學者，熹必俾先從元定質正焉。太常少卿尤袤、祕書少監楊萬里聯疏薦于朝，召之，堅以疾辭。築室西山，將爲終焉之計。

時韓侂胄擅政，設僞學之禁，以空善類。臺諫承風，專肆排擊，然猶未敢誦言攻朱熹。至沈繼祖、劉三傑爲言官，始連疏詆熹，併及元定。元定簡學者劉礪曰：「化性起僞，烏得無罪！」未幾，果謫道州。州縣捕元定甚急，元定聞命，不辭家即就道。熹與從游者數百人餞別蕭寺中，坐客興嘆，有泣下者。熹微視元定，不異平時，因喟然曰：「友朋相愛之情，季通不挫之志，可謂兩得矣。」元定賦詩曰：「執手笑相別，無爲兒女悲。」衆謂宜緩行，元定曰：「獲罪于天，天可逃乎？」杖屨同其子沉行三千里，脚爲流血，無幾微見言面。

至春陵，遠近來學者日衆，州士子莫不趨席下以聽講說。有名士挾才簡傲、非笑前修者，亦心服謁拜，執弟子禮甚恭。人爲之語曰：「初不敬，今納命。」愛元定者謂宜謝生徒，元定曰：「彼以學來，何忍拒之？若有禍患，亦非閉門塞竇所能避也。」貽書訓諸子曰：「獨行不愧影，獨寢不愧衾，勿以吾得罪故遂懈。」一日，謂沉曰：「可謝客，吾欲安靜，以還造化舊物。」閱三日卒。侂冑既誅，贈迪功郎，賜謚文節。

元定於書無所不讀，於事無所不究。義理洞見大原，下至圖書、禮樂、制度，無不精妙。古書奇辭奧義，人所不能曉者，一過目輒解。熹嘗曰：「人讀易書難，季通讀難書易。」熹疏釋四書及爲易詩傳、通鑑綱目，皆與元定往復參訂；啓蒙一書，則屬元定起稿。嘗曰：「造化微妙，惟深於理者能識之，吾與季通言而不厭也。」及葬，以文誄之曰：「精詣之識，卓絕之才，不可屈之志，不可窮之辯，不復可得而見矣。」學者尊之曰西山先生。

其平生問學，多寓於熹書集中。所著書有大衍詳說、律呂新書、燕樂、原辯、皇極經世、太玄潛虛指要、洪範解、八陣圖說，熹爲之序。

子淵、沉，皆躬耕不仕。淵有周易訓解。

沉字仲默，少從朱熹游。熹晚欲著書傳，未及爲，遂以屬沉。洪範之數，學者久失其傳，元定獨心得之，然未及論著，曰：「成吾書者沉也。」沉受父師之託，沈潛反復者數十年，然後成書，發明先儒之所未及。其於洪範數，謂：「體天地之撰者易之象，紀天地之撰者範之數。數始於一奇，象成於二偶。奇者數之所以立，偶者數之所以行。故二四而八，八卦之象也；三三而九，九疇之數也。由是八八而又八八之爲四千九十六，而象備矣；九九而又九九之爲六千五百六十一，而數周矣。易更四聖而象已著，範錫神禹而數不傳。後之作者，昧象數之原，窒變通之妙，或卽象而爲數，或反數而擬象，牽合傅會，自然之數益晦焉。」

元定始，從元定謫道州，跋涉數千里，道楚、粵窮僻處，父子相對，常以理義自怡悅。元定歿，徒步護喪以還。有遺之金而義不可受者，輒謝卻之曰：「吾不忍累先人也。」年僅三十，屏去舉子業，一以聖賢爲師。隱居九峯，當世名卿物色將薦用之，沉不屑就。次子抗，別有傳。

陸九齡字子壽。八世祖希聲，相唐昭宗，孫德遷，五代末避亂居撫州之金溪。父賀，以學行爲里人所宗，嘗采司馬氏冠昏喪祭儀行於家，生六子，九齡其第五子也。幼穎悟端重，十歲喪母，哀毀如成人。稍長，補郡學弟子員。

時秦檜當國，無道程氏學者，九齡獨尊其說。久之，聞新博士學黄、老，不事禮法，慨然嘆曰：「此非吾所願學也。」遂歸家，從父兄講學益力。是時，吏部員外郎許忻有名中朝，退居臨川，少所賓接，一見九齡，與語大說，盡以當代文獻告之。自是九齡益大肆力於學，繙閱百家，晝夜不倦，悉通陰陽、星曆、五行、卜筮之說。

性周謹，不肯苟簡涉獵。入太學，司業汪應辰舉爲學錄。登乾道五年進士第。調桂陽軍教授，以親老道遠，改興國軍，未上，會湖南茶寇剽廬陵，聲搖旁郡，人心震懾。舊有義社以備寇，郡從衆請以九齡主之，門人多不悅，九齡曰：「文事武備，一也。古者有征討，公卿即爲將帥，比閭之長，則五兩之率也。士而恥此，則豪俠武斷者專之矣。」遂領其事，調度屯禦皆有法。寇雖不至，而郡縣倚以爲重。暇則與鄉之子弟習射，曰：「是固男子之事也。」歲惡，有剽刼者過其門，必相戒曰：「是家射多命中，無自取死。」

及至興國，地濱大江，俗儉嗇而鮮知學。九齡不以職閑自佚，益嚴規矩，肅衣冠，如臨大衆，勸綏引翼，士類興起。不滿歲，以繼母憂去。服除，調全州教授。未上，得疾。一日晨興，坐牀上與客語，猶以天下學術人才爲念。至夕，整襟正臥而卒，年四十九。寶慶二年，特贈朝奉郎、直祕閣，賜謚文達。

九齡嘗繼其父志，益修禮學，治家有法。闔門百口，男女以班各供其職，閨門之內嚴若朝廷。而忠敬樂易，鄉人化之，皆遜弟焉。與弟九淵相爲師友，和而不同，學者號「二陸」。有來問學者，九齡從容啓告，人人自得。或未可與語，則不發。嘗曰：「人之惑有難以口舌爭者，言之激，適固其意；少需，未必不自悟也。」

廣漢張栻與九齡不相識，晚歲以書講學，期以世道之重。呂祖謙常稱之曰：「所志者大，所據者實。有肯綮之阻，雖積九仞之功不敢遂；有毫釐之偏，雖立萬夫之表不敢安。公聽並觀，却立四顧，弗造於至平至粹之地，弗措也。」兄九韶。

九韶字子美。其學淵粹，隱居山中，晝之言行，夜必書之。其家累世義居，一人最長者爲家長，一家之事聽命焉。歲遷子弟分任家事，凡田疇、租稅、出內、庖爨、賓客之事，各有主者。九韶以訓戒之辭爲韻語，晨興，家長率衆子弟謁先祠畢，擊鼓誦其辭，使列聽之。子弟有過，家長會衆子弟責而訓之；不改，則撻之；終不改，度不可容，則言之官府，屏之遠方焉。九韶所著有梭山文集、家制、州郡圖。

陸九淵字子靜。生三四歲，問其父天地何所窮際，父笑而不答。遂深思，至忘寢食。

及總角，擧止異凡兒，見者敬之。謂人曰：「聞人誦伊川語，自覺若傷我者。」又曰：「伊川之言，奚爲與孔子、孟子之言不類？近見其間多有不是處。」初讀論語，卽疑有子之言支離。他日讀古書，至「宇宙」二字，解者曰「四方上下曰宇，往古來今曰宙」，忽大省曰：「宇宙內事乃己分內事，己分內事乃宇宙內事。」又嘗曰：「東海有聖人出焉，此心同也，此理同也。至西海、南海、北海有聖人出，亦莫不然。千百世之上有聖人出焉，此心同也，此理同也。至於千百世之下有聖人出，此心此理，亦無不同也。」

後登乾道八年進士第。至行在，士爭從之游。言論感發，聞而興起者甚衆。教人不用學規，有小過，言中其情，或至流汗。有懷於中而不能自曉者，爲之條析其故，悉如其心。亦有相去千里，聞其大概而得其爲人。嘗曰：「念慮之不正者，頃刻而知之，卽可以正。念慮之正者，頃刻而失之，卽爲不正。有可以形迹觀者，有不可。以形迹觀人，則不足以知人。必以形迹繩人，則不足以救之。」初調隆興靖安縣主簿。丁母憂。服闋，改建寧崇安縣。以少師史浩薦，召審察，不赴。侍從復薦，除國子正，教諸生無異在家時。除敕令所删定官。

九淵少聞靖康間事，慨然有感於復讎之義。至是，訪知勇士，與議恢復大略。因輪對，遂陳五論：一論讎恥未復，願博求天下之俊傑，相與擧論道經邦之職；二論願致尊德樂道之誠；

三論知人之難；四論事當馴致而不可驟；五論人主不當親細事。帝稱善。未幾，除將作監丞，爲給事中王信所駁，詔主管台州崇道觀。還鄉，學者輻湊，每開講席，戶外屨滿，耆老扶杖觀聽。自號象山翁，學者稱象山先生。嘗謂學者曰：「汝耳自聰，目自明，事父自能孝，事兄自能弟，本無欠闕，不必它求，在乎自立而已。」又曰：「此道與溺於利欲之人言猶易，與溺於意見之人言却難。」或勸九淵著書，曰：「六經註我，我註六經。」又曰：「學苟知道，六經皆我註脚。」

光宗卽位，差知荊門軍。民有訴者，無早暮皆得造于庭，復令其自持狀以追，爲立期，皆如約而至，卽爲酌情決之，而多所勸釋。其有涉人倫者，使自毀其狀，以厚風俗。唯不可訓者，始置之法。其境內官吏之貪廉，民俗之習尙善惡〔三〕，皆素知之。有訴人殺其子者，九淵曰：「不至是。」及追究，其子果無恙。有訴竊取而不知其人，九淵出二人姓名，使捕至，訊之伏辜，盡得所竊物還訴者，且有其罪使自新。因語吏以某所某人爲暴，翌日有訴遇奪掠者，卽其人也，乃加追治，吏大驚，郡人以爲神〔四〕。申嚴保伍之法，盜賊或發，擒之不逸一人，羣盜屛息。

荊門爲次邊而無城。九淵以爲：「郡居江、漢之間，爲四集之地，南捍江陵，北援襄陽，東護隨、郢之脇，西當光化、夷陵之衝，荊門固則四鄰有所恃，否則有背脇腹心之虞。由唐之湖陽以趨山，則其涉漢之處已在荆門之脅；由鄧之鄧城以涉漢，則其趨山之處已在荆門之腹。自此之外，間道之可馳，漢津之可涉，坡陀不能以限馬，灘瀨不能以濡軌者，所在尙多。自我出奇制勝，徼敵兵之腹脅者，亦正在此。雖四山環合，易於備禦，而城池闕然，將誰與守？」乃請於朝而城之，自是民無邊憂。罷關市吏譏察而減民稅，商賈畢集，稅入日增。舊用銅錢，以其近邊，以鐵錢易之，而銅有禁，復令貼納。九淵曰：「既禁之矣，又使之輸邪？」盡蠲之。故事，平時教軍伍射，郡民得與，中者均賞，薦其屬不限流品。嘗曰：「古者無流品之分〔三〕，而賢不肖之辨嚴；後世有流品之分，而賢不肖之辨略。」每旱，禱卽雨，郡人異之。逾年，政行令修，民俗爲變，諸司交薦。丞相周必大嘗稱荆門之政，以爲躬行之效。

一日，語所親曰：「先教授兄有志天下，竟不得施以沒。」又謂家人曰：「吾將死矣。」又告僚屬曰：「某將告終。」會禱雪，明日，雪。乃沐浴更衣端坐，後二日日中而卒。會葬者以千數，謚文安。

初，九淵嘗與朱熹會鵝湖，論辨所學多不合。及熹守南康，九淵訪之，熹與至白鹿洞，九淵爲講君子小人喻義利一章，聽者至有泣下。熹以爲切中學者隱微深痼之病。至于無極而太極之辨，則貽書往來論難不置焉。門人楊簡、袁燮、舒璘、沈煥能傳其學云。

薛季宣字士龍，永嘉人。起居舍人徽言之子也。徽言卒時，季宣始六歲，伯父敷文閣待制弼收鞠之。從弼宦游，及見渡江諸老，聞中興經理大略。喜從老校、退卒語，得岳、韓諸將兵間事甚悉。年十七，起從荆南帥辟書寫機宜文字，獲事袁溉。溉嘗從程頤學，盡以其學授之。季宣既得溉學，於古封建、井田、鄉遂、司馬法之制，靡不研究講畫，皆可行於時。

金兵之未至也，武昌令劉錡鎭鄂渚〔六〕。季宣白錡，以武昌形勢直淮、蔡，而兵寡勢弱，宜早爲備，錡不聽。及兵交，稍稍資季宣計畫。未幾，汪澈宣諭荆襄，而金兵趨江上，詔成閔還師入援。季宣又說澈以閔既得蔡，有破竹之勢，宜守便宜勿遣，而令其乘勝下潁昌，道陳、汝，趨汴都，金內顧且驚潰，可不戰而屈其兵矣。澈不聽。

時江、淮仕者聞金兵且至，皆預遣其奴〔七〕而繫馬于庭以待。季宣獨留家，與民期曰：「吾家即汝家，即有急，吾與汝偕死。」民亦自奮。縣多盜，季宣患之，會有伍民之令，乃行保伍法，五家爲保，二保爲甲，六甲爲隊，因地形便合爲總，不以鄉爲限，總首、副總首領之。官族、士族、富族皆附保，蠲其身，俾輸財供總之小用。諸總必有圃以習射，禁蒱博雜戲，而許以武事角勝負，五日更至庭閱之，而賞其尤者；不幸死者予棺，復其家三年。鄉置樓，盜發，伐鼓舉烽，瞬息徧百里。縣治、白鹿磯、安樂口皆置戍。復請於宣諭司，得戰艦十，甲三百，羅落之。守計定，訖兵退，人心不搖。

樞密使王炎薦于朝，召爲大理寺主簿，未至，爲書謝炎曰：「主上天資英特，羣臣無將順緝熙之具，幸得遭時，不能格心正始，以建中興之業，徒僥倖功利，夸言以眩俗，雖復中夏，猶無益也。爲今之計，莫若以仁義紀綱爲本。至於用兵，請俟十年之後可也。」

時江、湖大旱，流民北渡江，邊吏復奏淮北民多款塞者，宰相虞允文白遣季宣行淮西，收以實邊。季宣爲表廢田，相原隰，復合肥三十六圩，立二十二莊於黃州故治東北，以戶授屋，以丁授田，頒牛及田器穀種各有差，廩其家，至秋乃止。凡爲戶六百八十有五，分處合肥、黃州間，並邊歸正者振業之。季宣謂人曰：「吾非爲今日利也。合肥之圩，邊有警，因以斷栅江，保巢湖。黃州地直蔡衝，諸莊輯則西道有屏蔽矣。」光州守宋端友招集北歸者止五戶，而雜舊戶爲一百七十，奏以幸賞，季宣按得其實而劾之。時端友爲環列附託難撼，季宣奏上，孝宗怒，屬大理治，端友以憂死。

季宣還，言於孝宗曰：「左右之人進言者，其情不可不察也。託正以行邪，僞直以售佞，薦退人物〔八〕，曾非誦言，游揚中傷，乃自不意。一旦號令雖自中出，而其權已歸私門矣。

故齊威之霸，不在阿、卽墨之誅賞，而在毀譽者之刑。臣觀近政，非無阿、卽墨之誅賞，奈何毀譽之人自若乎？」帝曰：「朕方圖之。」

季宣又進言曰：「日城淮郡，以臣所見，合肥板幹方立，中使督視，卒卒成之。臣行過郡，一夕風雨，墮樓五堵。歷陽〔九〕南壁闕，而居巢庳陋如故，乃聞有靡錢鉅萬而成城四十餘丈者。陛下安取此！然外事無足道，咎根未除，臣所深憂。左右近侍，陰擠正士而陽稱道之，陛下儻因貌言而聽之，臣恐石顯、王鳳、鄭注之智中也。」又言：「近或以好名棄士大夫，夫好名特爲臣子學問之累。人主爲社稷計，唯恐士不好名，誠人人好名畏義，何鄉不立？」帝稱善，恨得季宣晚，遂進兩官，除大理正。

自是，凡奏請論薦皆報可。以虞允文諱闕失，不樂之。居七日，出知湖州。會戶部以曆付場務，錙銖皆分隸經總制，諸郡束手無策。季宣言於朝曰：「自經總制立額，州縣鑿空以取贏，雖有奉法吏思寬弛而不得騁。若復額外征其強半，郡調度顧安所出？殆復巧取之民，民何以勝！」戶部譙責愈急，季宣爭之愈強，臺諫交疏助之，乃收前令。

改知常州，未上，卒，年四十。季宣於詩、書、春秋、中庸、大學、論語皆有訓義，藏于家。其雜著曰浪語集。

陳傅良字君舉，温州瑞安人。初患科舉程文之弊，思出其說爲文章，自成一家，人爭傳誦，從者雲合，由是其文擅當世。當是時，永嘉鄭伯熊、薛季宣皆以學行聞，而伯熊於古人經制治法，討論尤精，傅良皆師事之，而得季宣之學爲多。及入太學，與廣漢張栻、東萊呂祖謙友善。祖謙爲言本朝文獻相承條序，而主敬集義之功得於栻爲多。自是四方受業者愈衆。

登進士甲科，教授泰州。參知政事龔茂良才之，薦于朝，改太學錄。出通判福州。丞相梁克家領帥事，委成于傅良，傅良平一府曲直，壹以義。強禦者不得售其私，陰結言官論罷之。

後五年，起知桂陽軍。光宗立，稍遷提舉常平茶鹽、轉運判官〔一〇〕。湖湘民無後，以異姓以嗣者，官利其貲，輒沒入之。傅良曰：「絕人嗣，非政也。」復之幾二千家。轉浙西提點刑獄。除吏部員外郎，去朝十四年〔一一〕，至是而歸，鬚鬢無黑者，都人聚觀嗟嘆，號「老陳郎中」。

傅良爲學，自三代、秦、漢以下靡不研究，一事一物必稽於極而後已。而於太祖開創本原，尤爲潛心。及是，因輪對，言曰：「太祖皇帝垂裕後人，以愛惜民力爲本。熙寧以來，用事者始取太祖約束，一切紛更之。諸路上供歲額，增於祥符一倍；崇寧重修上供格，頒之天下，率增至十數倍。其它雜斂，則熙寧以常平寬剩、禁軍闕額之類別項封樁，而無額上供起於元豐，經制起於宣和，總制、月樁起於紹興，皆迄今爲額，折帛、和買之類又不與焉。茶引盡歸於都茶場，鹽鈔盡歸於榷貨務，秋苗斗斛十八九歸於綱運，皆不在州縣。州縣無以供，則豪奪於民，於是取之斛面、折變、科敷、抑配、贓罰，而民困極矣。方今之患，何但四夷？蓋天命之永不永，在民力之寬不寬耳，豈不甚可畏哉。陛下宜以救民窮爲己任，推行太祖未泯之澤，以爲萬世無疆之休。」

且言：「今天下之力竭於養兵，而莫甚於江上之軍。都統司謂之御前軍馬，雖朝廷不得知；總領所謂之大軍錢糧，雖版曹不得與。於是中外之勢分，而事權不一，施行不專，雖欲寬民，其道無由。誠使都統司之兵與向者在制置司時無異，總領所之財與向者在轉運司時無異，則內外爲一體。內外一體，則寬民力可得而議矣。」帝從容嘉納，且勞之曰：「卿昔安在？朕不見久矣。其以所著書示朕。」退以周禮說十三篇上之，遷祕書少監兼實錄院檢討官、嘉王府贊讀。

紹熙三年，除起居舍人。明年，兼權中書舍人。初，光宗之妃黃氏有寵，李皇后妬而殺之。光宗旣聞之，而復因郊祀大風雨，遂震懼得心疾，自是視章疏不時。於是傅良奏曰：

「一國之勢猶身也，壅底則致疾。今日遷延某事，明日阻節某人，卽有姦險乘時爲利，則內外之情不接，威福之柄下移，其極至於天變不告，邊警不聞，禍且不測矣！」帝悟，會疾亦稍平，過重華宮。而明年重明節，復以疾不往，丞相以下至於太學諸生皆力諫，不聽；而方召內侍陳源爲內侍省押班，傅良不草詞，且上疏曰：「陛下之不過宮者，特誤有所疑而積憂成疾，以至此爾。臣嘗卽陛下之心反覆論之，竊自謂深切，陛下亦旣許之矣。未幾中變，以誤爲實，而開無端之釁；以疑爲眞，而成不療之疾。是陛下自貽禍也。」書奏，帝將從之。百官班立，以俟帝出。至御屛，皇后挽帝回，傅良遂趨上引裾，后叱之。傅良哭于庭，后益怒，傅良下殿徑行。詔改秘閣修撰仍兼贊讀，不受。

寧宗卽位，召爲中書舍人兼侍讀、直學士院、同實錄院修撰。會詔朱熹與在外宮觀，傅良言：「熹難進易退，內批之下，舉朝驚愕，臣不敢書行。」熹於是進寶文閣待制，與郡。御史中丞謝深甫論傅良言不顧行，出提舉興國宮。明年，察官交疏，削秩罷。嘉泰二年復官。起知泉州，辭。授集英殿修撰，進寶謨閣待制，終于家，年六十七。謚文節。

傅良著述有詩解詁、周禮說、春秋後傳、左氏章指行于世。

葉適字正則，溫州永嘉人。爲文藻思英發。擢淳熙五年進士第二人，授平江節度推官。丁母憂。改武昌軍節度判官。少保史浩薦于朝，召之不至，改浙西提刑司幹辦公事，士多從之游。參知政事龔茂良復薦之，召爲太學正。

遷博士，因輪對，奏曰：「人臣之義，當爲陛下建明者，一大事而已。二陵之讎未報，故疆之半未復，而言者以爲當乘其機，當待其時。然機自我發，何彼之乘？時自我爲，何彼之待？非眞難眞不可也，正以我自爲難，自爲不可耳。於是力屈氣索，甘爲退伏者於此二十六年。積今之所謂難者陰沮之，所謂不可者默制之也。蓋其難有四，其不可有五。置不共戴天之讎而廣兼愛之義，自爲虛弱。此國是之難一也。國之所是旣然，士大夫之論亦然。爲奇謀祕畫者止於乘機待時，忠義決策者止於親征遷都，深沉慮遠者止於固本自治。此議論之難二也。環視諸臣，迭進迭退，其知此事本而可以反覆論議者誰乎？抱此志意而可以策勵期望者誰乎？此人才之難三也。論者徒鑒五代之致亂，而不思靖康之得禍。今循守舊模，而欲驅一世之人以報君仇，則形勢乖阻，誠無展足之地。若順時增損，則其所更張動搖，關係至重。此法度之難四也。又有甚不可者，兵以多而至於弱，財以多而至於乏，不信官而信吏，不任人而任法，不用賢能而用資格：此五者舉天下以爲不可動，豈非今之實患歟！沿習牽制，非一時矣。講利害，明虛實，斷是非，決廢置，在陛下所爲耳。」讀未竟，帝蹙額曰：「朕比苦目疾，此志已泯，誰克任此，惟與卿言之耳。」及再讀，帝慘然久之。

除太常博士兼實錄院檢討官。嘗薦陳傅良等三十四人於丞相，後皆召用，時稱得人。會朱熹除兵部郎官，未就職，爲侍郎林栗所劾。適上疏爭曰：「栗劾熹罪無一實者，特發其私意而遂忘其欺矣！至於其中『謂之道學』一語，利害所係不獨熹。蓋自昔小人殘害忠良，率有指名，或以爲好名，或以爲立異，或以爲植黨。近創爲『道學』之目，鄭丙倡之，陳賈和之，居要津者密相付授，見士大夫有稍慕潔修者，輒以道學之名歸之，以爲善爲玷闕，以好學爲己愆，相與指目，使不得進。於是賢士惴慄，中材解體，銷聲滅影，穢德垢行，以避此名。栗爲侍從，無以達陛下之德意志慮，而更襲用鄭丙、陳賈密相付授之說，以道學爲大罪，文致語言，逐去一熹，自此善良受禍，何所不有！伏望摧折暴橫，以扶善類。」疏入不報。

光宗嗣位，由秘書郎出知蘄州。入爲尚書左選郎官。是時，帝以疾不朝重華宮者七月，事無鉅細皆廢不行。適見上力言：「父子親愛出於自然。浮疑私畏，似是而非，豈有事實？若因是而定省廢於上，號令愆於下，人情離阻，其能久乎！」既而帝兩詣重華宮，都人懽悅。適復奏：「自今宜於過宮之日，令宰執、侍從先詣起居。異時兩宮聖意有難言者，自可因此傳致，則責任有歸。不可復使近習小人增損語言，以生疑惑。」不報。而事復浸異，中外洶洶。

及孝宗不豫，羣臣至號泣攀裾以請，帝竟不往。適責宰相留正曰：「上有疾明甚。父子相見，當俟疾瘳。公不播告，使臣下輕議君父可乎？」未幾，孝宗崩，光宗不能執喪。軍士籍籍有語，變且不測。適又告正曰：「上疾而不執喪，將何辭以謝天下？今嘉王長，若預建參決，則疑謗釋矣。」宰執用其言，同入奏立嘉王爲皇太子，帝許之。俄得御批，有「歷事歲久，念欲退閑」之語，正懼而去，人心愈搖。知樞密院趙汝愚憂危不知所出，適告知閤門事蔡必勝曰：「國事至此，子爲近臣，庸坐視乎？」蔡許諾，與宣贊舍人傅昌朝、知內侍省關禮、知閤門事韓侂胄三人定計。侂胄，太皇太后甥也。會慈福宮提點張宗尹過侂胄，侂胄覘其意以告必勝。適得之，卽亟白汝愚。汝愚請必勝議事，遂遣侂胄因張宗尹、關禮以內禪議奏太皇太后，且請垂簾，許之，計遂定。翌日禫祭，太皇太后臨朝，嘉王卽皇帝位，親行祭禮，百官班賀，中外晏然。凡表奏皆汝愚與適裁定，臨期取以授儀曹郎，人始知其預議焉。遷國子司業。

汝愚既相，賞功將及適，適曰：「國危効忠，職也。適何功之有？」而侂胄恃功，以遷秩不滿望怨汝愚。適以告汝愚曰：「侂胄所望不過節鉞，宜與之。」汝愚不從。適嘆曰：「禍自此始矣！」遂力求補外。除太府卿，總領淮東軍馬錢糧〔三〕。及汝愚貶衡陽，而適亦爲御史胡紘所劾，降兩官罷，主管沖佑觀，差知衢州，辭。

起爲湖南轉運判官，遷知泉州。召入對，言於寧宗曰：「陛下初嗣大寶，臣嘗申繹卷阿之義爲獻。天啓聖明，銷磨黨偏，人才庶幾復合。然治國以和爲體，處事以平爲極。臣欲人臣忘己體國，息心既往，圖報方來可也。」帝嘉納之。初，韓侂胄用事，患人不附，一時小人在言路者，創爲「僞學」之名，舉海內知名士貶竄殆盡。其後侂胄亦悔，故適奏及之，且薦樓鑰、丘崈、黃度三人，悉與郡。自是禁網漸解矣。

除權兵部侍郎，以父憂去。服除，召至。時有勸侂胄立蓋世功以固位者，侂胄然之，將啓兵端。適因奏曰：「甘弱而幸安者衰，改弱而就彊者興。陛下申命大臣，先慮預算，思報積恥，規恢祖業，蓋欲改弱以就彊矣。竊謂必先審知彊弱之勢而定其論，論定然後修實政，行實德，弱可變而爲彊，非有難也。今欲改弱以就彊，爲問罪驟興之舉，此至大至重事也。故必備成而後動，守定而後戰。今或謂金已衰弱，姑開先釁，不懼後艱，求宣和之所不能，爲紹興之所不敢，此至險至危事也。且所謂實政者，當經營瀕淮沿漢諸郡，各爲處所，牢實自守。敵兵至則阻於堅城，彼此策應，而後進取之計可言。至於四處御前大軍，練之使足以制敵，小大之臣，試之使足以立事，皆實政也。所謂實德者，當今賦稅雖重而國愈貧，如和買、折帛之類，民間至有用田租一半以上輸納者。况欲規恢，宜有恩澤。乞詔有司，審度何名之賦害民最甚，何等橫費裁節宜先。減所入之額，定所出之費。既修實政於上，又行實德於下。此其所以能屢戰而不屈，必勝而無敗也。」

除權工部侍郎。侂胄欲藉其草詔以動中外，改權吏部侍郎兼直學士院，以疾力辭兼職。會詔諸將四路出師，適又告侂胄宜先防江，不聽。未幾，諸軍皆敗，侂胄懼，以丘崈爲江、淮宣撫使，除適寶謨閣待制、知建康府兼沿江制置使。適謂三國孫氏嘗以江北守江，自南唐以來始失之，建炎、紹興未暇尋繹。乃請于朝，乞節制江北諸州。

及金兵大入，一日，有二騎舉旗若將渡者，淮民倉皇爭斫舟纜，覆溺者衆，建康震動。適謂人心一搖，不可復制，惟刼砦南人所長，乃募市井悍少幷帳下願行者，得二百人，使采石將徐緯統以往。夜過半，遇金人，蔽茅葦中射之，應弦而倒；矢盡，揮刀以前，金人皆錯愕不進。黎明，知我軍寡來追，則已在舟中矣。復命石跋、定山之人刼敵營，得其俘馘以歸。金解和州圍，退屯瓜步，城中始安。又遣石斌賢渡宣化，夏侯成等分道而往，所向皆捷。金自滁州遁去。時羽檄旁午，而適治事如平時，軍須皆從官給，民以不擾。淮民渡江有舟，次止有寺，給錢餉米，其來如歸。兵退，進寶文閣待制，兼江、淮制置使，措置屯田，遂上堡塢之議。

初，淮民被兵驚散，日不自保。適遂於墟落數十里內，依山水險要爲堡塢，使復業以守，舂夏散耕，秋冬入堡，凡四十七處。又度沿江地創三大堡：石跋則屏蔽采石，定山則屏蔽靖安，瓜步則屏蔽東陽、下蜀。西護歷陽〔三〕，東連儀眞，緩急應援，首尾聯絡，東西三百里，南北三四十里。每堡以二千家爲率，敎之習射。無事則戍，以五百人一將；有警則增募新兵及抽摘諸州禁軍二千人，幷堡塢內居民，通爲四千五百人，共相守戍。而制司於每歲防秋，別募死士千人，以爲劫砦焚糧之用。因言堡塢之成有四利，大要謂：「敵在北岸，共長江之險，而我有堡塢以爲聲援，則敵不敢窺江，而士氣自倍，戰艦亦可以策勳。和、滁、眞、六合等城或有退遁，我以堡塢全力助其襲逐，或邀其前，或尾其後，制勝必矣。此所謂用力寡而收功博也。」三堡就，流民漸歸。而侂胄適誅，中丞雷孝友劾適附侂胄用兵，遂奪職。自後奉祠者凡十三年，至寶文閣學士、通議大夫。嘉定十六年，卒，年七十四，贈光祿大夫，謚文定〔四〕。

適志意慷慨，雅以經濟自負。方侂胄之欲開兵端也，以適每有大讎未復之言重之，而適自召還，每奏疏必言當審而後發，且力辭草詔。第出師之時，適能極力諫止，曉以利害禍福，則侂胄必不妄爲，可免南北生靈之禍。議者不能不爲之歎息焉。

戴溪字肖望，永嘉人也。少有文名。淳熙五年，爲別頭省試第一，監潭州南嶽廟。紹熙初，主管吏部架閣文字，除太學錄兼實錄院檢討官。正錄兼史職自溪始。升博士，奏兩淮當立農官，若漢稻田使者，括閑田，諭民主出財，客出力，主客均利，以爲救農之策。除慶元府通判，未行，改宗正簿。累官兵部郎官。

開禧時，師潰于符離，溪因奏沿邊忠義人、湖南北鹽商皆當區畫，以銷後患。會和議成，知樞密院事張巖督師京口，除授參議軍事。數月，召爲資善堂說書。

由禮部郎中凡六轉爲太子詹事兼祕書監。景獻太子命溪講中庸、大學，溪辭以講讀非詹事職，懼侵官。太子曰：「講退便服說書，非公禮，毋嫌也。」復命類易、詩、書、春秋、論語、孟子、資治通鑑，各爲說以進。權工部尚書，除華文閣學士。嘉定八年，以宣奉大夫、龍圖閣學士致仕。卒，贈特進、端明殿學士。理宗紹定間，賜謚文端。

溪久於宮僚，以徽婉受知春宮〔一五〕，然立朝建明，多務秘密，或議其殊乏骨鯁云。

蔡幼學字行之，温州瑞安人。年十八，試禮部第一。是時，陳傅良有文名于太學，幼學從之游。月書上祭酒芮燁及呂祖謙，連選拔，輒出傅良右，皆謂幼學之文過其師。

孝宗聞之，因策士將置首列。而是時外戚張說用事，宰相虞允文、梁克家皆陰附之。幼學對策，其略曰：「陛下資雖聰明而所存未大，志雖高遠而所趨未正，治雖精勤而大原不立。即位之始，冀太平旦暮至。奈何今十年，風俗日壞，將難扶持；紀綱日亂，將難整齊；人心益搖，將難收拾；吏慢兵驕，財匱民困，將難正救。」又曰：「陛下恥名相之不正，更制近古，二相並進，以爲美談。然或以虛譽惑聽，自許立功；或以緘默容身，不能持正。」蓋指虞允文、梁克家也。又曰：「漢武帝用兵以來，大司馬、大將軍之權重而丞相輕。公孫弘爲相，衞青用事，弘苟合取容，相業無有。宣、元用許、史，成帝用王氏，哀帝用丁、傅，卒爲元始〔三〕之禍。今陛下使姨子預兵柄，其人無一才可取。宰相忍與同列，曾不羞恥。按其罪名，宜在公孫弘上。」蓋指張說也。帝覽之不懌，虞允文尤惡之。遂得下第，教授廣德軍。

丁父憂，再調潭州。執政薦于朝，帝許之，且問：「年幾何矣？何以名幼學？」參政施師點擧孟子「幼學壯行」之語以對。上佇思，慨然曰：「今壯矣，可行也。」遂除敕令所删定官。首言：「大恥未雪，境土未復，陛下睿知神武，可以有爲。而苟且之議，委靡之習，顧得以緩陛下欲爲之心。」孝宗喜曰：「解卿意，欲令朕立規摹爾。」尋以母憂去。

光宗立，以太學錄召，改武學博士。踰年，遷太學，擢祕書省正字兼實錄院檢討官，遷校書郎。時光宗以疾不朝重華宮，幼學上封事曰：「陛下自春以來，北宮之朝不講。比者壽皇愆豫，侍從、臺諫叩陛請對，陛下拂衣而起，相臣引裾，羣臣隨以號泣。陛下退朝，宮門盡閉，大臣累日不獲一對淸光。望日之朝，都人延頸，遷延至午，禁衞飲恨。市廛軍伍，謗誹籍籍，旁郡列屯，傳聞疑怪，變起倉卒，陛下實受其禍。誠思身體髮膚壽皇所與，宗社人民壽皇所命，則疇昔慈愛有感乎心，可不獨出聖斷，復父子之歡，弭宗社之禍！」疏入不報。

寧宗卽位，詔求直言。幼學又奏：「陛下欲盡爲君之道，其要有三：事親、任賢、寬民，而其本莫先於講學。比年小人謀傾君子，爲安靖和平之說以排之。故大臣當興治而以生事自疑，近臣當效忠而以忤旨擯棄，其極至於九重深拱而羣臣盡廢，多士盈庭而一籌不吐。自非聖學日新，求賢如不及，何以作天下之才！自熙寧、元豐而始有免役錢，有常平積剩錢，有無額上供錢；自大觀、宣和而始有大禮進奉銀絹，有贍學糴本錢，有經制錢；自紹興而始有和買折帛錢，有總制錢，有月樁大軍錢；至於茶鹽酒榷、稅契、頭子之屬，積累增多，較之祖宗無慮數十倍，民困極矣。」

幼學旣論列時政，其極歸之聖學。帝稱善，將進用之。時韓侂胄方用事，指正人爲「僞學」，異論者立黜。幼學遂力求外補，特除提舉福建常平。陛辭，言：「今除授命令徑從中出，而大臣之責始輕；諫省、經筵無故罷黜，而多士之心始惑。或者有以誤陛下至此耶！」侂胄聞之不悅。既至官，日講荒政。時朱熹居建陽，幼學每事咨訪，遂爲御史劉德秀劾罷，奉祠者凡八年。

起知黃州，改提點福建路刑獄，未行。有勸侂胄以收召海內名士者，乃召幼學爲吏部員外郎。入見，言：「高宗建炎間減婺州和買絹折羅事，因諭輔臣曰：『一日行得如此一事，一年不過三百六十事而已。』陛下除兩浙丁錢，視高宗無間，然而兵事既開，諸路罹鋒鏑轉餉之艱，江、湖以南有調募科需之擾，惟陛下以愛惜邦本爲念。」遷國子司業、宗正少卿，皆兼權中書舍人。

侂胄既誅，餘黨尚塞正路，幼學次第彈繳，竄黜尤衆，號稱職。遷中書舍人兼侍講。故事，閤門、宣贊而下，供職十年，始得路都監若鈐轄。侂胄壞成法，率五六年七八年即越等除授，有已授外職猶通籍禁闥者，幼學一切釐正。

嘉定初，同樓鑰知貢舉。時正學久錮，士專於聲律度數，其學支離。幼學始取義理之文，士習漸復於正。兼直學士院，內外制皆溫醇雅厚得體，人多稱之。除刑部侍郎，改吏部，仍兼職。趙師睪除知臨安府，睪辭。故事，當有不允詔。幼學言：「師睪以媚權臣進官，三尹京兆，狼籍無善狀，詔必出褒語，臣何辭以草？」命遂寢。改兼侍讀，師睪命乃下。除龍圖閣待制、知泉州，徙建康府、福州，進福建路安撫使。政主寬大，惟恐傷民。福建下州，例抑民買鹽，以戶産高下均賣者曰產鹽，以交易契紙錢科敷者曰浮鹽，皆出常賦外，久之遂爲定賦。幼學力請蠲之，不報。提舉司令民以田高下藏新會子，不如令者籍其貲。幼學曰：「罔民而可，吾忍之乎！惟有去而已。」因言錢幣未均，秤提無術，力求罷去。遂升寶謨閣直學士、提舉萬壽宮。召權兵部尚書兼修玉牒官，尋兼太子詹事。

先是，朝廷既遣歲幣入金境，適値其有難，不果納，則遽以兵叩邊索之。中外洶洶，皆言當亟與。幼學請對，言：「玉帛之使未還，而侵軼之師奄至，且肆其侮慢，形之文辭。天怒人憤，可不伸大義以破其謀乎！」於是朝論奮然，始詔與金絕。幼學因請「固本根以弭外虞，示意向以定衆志，公汲引以合材謀，審懷附以一南北」。帝稱善。一夕感異夢，星隕于屋西南隅，遂卒。年六十四。

幼學早以文鳴于時，而中年述作，益窮根本，非關教化之大、由情性之正者不道也。器質凝重，莫窺其際，終日危坐，一語不妄發。及辨論義理，縱橫闔闢，沛然如決江河，雖辯士不及也。嘗續司馬光公卿百官表，年曆、大事記、備忘、辨疑、編年政要、列傳舉要，凡百餘篇，傳于世。

楊泰之字叔正，眉州靑神人。少刻志于學，臥不設榻幾十歲。慶元元年類試，調瀘川尉〔七〕，易什邡，再調綿州學教授、羅江丞，制置司檄置幕府。吳獵諭蜀，泰之貽書曰：「使吳曦爲亂，而士大夫不從，必有不敢爲；既亂，而士大夫能抗，曦猶有所憚。夫亂，曦之爲也；亂所以成，士大夫之爲也。」

改知嚴道縣，攝通判嘉定。白厓砦將王壎引蠻寇利店，刑獄使者置壎于法，又冐絓餘人當坐死。泰之訪知夷都實邇利店，夷都蠻稱亂，不需引導，固請釋之，不聽，乃去官。宣撫使安丙薦之曰：「蜀中名儒楊虞仲之子，當逆臣之變，勉有位者毋動；言不用，拂衣而去。使得尺寸之柄，必能見危致命。」召泰之赴都堂審察，以親老辭。差知廣安軍，未上，丁父憂。免喪，知富順監。去官，以祿稟數千緡予鄰里，以千緡爲義莊。知普州〔八〕，以安居、安岳二縣受禍尤慘，泰之力白丙盡蠲其賦。丙復薦于朝，召赴行在，固辭。知果州。蹄零錢病民，泰之以一年經費儲其贏爲諸邑對減，上尚書省，按爲定式。民歌之曰：「前張後楊，惠我無疆。」張謂張義，實自發其端，而泰之踵行之。

理宗卽位，趣入對，言：「法天行健，奮發英斷，總攬威權，無牽於私意〔九〕，無奪於邪說，以救蠱敝，以新治功。本朝德澤，邇來斲喪無餘，民無恆心，何以爲國？陛下以直言求人，而以直言罪之，使天下以言爲戒。臣恐言路既梗，士氣益消，循循默默，寖成衰世之風，爲國者何便於此？」上奇其對，以爲工部郎中。其後言事者相繼，無所避忌，自泰之發之。遷軍器少監、大理少卿。

紹定元年入對，謂：「風雨爲暴，水潦潰溢，此陰盛陽微之證。而臺臣諉曰霅川水患之慘〔二〇〕，桀之餘烈也。」後又言：「巴陵追降之命，重於違羣臣，輕於絶友愛。陛下居天位之至逸，則當思天倫之大痛〔二一〕。秦邸歿於房陵，既行封謚，又錄用其子。今乃曰『不當爲之後，以貽它日憂』，何示人之不廣乎？」又曰：「今日不言，後必有言之者。與其追恤於後，固不若舉行於今也。」是日，詔直寶謨閣、知重慶府。爲書以別丞相曰：「宰相職事，無大於用人有道，去自私之心，恢容人之度，審取舍之擇而已。」至官，俗用大變。主管千秋鴻禧觀，卒。

所著克齋文集、論語解、老子解〔二二〕、春秋列國事目、公羊穀梁類、詩類、詩名物編、論孟類、東漢三國志南北史唐五代史類、歷代通鑑本朝長編類、東漢名物編、詩事類、大易要言、雜著，凡二百九十七卷。

校勘記

〔一〕兄九韶 「兄」原作「弟」，據陸九淵象山先生集卷三六年譜、黃宗羲宋元學案卷五七梭山復齋學案改。後文同。

〔二〕楊勍　原作「楊就」，據劉子翬屏山先生文集卷五送張當世序改。楊勍事又見繫年要錄卷三二。

〔三〕民俗之習尙善惡　「尙」原作「向」，據象山先生集卷三三楊簡陸九淵行狀改。

〔四〕郡人以爲神　「人」字原脫，據同上書同卷同篇補。

〔五〕古者無流品之分　「分」原作「令」，據象山先生集卷三三楊簡陸九淵行狀及本卷下文改。

〔六〕金兵之未至也武昌令劉錡鎭鄂渚　按陳傅良止齋先生文集卷五一薛季宣行狀作：「公以軍政爭，不克，謝去，盡其祿直買蜀書以歸，爲鄂州武昌令。故太尉劉公錡鎭鄂渚。」呂祖謙呂東萊文集卷七薛常州墓誌銘作：「公旣出蜀矣，調鄂州武昌令」。則任武昌令者是薛季宣，「武昌令」上當有脫字。

〔七〕奴　同上二書同卷同篇作「孥」。

〔八〕薦退人物　「退」原作「進」，據同上二書同卷同篇改。

〔九〕歷陽　「歷陽」原作「溧陽」，據止齋先生文集卷五一薛季宣行狀改。

〔一〇〕稍遷提舉常平茶鹽轉運判官　止齋先生文集卷五二蔡幼學陳傅良行狀作「提舉湖南常平茶鹽」，葉適水心先生文集卷一六陳傅良墓誌銘作「提舉湖南常平、茶鹽轉運判官」。

〔一一〕去朝十四年　原作「四十年」。按上文陳通判福州在梁克家領福建路安撫使時，據吳廷燮南宋制撫年表，爲淳熙六年至八年；而陳除吏部員外郎在光宗時，中間沒有「四十年」，水心先生文集卷一六陳傅良墓誌銘作「去朝十四年」，當是，據改。

〔一二〕總領淮東軍馬錢糧　「軍」原作「車」。按：本書卷一六七職官志，「鎮江諸軍錢糧，淮東總領掌之」；水心先生文集卷二除太府卿淮東總領謝表，謂「預聞軍政，制其財賦之權」，「車」當爲「軍」字之誤；宋會要職官四一之四六「詔以胡紡爲司農少卿，總領淮東軍馬錢糧」亦可證，今改。

〔一三〕西護歷陽　「歷陽」原作「溧陽」，據水心先生文集卷二定山瓜步石跋三堡塢狀改。

〔一四〕謚文定　「文」原作「忠」，據一九六〇年出土葉適墓誌銘改，見文物一九六二年第九期。

〔一五〕春宮　原作「春官」。按「春宮」指太子，戴溪由禮部郎中凡六轉爲太子詹事兼秘書監，故云「受知春宮」，今改。

〔一六〕元始　原作「始元」。按始元爲漢昭帝年號，元始爲漢平帝年號。平帝時，王莽奪取西漢政權。以「元始」爲是，今改。

〔一七〕調瀘川尉　「川」原作「州」。按魏了翁鶴山先生大全文集卷八一楊泰之墓誌銘作「瀘川」，瀘川是瀘州屬縣，宋代尉是縣的職官，作「川」是，據改。

〔一八〕知普州　「普」原作「晉」。按晉州是北宋初河東路平陽府舊名，此時入金已久，泰之不可能出知是州；下文提到的安居、安岳，都是潼川府路普州的屬縣，鶴山先生大全文集卷八一楊泰之墓誌銘作「普州」，是，據改。

〔一九〕無牽於私意　「意」字原脫，據鶴山先生大全文集卷八一楊泰之墓誌銘補。

〔二〇〕水患之慘　「慘」原作「滲」，據鶴山先生大全文集卷八一楊泰之墓誌銘改。

〔二一〕則當思天倫之大痛　「當」字原脫，據鶴山先生大全文集卷八一楊泰之墓誌銘補。

〔二二〕老子解　「解」原作「辭」，據鶴山先生大全文集卷八一楊泰之墓誌銘改。

宋史卷四百三十五

列傳第一百九十四

儒林五

范沖　朱震　胡安國子寅　宏　寧

范沖字元長，登紹聖進士第。高宗卽位，召爲虞部員外郎，俄出爲兩淮轉運副使。紹興中，隆祐皇后誕日，上置酒宮中，從容語及前朝事，后曰：「吾老矣，有所懷爲官家言之。吾逮事宣仁聖烈皇后，聰明母儀，古今未見其比。曩因姦臣誣謗，有玷聖德，建炎初雖下詔辨明，而史錄未經刪定，無以傳信後世，而慰在天之靈也。」上悚然，亟詔重修神、哲兩朝實錄，召沖爲宗正少卿兼直史館。沖父祖禹元祐中嘗修神宗實錄，盡書王安石之過，以明神宗之聖。其後安石婿蔡卞惡之，祖禹坐謫死嶺表。至是復以命沖，上謂之曰：「兩朝大典，皆爲姦臣所壞，故以屬卿。」沖因論熙寧創置，元祐復古，紹聖以降弛張不一，本末先後，各有所因。又極言王安石變法度之非，蔡京誤國之罪。上嘉納之，遷起居郎。

俄開講筵，升兼侍讀。上雅好左氏春秋，命沖與朱震專講。沖敷衍經旨，因以規諷，上未嘗不稱善。會皇子建國公瑗出就傅，首命沖以徽猷閣待制提舉建隆觀，爲資善堂翊善，而朱震兼贊讀。詔曰：「朕爲宗廟社稷大計，不敢私于一身，選于屬籍，得藝祖七世孫鞠之宮中。兹擇剛辰，出就外傅，宜有端良之士以充輔導之官，博觀在廷，無以易汝沖，德行文學，爲時正人。迺祖發議嘉祐之初，迺父納忠元祐之際，斆求是似，尙有典刑。顧資善之開，史館經筵，姑仍厥舊。朕方求多聞之益，爾實兼數器之長，施及童蒙，綽有餘裕。蔽自朕志，宜卽安之。」時張浚在長沙，亦薦沖、震可備訓導。沖、震皆一時名德老成，極天下之選，上命建國公見翊善、贊讀皆納拜。俄遷翰林學士兼侍讀，沖力辭，改翰林侍讀學士，用其父故事也。尋以龍圖閣直學士奉祠。卒，年七十五。

沖之修神宗實錄也，爲考異一書，明示去取，舊文以墨書，删去者以黃書，新修者以朱書，世號「朱墨史」。及修哲宗實錄，别爲一書，名辨誣錄。沖性好義樂善，司馬光家屬皆依沖所，沖撫育之；爲光編類記聞十卷奏御，請以光之族曾孫宗召主光祀。又嘗薦尹焞自代云。

朱震字子發，荆門軍人。登政和進士第，仕州縣以廉稱。胡安國一見大器之，薦於高宗，召爲司勳員外郎，震稱疾不至。會江西制置使趙鼎入爲參知政事，上諮以當世人才，鼎曰：「臣所知朱震，學術深博，廉正守道，士之冠冕，使位講讀，必有益於陛下。」上乃召之。既至，上問以易、春秋之旨，震具以所學對。上說，擢爲祠部員外郎，兼川、陝、荆、襄都督府詳議官。震因言：「荆、襄之間，沿漢上下，膏腴之田七百餘里，若選良將領部曲鎮之，招集流亡，務農種穀，寇來則禦，寇去則耕，不過三年，兵食自足。又給茶鹽鈔於軍中，募人中糴，可以下江西之舟，通湘中之粟。觀釁而動，席捲河南，此以逸待勞，萬全計也。」

遷秘書少監兼侍經筵，轉起居郎。建國公出就傅，以震爲贊讀，仍賜五品服。遷中書舍人兼翊善。時郭千里除將作監丞，震言：「千里侵奪民田，曾經按治，願寢新命。」從之。轉給事中兼直學士院，遷翰林學士。是時，虔州民爲盜，天子以爲憂，選良太守往慰撫之。將行，震曰：「使居官者廉而不擾，則百姓自安，雖誘之爲盜，亦不爲矣。願詔新太守，到官之日，條具本郡及屬縣官吏有貪墨無狀者，一切罷去，聽其自擇慈祥仁惠之人，有治效者優加獎勸。」上從其言。故事，當喪無享廟之禮。時徽宗未祔廟，太常少卿吳表臣奏行明堂之祭。震因言：「王制：『喪三年不祭，惟天地社稷爲越紼而行事。』〔一〕春秋書：『夏五月乙酉，吉，禘于莊公』，公羊傳曰：『譏始不三年也。』國朝景德二年，眞宗居明德皇后喪，既易月而除服，明年遂享太廟，合祀天地于圜丘。當時未行三年之喪，專行以日易月之制可也，在今日行之則非也。」詔侍從、臺諫、禮官參議，卒用御史趙渙、禮部侍郎陳公輔言，大饗明堂。七年，震謝病丐祠，旋知禮部貢舉，會疾卒。

震經學深醇，有漢上易解云：「陳摶以先天圖傳种放，放傳穆脩，穆脩傳李之才，之才傳邵雍。放以河圖、洛書傳李漑，漑傳許堅，許堅傳范諤昌，諤昌傳劉牧。穆脩以太極圖傳周惇頤，惇頤傳程顥、程頤。是時，張載講學於二程、邵雍之間。故雍著皇極經世書，牧陳天地五十有五之數，惇頤作通書，程頤著易傳，載造太和、參兩篇。臣今以易傳爲宗，和會雍、載之論，上采漢、魏、吳、晉，下逮有唐及今，包括異同，庶幾道離而復合。」蓋其學以王弼盡去舊說，雜以莊、老，專尙文辭爲非是，故其於象數加詳焉。其論圖、書授受源委如此，蓋莫知其所自云。

胡安國字康侯，建寧崇安人。入太學，以程頤之友朱長文及潁川靳裁之爲師。裁之與論經史大義，深奇重之。三試于禮部，中紹聖四年進士第。初，廷試考官定其策第一，宰職〔三〕

以無詆元祐語，遂以何昌言冠，方天若次之，又欲以宰相章惇子次天若。時發策大要崇復熙寧、元豐之制，安國推明大學，以漸復三代爲對。哲宗命再讀之，注聽稱善者數四，親擢爲第三。爲太學博士，足不躡權門。

提舉湖南學事，有詔舉遺逸，安國以永州布衣王繪、鄧璋應詔。二人老不行，安國請命之官，以勸爲學者。零陵簿稱二人黨人范純仁客，而流人鄒浩所請託也。蔡京素惡安國與己異，得簿言大喜，命湖南提刑置獄推治；又移湖北再鞫，卒無驗，安國竟除名。未幾，簿以他罪抵法，臺臣直前事，復安國元官。

政和元年，張商英相，除提舉成都學事。二年，丁內艱，移江東。父沒終喪，謂子弟曰：「吾昔爲親而仕，今雖有祿萬鍾將何所施？」遂稱疾不仕，築室墓傍，耕種取給，蓋將終身焉。宣和末，李彌大、吳敏、譚世勣合薦，除屯田郎，辭。

靖康元年，除太常少卿，辭；除起居郎，又辭。朝旨屢趣行，至京師，以疾在告。一日方午，欽宗亟召見，安國奏曰：「明君以務學爲急，聖學以正心爲要。心者萬事之宗，正心者揆事宰物之權。願擢名儒明於治國平天下之本者〔三〕，虛懷訪問，深發獨智。」又言：「爲天下國家必有一定不可易之計，謀議既定，君臣固守，故有志必成，治功可立。今南向視朝半年矣，而紀綱尙紊，風俗益衰，施置乖方，舉動煩擾；大臣爭競，而朋黨之患萌；百執窺覦，而浸潤之姦作；用人失當，而名器愈輕；出令數更，而士民不信。若不掃除舊跡，乘勢更張，竊恐大勢一傾，不可復正。乞訪大臣，各令展盡底蘊，畫一具進。先宣示臺諫，使隨事疏駁。若大臣議絀，則參用臺諫之言；若疏駁不當，則專守大臣之策。仍集議于朝，斷自宸衷，按爲國論，以次施行。敢有動搖，必罰無赦。庶幾新政有經，可冀中興。」欽宗曰：「比留詞掖相待，已命召卿試矣。」語未竟，日昃暑甚，汗洽上衣，遂退。

時門下侍郎耿南仲倚攀附恩，凡與己不合者，即指爲朋黨。見安國論奏，愠曰：「中興如此，而曰績效未見，是謗聖德也。」乃言安國意窺經筵，不宜召試。欽宗不答。安國屢辭，南仲又言安國不臣，欽宗問其狀，南仲曰：「往不事上皇，今又不事陛下。」欽宗曰：「渠自以病辭，初非有向背也。」每臣僚登對，欽宗即問識胡安國否，中丞許翰曰：「自蔡京得政，士大夫無不受其籠絡，超然遠跡不爲所汙如安國者實鮮。」欽宗嘆息，遣中書舍人晁說之宣旨，令勉受命，且曰：「他日欲去，即不彊留。」既試，除中書舍人，賜三品服。南仲諷臺諫論其稽命不恭，宜從黜削。疏奏不下，安國乃就職。

南仲既傾宰相吳敏、樞密使李綱，又謂許景衡、晁說之視大臣升黜爲去就〔四〕，懷姦狥私，並黜之。安國言：「二人爲去就，必有陳論；懷姦狥私，必有實跡。乞降付本省，載諸詞命。」不報。

葉夢得知應天府，坐爲蔡京所知，落職奉祠。安國言：「京罪已正，子孫編置，家財沒入，已無蔡氏矣。則向爲京所引者，今皆朝廷之人，若更指爲京黨，則人才見棄者衆，黨論何時而弭！」乃除夢得小郡。

中書侍郎何㮚建議分天下爲四道，置四都總管，各付一面，以衞王室、捍彊敵。安國言：「內外之勢，適平則安，偏重則危。今州郡太輕，理宜通變。一旦以二十三路之廣，分爲四道，事得專決，財得專用，官得辟置，兵得誅賞，權恐太重；萬一抗衡跋扈，何以待之？乞据見今二十三路帥府，選擇重臣，付以都總管之權，專治軍旅。或有警急，卽各率所屬守將應援，則一舉兩得矣。」尋以趙野總北道，安國言魏都地重，野必誤委寄。是冬，金人大入，野遁，爲羣盜所殺，西道王襄擁衆不復北顧，如安國言。

李綱罷，中書舍人劉玨行詞，謂綱勇於報國，數至敗衄。吏部侍郎馮澥言玨爲綱遊說，玨坐貶。安國封還詞頭，以爲「侍從雖當獻納，至於彈擊官邪必歸風憲。今臺諫未有緘默不言之咎，而澥越職，此路若開，臣恐立於朝者各以好惡脅持傾陷，非所以靖朝著」。南仲大怒〔五〕，何㮚從而擠之，詔與郡。㮚以安國素苦足疾，而海門地卑濕，乃除安國右文殿修撰、知通州。

安國在省一月，多在告之日，及出必有所論列。或曰：「事之小者，盍姑置之。」安國曰：

「事之大者無不起於細微，今以小事爲不必言，至於大事又不敢言，是無時而可言也。」安國既去，踰旬，金人薄都城。子寅爲郎在城中，客或憂之，安國愀然曰：「主上在重圍中，號令不出，卿大夫恨效忠無路，敢念子乎！」敵圍益急，欽宗亟召安國及許景衡，詔竟不達。

高宗卽位，以給事中召，安國言：「昨因繳奏，徧觸權貴，今陛下將建中興，而政事弛張，人才升黜，尙未合宜，臣若一一行其職守，必以妄發，干犯典刑。」黃潛善諷給事中康執權論其託疾，罷之。三年，樞密張浚薦安國可大用，再除給事中。賜其子起居郎寅手札，令以上意催促。既次池州，聞駕幸吳、越，引疾還。

紹興元年，除中書舍人兼侍講，遣使趣召，安國以時政論二十一篇先獻之。論入，復除給事中。二年七月入對，高宗曰：「聞卿大名，渴於相見，何爲累詔不至？」安國辭謝，乞以所進二十一篇者施行。其論之目，曰定計、建都、設險、制國、恤民、立政、覈實、尙志、正心、養氣、宏度、寬隱。論定計略曰：「陛下履極六年，以建都，則未有必守不移之居；以討賊，則未有必操不變之術；以立政，則未有必行不反之令；以任官，則未有必信不疑之臣。舍今不圖，後悔何及！」論建都謂：「宜定都建康以比關中、河內，爲興復之基。」論設險謂：「欲固上流，必保漢、沔；欲固下流，必守淮、泗；欲固中流，必以重兵鎭安陸。」論尙志〔六〕謂：

「當必志於恢復中原，祗奉陵寢；必志於掃平讎敵，迎復兩宮。」論正心謂：「戡定禍亂，雖急於戎務，而裁決戎務，必本於方寸。願選正臣多聞識、有志慮、敢直言者，置諸左右，日夕討論，以宅厥心。」論養氣謂：「用兵之勝負，軍旅之彊弱，將帥之勇怯，係人君所養之氣曲直何如。願彊於爲善，益新厥德，使信於諸夏，聞於夷狄者，無曲可議，則至剛可以塞兩間，一怒可以安天下矣。」安國嘗謂：「雖諸葛復生，爲今日計，不能易此論也。」

居旬日，再見，以疾懇求去。高宗曰：「聞卿深於春秋，方欲講論。」遂以左氏傳付安國點句正音。安國奏：「春秋經世大典，見諸行事，非空言比。今方思濟艱難，左氏繁碎，不宜虛費光陰，耽玩文采，莫若潛心聖經。」高宗稱善。尋除安國兼侍讀，專講春秋。時講官四人，援例乞各專一經。高宗曰：「他人通經，豈胡安國比。」不許。

會除故相朱勝非同都督江、淮、荆、浙諸軍事，安國奏：「勝非與黃潛善、汪伯彥同在政府，緘默附會，循致渡江；尊用張邦昌結好金國，淪滅三綱，天下憤鬱；及正位冢司，苗、劉肆逆，貪生苟容〔七〕，辱逮君父。今彊敵憑陵，叛臣不忌，用人得失，係國安危，深恐勝非上誤大計。」勝非改除侍讀，安國持錄黃不下，左相呂頤浩特命檢正黃龜年〔八〕書行。安國言：「『有官守者，不得其職則去』。臣今待罪無補，既失其職，當去甚明。況勝非係臣論列之人，今朝廷乃稱勝非處苗、劉之變，能調護聖躬。昔公羊氏言祭仲廢君爲行權，先儒力排其說。

蓋權宜廢置非所施於君父，春秋大法，尤謹於此。建炎之失節者，今雖特釋而不問，又加選擢，習俗既成，大非君父之利。臣以春秋入侍〔九〕，而與勝非爲列，有違經訓。」遂臥家不出。

初，頤浩都督江上還朝，欲去異己者，未得其策，或教之指爲朋黨，且曰：「黨魁在瑣闥，當先去之。」頤浩大喜，卽引勝非爲助，而降旨曰：「胡安國屢召偃蹇不至，今始造朝，又數有請。初言勝非不可同都督，及改命經筵，又以爲非，豈不以時艱不肯盡瘁，乃欲求微罪而去，其自爲謀則善，如國計何？」落職提舉仙都觀。是夕，彗出東南。右相秦檜三上章乞留之，不報，卽解相印去。侍御史江躋上疏，極言勝非不可用，安國不當責。右司諫吳表臣亦言安國扶病見君，欲行所學，今無故罪去，恐非所以示天下。不報。頤浩卽黜給事中程瑀、起居舍人張燾及躋等二十餘人，云應天變除舊布新之象，臺省一空。勝非遂相，安國竟歸。

五年，除徽猷閣待制、知永州，安國辭。詔以經筵舊臣，重閔勞之，特從其請，提舉江州太平觀，令纂修所著春秋傳。

書成，高宗謂深得聖人之旨，除提舉萬壽觀兼侍讀。未行，諫官陳公輔上疏詆假託程頤之學者，安國奏曰：「孔、孟之道不傳久矣，自頤兄弟始發明之，然後知其可學而至。今使學者師孔、孟，而禁不得從頤學，是入室而不由戶。本朝自嘉祐以來，西都有邵雍、程顥及其弟頤，關中有張載，皆以道德名世，公卿大夫所欽慕而師尊之。會王安石、蔡京等曲加排抑，故其道不行。望下禮官討論故事，加之封爵，載在祀典，比於荀、楊、韓氏，仍詔館閣裒其遺書，校正頒行，使邪說者不得作。」奏入，公輔與中丞周祕、侍御史石公揆承望宰相風旨，交章論安國學術頗僻。除知永州，辭，復提舉太平觀，進寶文閣直學士。卒，年六十五。詔贈四官，又降詔加賻，賜田十頃恤其孤，謚曰文定，蓋非常格也。

安國彊學力行，以聖人爲標的，志於康濟時艱。見中原淪沒，遺黎塗炭，常若痛切於其身。雖數以罪去，其愛君憂國之心遠而彌篤，每有君命，卽置家事不問。然風度凝遠，蕭然塵表，視天下萬物無一足以嬰其心。自登第迄謝事，四十年在官，實歷不及六載。

朱震被召，問出處之宜，安國曰：「子發學易二十年，此事當素定矣。世間惟講學論政，不可不切切詢究，至於行己大致，去就語默之幾，如人飲食，其饑飽寒溫，必自斟酌，不可決諸人，亦非人所能決也。吾平生出處皆內斷於心，浮世利名如蠛蠓過前，何足道哉！」故渡江以來，儒者進退合義，以安國、尹焞爲稱首。侯仲良言必稱二程先生，他無所許可，後見安國，嘆曰：「吾以爲志在天下，視不義富貴眞如浮雲者，二程先生而已，不意復有斯人也。」

安國所與游者，游酢、謝良佐、楊時皆程門高弟。良佐嘗語人曰：「胡康侯如大冬嚴雪，百草萎死，而松柏挺然獨秀者也。」安國之使湖北也，時方爲府教授，良佐爲應城宰，安國質疑訪道，禮之甚恭，每來謁而去，必端笏正立目送之。

自王安石廢春秋不列於學官〔一〇〕，安國謂：「先聖手所筆削之書，乃使人主不得聞講說，學士不得相傳習，亂倫滅理，用夏變夷，殆由乎此。」故潛心是書二十餘年，以爲天下事物無不備於此。每嘆曰：「此傳心要典也。」

安國少欲以文章名世，既學道，乃不復措意。有文集十五卷，資治通鑑舉要補遺一百卷。三子，寅、宏、寧。

寅字明仲，安國弟之子也。寅將生，弟婦以多男欲不舉，安國妻夢大魚躍盆水中，急往取而子之。少桀黠難制，父閉之空閣，其上有雜木，寅盡刻爲人形。安國曰：「當有以移其心。」別置書數千卷於其上，年餘，寅悉成誦，不遺一卷。游辟雍，中宣和進士甲科。靖康初，以御史中丞何㮚薦，召除秘書省校書郎。楊時爲祭酒，寅從之受學。遷司門員外郎。金人陷京師，議立異姓，寅與張浚、趙鼎逃太學中，不書議狀。張邦昌僞立，寅棄官歸，言者劾其離次，降一官。

建炎三年，高宗幸金陵，樞密使張浚薦爲駕部郎官，尋擢起居郎。金人南侵，詔議移蹕之所，寅上書曰：

昨陛下以親王、介弟出師河北，二聖旣遷，則當糾合義師，北向迎請；而遽膺翊戴，亟居尊位，斬戮直臣，以杜言路。南巡淮海，偷安歲月，敵入關陝，漫不捍禦。盜賊橫潰，莫敢誰何，元元無辜，百萬塗地。方且製造文物，講行郊報，自謂中興。金人乘虛直擣行在，匹馬南渡，淮甸流血。迨及返正寶位，移蹕建康，不爲久圖，一向畏縮遠避。此皆失人心之大者也。

自古中興之主所以能克復舊物者，莫不本於憤恥恨怒，不能報怨，終不苟已。未有乘衰微闕絕之後，固陋以爲榮，苟且以爲安，而能久長無禍者也。黃潛善與汪伯彥方以乳嫗護赤子之術待陛下，曰：「上皇之子三十人，今所存惟聖體，不可不自重愛。」曾不思宗廟則草莽湮之，陵闕則畚鍤驚之，堂堂中華戎馬生之，潛善、伯彥所以誤陛下、陷陵廟、蹙土宇、喪生靈者，可勝罪乎！本初嗣服，旣不爲迎二聖之策；因循遠狩，又不爲守中國之謀。以致于今德義不孚，號令不行，刑罰不威，爵賞不勸。若不更轍以救垂亡，則陛下永負孝悌之愆，常有父兄之責，人心一去，天命難恃，雖欲羈棲山海，恐非爲自全之計。

願下詔曰：「繼紹大統，出於臣庶之諂，而不悟其非；巡狩東南，出於僥倖之心，而不虞其禍〔二〕。金人逆天亂倫，朕義不共天，志思雪恥。父兄旅泊，陵寢荒殘，罪乃在予，無所逃責。」以此號召四海，聳動人心，決意講武，戎衣臨陣；按行淮、襄，收其豪英，誓以戰伐。天下忠義武勇，必雲合響應。陛下凡所欲爲，孰不如志？其與退保吳、越，豈可同年而語哉！

自古中國強盛如漢武帝、唐太宗，其得志四夷，必併吞掃滅，極其兵力而後已。中國禮義所自出也，恃強凌弱且如此。今乃以仁慈之道、君子長者之事，望於凶頑之粘罕，豈有是理哉！今日圖復中興之策，莫大於罷絕和議，以使命之幣，爲養兵之資。不然，則僻處東南，萬事不競。納賂，則孰富於京室？納質，則孰重於二聖？反復計之，所謂乞和，決無可成之理。

夫大亂之後，風俗靡然，欲丕變之，在於務實效，去虛文。治兵擇將，誓戢大憝者，孝弟之實也；遣使乞和，冀幸萬一者，虛文也。屈己求賢，信用羣策者，求賢之實也；外示禮貌，不用其言者，虛文也。不惟面從，必將心改，苟利於國，即日行之者，納諫之實也；和顏泛受，內惡切直者，虛文也。擢智勇忠直之人，待御以恩威，結約以誠信者，任將之實也；親厚庸奴，等威不立者，虛文也。汰疲弱，擇壯勇，足其衣食，申明階級，以變其驕悍之習者，治軍之實也；教習兒戲，紀律蕩然者，虛文也。遴選守刺，久於其官，痛刈姦贓，廣行寬恤者，愛民之實也；軍須戎具，征求取辦，蠲租赦令，苟以欺之者，虛文也。若夫保宗廟、陵寢、土地、人民，以此六實者行乎其間，則爲中興之實政也。陵廟荒圮，土宇日蹙，衣冠黔首，爲血爲肉，以此六虛者行乎其間，則爲今日虛文。陛下戴黃屋，建幄殿，質明輦出房，雉扇金爐夾侍兩陛，仗馬衞兵儼分儀式，贊者引百官入奉起居，以此度日。彼粘罕者，晝夜厲兵，跨河越岱，電掃中土，遂有吞吸江湖，蹂踐衡霍之意。吾方擁虛器，茫然未知所之。

君子小人，勢不兩立。仁宗皇帝在位，得君子最多。小人亦時見用，然罪著則斥；君子亦或見廢，然忠顯則收。故其成當世之功，貽後人之輔者，皆君子也。至王安石則不然，斥絕君子，一去而不還；崇信小人，一任則不改。故其敗當時之政，爲後世之害者，皆小人也。仁宗皇帝所養之君子，旣日遠而銷亡矣。安石所致之小人，方蕃息而未艾也。所以誤國破家，至毒至烈，以致二聖屈辱，羿、莽擅朝，伏節死難者不過一二人。此浮華輕薄之害，明主之所畏而深戒者也。

古之稱中興者曰：「撥亂世，反之正。」今之亂亦云甚矣，其反正而興之，在陛下；其遂陵遲不振，亦在陛下。昔宗澤一老從官耳，猶能推誠感動羣賊，北連懷、衞，同迎二聖，尅期密應者，無慮數十萬人。何況陛下身爲子弟，欲北向而有爲，將見舉四海爲陛下用，期以十年，必能掃除妖沴，遠迓父兄，稱宋中興。其與惕息遁藏，蹈危負恥如今日，豈不天地相絕哉！

疏入，宰相呂頤浩惡其切直，除直龍圖閣，主管江州太平觀。

二年五月，詔內外官各言省費、裕國、彊兵、息民之策〔三〕，寅以十事應詔，曰修政事、備邊陲、治軍旅、用人才、除盜賊、信賞罰、理財用、核名實、屏諛佞、去姦慝。疏上不報。尋命知永州。

紹興四年十二月，復召爲起居郎，遷中書舍人，賜三品服。時議遣使入雲中，寅上疏言：

女眞驚動陵寢，殘毀宗廟，劫質二聖，乃吾國之大讎也。頃者，誤國之臣遣使求和，以苟歲月，九年于茲，其效如何？幸陛下灼見邪言，漸圖恢復，忠臣義士聞風興起，各思自效〔言〕。今無故蹈庸臣之轍，忘復讎之義，陳自辱之辭，臣切爲陛下不取也。

若謂不少貶屈，如二聖何？則自丁未以至甲寅，所爲卑辭厚禮以問安迎請爲名而遣使者，不知幾人矣，知二聖之所在者誰歟？聞二聖之聲音者誰歟？得女眞之要領而息兵者誰歟？臣但見丙午而後，通和之使歸未息肩，而黃河、長淮、大江相繼失險矣。夫女眞知中國所重在二聖，所懼在劫質〔四〕，所畏在用兵，而中國坐受此餌，既久而不悟也〔五〕。天下謂自是必改圖矣，何爲復出此謬計邪？

當今之事，莫大於金人之怨。欲報此怨，必殄此讎。用復讎之議，而不用講和之政，使天下皆知女眞爲不共戴天之讎，人人有致死之心，然後二聖之怨可平，陛下人子之職舉矣。苟爲不然，彼或願與陛下歃盟泗水之上，不知何以待之？望聖意直以世讎無可通之義，寢罷使命。

高宗嘉納，云「胡寅論使事，詞旨剴切，深得獻納論思之體」。召至都堂諭旨，仍降詔奬諭。既而右僕射張浚自江上還，奏遣使爲兵家機權，竟反前旨。寅復奏疏言：「今日大計，只合明復讎之義，用賢修德，息兵訓民，以圖北向。儻或未可，則堅守待時。若夫二三其德，無一定之論，必不能有所立。」寅既與浚異，遂乞便郡就養。

始，寅上言：「近年書命多出詞臣好惡之私，使人主命德討罪之詞，未免玩人喪德之失，乞命詞臣以飾情相悅、含怒相訾爲戒。」故寅所撰詞多誥誡，於是忌嫉者衆。朝廷辨宣仁聖烈之誣，行遣章惇、蔡卞，皆宰臣面授上旨，令寅撰進。除徽猷閣待制、知邵州，辭。改集英殿修撰，復以待制改知嚴州，又改知永州。

徽宗皇帝、寧德皇后訃至，朝廷用故事以日易月，寅上疏言：「禮：讎不復則服不除。願降詔旨，服喪三年，衣墨臨戎，以化天下。」尋除禮部侍郎、兼侍講兼直學士院。丁父憂，免喪，時秦檜當國，除徽猷閣直學士，提舉江州太平觀。俄乞致仕，遂歸衡州。

檜既忌寅，雖告老猶憤之，坐與李光書譏訕朝政落職。右正言章复劾寅不持本生母服不孝，諫通鄰好不忠，責授果州團練副使，新州安置。檜死，詔自便，尋復其官。紹興二十一年，卒，年五十九。

寅志節豪邁，初擢第，中書侍郎張邦昌欲以女妻之，不許。始，安國頗重秦檜之大節，及檜擅國，寅遂與之絕。新州謫命下，即日就道。在謫所著讀史管見數十萬言，及論語詳說皆行于世。其爲文根著義理，有斐然集三十卷。

宏字仁仲，幼事楊時、侯仲良，而卒傳其父之學。優游衡山下餘二十年，玩心神明，不舍晝夜。張栻師事之。

紹興間上書，其略曰：

治天下有本，仁也。何謂仁？心也。心官茫茫，莫知其鄉，若爲知其體乎？有所不察則不知矣。有所顧慮，有所畏懼，則雖有能知能察之良心，亦浸消亡而不自知，此臣之所大憂也。夫敵國據形勝之地，逆臣僭位於中原，牧馬駸駸，欲爭天下。臣不是懼，而以良心爲大憂者，蓋良心充于一身，通于天地，宰制萬事，統攝億兆之本也。察天理莫如屏欲，存良心莫如立志。陛下亦有朝廷政事不干於慮，便嬖智巧不陳於前，妃嬪佳麗不幸於左右時矣。陛下試於此時沉思靜慮，方今之世，當陛下之身，事孰爲大乎？孰爲急乎？必有歉然而餒，惻然而痛，坐起彷徨不能自安者，則良心可察，而臣言可信矣。

昔舜以匹夫爲天子，瞽叟以匹夫爲天子父，受天下之養，豈不足於窮約哉？而瞽叟猶不悅。自常情觀之，舜可以免矣，而舜蹙然有憂之，舉天下之大無足以解憂者。徽宗皇帝身享天下之奉幾三十年。欽宗皇帝生於深宮，享乘輿之次，以至爲帝。一旦劫於讎敵，遠適窮荒，衣裘失司服之制，飲食失膳夫之味，居處失宮殿之安、妃嬪之好，動無威嚴，辛苦墊隘。其願陛下加兵敵國，心目睽睽，猶飢渴之於飲食。庶幾一得生還，父子兄弟相持而泣，懽若平生。引領東望，九年于此矣。夫以疎賤，念此痛心，當食則嗌，未嘗不投箸而起，思欲有爲，況陛下當其任乎？而在廷之臣，不能對揚天心，充陛下仁孝之志；反以天子之尊，北面讎敵。陛下自念，以此事親，於舜何如也？

且羣臣智謀淺短，自度不足以任大事，故欲偷安江左，貪圖寵榮，皆爲身謀爾。陛下乃信之，以爲必持是可以進撫中原，展省陵廟，來歸兩宮，亦何誤耶！

萬世不磨之辱，臣子必報之讎，子孫之所以寢苫枕戈，弗與共天下者也；而陛下顧慮畏懼，忘之不敢以爲讎。臣下僭逆，有明目張膽顯爲負叛者，有協贊亂賊爲之羽翰者，有依隨兩端欲以中立自免者，而陛下顧慮畏懼，寬之不敢以爲討。守此不改，是祖宗之靈，終天暴露，無與復存也；父兄之身，終天困辱，而求歸之望絕也；中原士民，沒身塗炭，無所赴愬也。陛下念亦及此乎？

王安石輕用己私，紛更法令，棄誠而懷詐，興利而忘義，尙功而悖道，人皆知安石廢祖宗法令，不知其幷與祖宗之道廢之也。邪說既行，正論屏棄，故姦諛敢挾紹述之義以逞其私，下誣君父，上欺祖宗，誣謗宣仁，廢遷隆祐。使我國家君臣父子之間，頓生疵癘，三綱廢壞，神化之道泯然將滅。遂使敵國外横，盜賊內訌，王師傷敗，中原陷沒，二聖遠栖於沙漠，皇輿僻寄於東吳，囂囂萬姓，未知攸底，禍至酷也。

若猶習於因循，憚於更變，亡三綱之本性，昧神化之良能，上以利勢誘下，下以智術干上。是非由此不公，名實由此不核，賞罰由此失當，亂臣賊子由此得志，人紀由此不修，天下萬事倒行逆施，人欲肆而天理滅矣。將何以異於先朝，求救禍亂而致升平乎？

末言：

陛下卽位以來，中正邪佞，更進更退，無堅定不易之誠。然陳東以直諫死于前，馬伸以正論死于後，而未聞誅一姦邪，黜一諛佞，何摧中正之力，而去姦邪之難也？此雖當時輔相之罪，然中正之士乃陛下腹心耳目，柰何以天子之威，握億兆之命，乃不能保全二三腹心耳目之臣以自輔助，而令姦邪得而殺之，於誰責而可乎？臣竊痛心，傷陛下威權之不在己也。

高閌爲國子司業，請幸太學，宏見其表，作書責之曰：

太學，明人倫之所在也。昔楚懷王不返，楚人憐之，如悲親戚。蓋忿秦之以彊力詐其君，使不得其死，其憯勝於加之以刃也。太上皇帝劫制於彊敵，生往死歸，此臣子痛心切骨，臥薪嘗膽，宜思所以必報也。而柄臣乃敢欺天罔人，以大讎爲大恩乎？

昔宋公爲楚所執，及楚子釋之，孔子筆削春秋，乃曰：「諸侯盟于薄，釋宋公。」不許楚人制中國之命也。太母天下之母，其縱釋乃在金人，此中華之大辱，臣子所不忍言也。而柄臣乃敢欺天罔人，以大辱爲大恩乎？

晉朝廢太后，董養游太學，升堂歎曰：「天人之理既滅，大亂將作矣。」則引遠而去。今閣下目覩忘讎滅理，北面敵國以苟宴安之事，猶偃然爲天下師儒之首。既不能建大論，明天人之理以正君心；乃阿諛柄臣，希合風旨，求舉太平之典，又爲之詞云云，欺天罔人孰甚焉！

宏初以蔭補右承務郎，不調。秦檜當國，貽書其兄寅，問二弟何不通書，意欲用之。寧作書止敍契好而已。宏書辭甚厲，人問之，宏曰：「政恐其召，故示之以不可召之端。」檜死，宏被召，竟以疾辭，卒于家。

著書曰知言。張栻謂其言約義精，道學之樞要，制治之蓍龜也。有詩文五卷，皇王大紀八十卷。

寧字和仲，以蔭補官。秦檜當國，召試館職，除敕令所刪定官。秦熺知樞密院事，檜問寧曰：「熺近除，外議云何？」寧曰：「外議以爲相公必不爲蔡京之所爲也。」遷太常丞、祠部郎官。

初，以寧父兄故召用，及寅與檜忤，乃出寧爲夔路安撫司參議官。除知澧州，不赴。主管台州崇道觀，卒。

安國之傳春秋也，修纂檢討盡出寧手。寧又著春秋通旨，以羽翼其書云。

校勘記

〔一〕惟天地社稷爲越紼而行事　禮記王制：「唯祭天地社稷爲越紼而行事。」此處落「祭」字。

〔二〕宰職　胡寅斐然集卷二五先公行狀作「宰執」。

〔三〕願擢名儒明於治國平天下之本者　「者」字原脫，據同上書同卷補。

〔四〕視大臣升黜爲去就　「升黜」二字原脫，據胡寅斐然集卷二五先公行狀、靖康要錄卷一一補。

〔五〕南仲大怒　「怒」原作「恐」，斐然集卷二五先公行狀作「怒」。按此處是敍胡安國爲耿南仲等排擠之由，作「怒」是，據改。

〔六〕尙志　原作「立志」，據斐然集卷二五先公行狀及上文改。

〔七〕貪生苟容　「生」原作「坐」，據中興聖政卷一二、斐然集卷二五先公行狀改。

〔八〕檢正黃龜年　「檢正」原作「校正」。按本書卷三八一黃龜年傳，黃當時爲中書門下檢正諸房公事；又中興聖政卷一二、斐然集卷二五先公行狀都作「檢正」，據改。

〔九〕臣以春秋入侍　「入侍」原作「之時」，據中興聖政卷一二、斐然集卷二五先公行狀改。

〔10〕自王安石廢春秋不列於學官　「學官」原作「學宮」。按長編紀事本末卷七四神宗謂王安石曰：「卿嘗以春秋自魯史亡其義不可考，故未置學官。」以「學官」爲是，今改。

〔11〕而不虞其禍　「虞」原作「虛」，據斐然集卷一六上皇帝萬言書、繫年要錄卷二七改。

〔12〕二年五月詔內外官各言省費裕國彊兵息民之策　按上文爲建炎三年，「二年」不當重出。據繫年要錄卷五四，此是紹興二年五月事，蓋失書紹興紀元。

〔13〕各思自效　「自」原作「見」，據斐然集卷一一論遣使劄子、繫年要錄卷八九改。

〔四〕所懼在劫質　「懼」，斐然集卷一一論遣使劄子、繫年要錄卷八九都作「恨」。

〔五〕既久而不悟也　「不」，斐然集卷一一論遣使劄子、繫年要錄卷八九都作「後」。

宋史卷四百三十六

列傳第一百九十五

儒林六

陳亮 鄭樵 林霆附 李道傳

陳亮字同父，婺州永康人。生而目光有芒，爲人才氣超邁，喜談兵，論議風生，下筆數千言立就。嘗攷古人用兵成敗之跡，著酌古論，郡守周葵得之，相與論難，奇之，曰：「他日國士也。」請爲上客。及葵爲執政，朝士白事，必指令揖亮，因得交一時豪俊，盡其議論。因授以中庸、大學，曰：「讀此可精性命之說。」遂受而盡心焉。

隆興初，與金人約和，天下忻然幸得蘇息，獨亮持不可。婺州方以解頭薦，因上中興五論，奏入不報。已而退修于家，學者多歸之，益力學著書者十年。

先是，亮嘗圜視錢塘，喟然歎曰：「城可灌爾！」蓋以地下於西湖也。至是，當淳熙五年，孝宗卽位蓋十七年矣。亮更名同，詣闕上書曰：

臣惟中國天地之正氣也，天命所鍾也，人心所會也，衣冠禮樂所萃也，百代帝王之所相承也。挈中國衣冠禮樂而寓之偏方，雖天命人心猶有所係，然豈以是爲可久安而無事也！天地之正氣鬱遏而久不得騁，必將有所發泄，而天命人心固非偏方所可久係也。

國家二百年太平之基，三代之所無也；二聖北狩之痛，漢、唐之所未有也。方南渡之初，君臣上下痛心疾首，誓不與之俱生，卒能以奔敗之餘，而勝百戰之敵。及秦檜倡邪議以沮之，忠臣義士斥死南方，而天下之氣惰矣。三十年之餘，雖西北流寓皆抱孫長息於東南，而君父之大讎一切不復關念，自非海陵送死淮南，亦不知兵戈爲何事也。況望其憤故國之恥，而相率以發一矢哉！

丙午、丁未之變，距今尙以爲遠，而海陵之禍，蓋陛下卽位之前一年也。獨陛下奮不自顧，志於殄滅，而天下之人安然如無事。時方口議腹非，以陛下爲喜功名而不恤後患，雖陛下亦不能以崇高之勢而獨勝之，隱忍以至于今，又十有七年矣。

昔春秋時，君臣父子相戕殺之禍，舉一世皆安之。而孔子獨以爲三綱旣絕，則人道遂爲禽獸，皇皇奔走，義不能以一朝安。然卒於無所遇，而發其志於春秋之書，猶能以懼亂臣賊子。今舉一世而忘君父之大讎，此豈人道所可安乎？使學者知學孔子之道，當道陛下以有爲，決不沮陛下以苟安也。南師之不出，於今幾年矣，豈無一豪傑之能自奮哉？其勢必有時而發泄矣。苟國家不能起而承之，必將有承之者矣。不可恃衣冠禮樂之舊，祖宗積累之深，以爲天命人心可以安坐而久係也。「皇天無親，惟德是輔；民心無常，惟惠之懷」。自三代聖人皆知其爲甚可畏也。

春秋之末，齊、晉、秦、楚皆衰，吳、越起於小邦，遂伯諸侯。黃池之會，孔子所甚痛也，可以明中國之無人矣。此今世儒者之所未講也。今金源之植根既久，不可以一舉而遂滅；國家之大勢未張，不可以一朝而大舉。而人情皆便於通和者，勸陛下積財養兵，以待時也。臣以爲通和者，所以成上下之苟安，而爲妄庸兩售之地，宜其爲人情之所甚便也。自和好之成十有餘年，凡今日之指畫方略者，他日將用之以坐籌也；今日之擊毬射鵰者，他日將用之以決勝也。府庫充滿，無非財也；介胄鮮明，無非兵也。使兵端一開，則其跡敗矣。何者？人才以用而見其能否，安坐而能者不足恃也。兵食以用而見其盈虛，安坐而盈者不足恃也。而朝廷方幸一旦之無事，庸愚齷齪之人皆得以守格令、行文書，以奉陛下之使令，而陛下亦幸其易制而無他也。徒使度外之士擯棄而不得騁，日月蹉跎而老將至矣。臣故曰，通和者所以成上下之苟安，而爲妄庸兩售之地也。

東晉百年之間，南北未嘗通和也，故其臣東西馳騁，多可用之才。今和好一不通，朝野之論常如敵兵之在境，惟恐其不得和也，雖陛下亦不得而不和矣。昔者金人草居野處，往來無常，能使人不知所備，而兵無日不可出也。今也城郭宮室、政敎號令，一切不異於中國，點兵聚糧，文移往反，動涉歲月，一方有警，三邊騷動，此豈能歲出師以擾我乎？然使朝野常如敵兵之在境，乃國家之福，而英雄所用以爭天下之機也，執事者胡爲速和以惰其心乎？

晉、楚之戰於邲也，欒書以爲：「楚自克庸以來，其君無日不討國人而訓之：『于！民生之不易，禍至之無日，戒懼之不可以怠〔一〕。』在軍，無日不討軍實而申儆之：『于！勝之不可保，紂之百克而卒無後。』」晉、楚之弭兵於宋也，子罕以爲：「兵所以威不軌而昭文德也，聖人以興，亂人以廢，廢興存亡昏明之術，皆兵之由也。而求去之，是以誣道蔽諸侯也。」夫人心之不可惰，兵威之不可廢，故雖成、康太平，猶有所謂四征不庭、張皇六師者，此李沆所以深不願眞宗皇帝之與遼和親也。況南北角立之時，而廢兵以惰人心，使之安於忘君父之大讎，而置中國於度外，徒以便妄庸之人，則執事者之失策亦甚矣。陛下何不明大義而慨然與金絕也？

貶損乘輿，卻御正殿，痛自克責，誓必復讎，以勵羣臣，以振天下之氣，以動中原之心，雖未出兵，而人心不敢惰矣。東西馳騁，而人才出矣。盈虛相補，而兵食見矣。狂妄之辭不攻而自息，懦庸之夫不卻而自退縮矣。當有度外之士起，而惟陛下之所欲用矣。是雲合響應之勢，而非可安坐所致也。臣請爲陛下陳國家立國之本末，而開今日大有爲之略；論天下形勢之消長，而決今日大有爲之機，惟陛下幸聽之。

唐自肅、代以後，上失其柄，藩鎭自相雄長，擅其土地人民，用其甲兵財賦，官爵惟其所命，而人才亦各盡心於其所事，卒以成君弱臣彊、正統數易之禍。藝祖皇帝一興，而四方次第平定，藩鎭拱手以趨約束，使列郡各得自達於京師。以京官權知，三年一易，財歸於漕司，而兵各歸於郡。朝廷以一紙下郡國，如臂之使指，無有留難。自筦庫微職，必命於朝廷，而天下之勢一矣。故京師嘗宿重兵以爲固，而郡國亦各有禁軍，無非天子所以自守其地也。兵皆天子之兵，財皆天子之財，官皆天子之官，民皆天子之民，紀綱總攝，法令明備，郡縣不得以一事自專也。士以尺度而取，官以資格而進，不求度外之奇才，不慕絕世之雋功。天子蚤夜憂勤於其上，以義理廉恥嬰士大夫之心，以仁義公恕厚斯民之生，舉天下皆由於規矩準繩之中，而二百年太平之基從此而立。

然契丹遂得以猖狂恣睢，與中國抗衡，儼然爲南北兩朝，而頭目手足渾然無別。微澶淵一戰，則中國之勢浸微，根本雖厚而不可立矣。故慶曆增幣之事，富弼以爲朝廷之大恥，而終身不敢自論其勞。蓋契丹征令，是主上之操也；天子供貢，是臣下之禮也。契丹之所以卒勝中國者，其積有漸也。立國之初，其勢固必至此。故我祖宗常嚴廟堂而尊大臣，寬郡縣而重守令。於文法之內，未嘗折困天下之富商巨室；於格律之外，有以容奬天下之英偉奇傑，皆所以助立國之勢，而爲不虞之備也。

慶曆諸臣亦嘗憤中國之勢不振矣，而其大要，則使羣臣爭進其說，更法易令，而廟堂輕矣；嚴按察之權，邀功生事，而郡縣又輕矣。豈惟於立國之勢無所助，又從而朘削之，雖微章得象、陳執中以排沮其事，亦安得而不自沮哉！獨其破去舊例，以不次用人，而勸農桑，務寬大，爲有合於因革之宜，而其大要已非矣。此所以不能洗契丹平視中國之恥，而卒發神宗皇帝之大憤也。

王安石以正法度之說，首合聖意，而其實則欲籍天下之兵盡歸於朝廷，別行教閱以爲彊也；括郡縣之利盡入於朝廷，別行封樁以爲富也。青苗之政，惟恐富民之不困也；均輸之法，惟恐商賈之不折也。罪無大小，動輒興獄，而士大夫緘口畏罪矣。西北兩邊至使內臣經畫，而豪傑恥於爲役矣。徒使神宗皇帝見兵財之數既多，銳然南北征伐，卒乖聖意，而天下之勢實未嘗振也。彼蓋不知朝廷立國之勢，正患文爲之太密，事權之太分，郡縣太輕於下而委瑣不足恃，兵財太關於上而重遲不易舉。祖宗惟用前四者以助其勢，而安石竭之不遺餘力，不知立國之本末者，眞不足以謀國也。元祐、紹聖一反一復，而卒爲金人侵侮之資，尚何望其振中國以威四裔哉？

南渡以來，大抵遵祖宗之舊，雖微有因革增損，不足爲輕重有無。如趙鼎諸臣固已不究變通之理，況秦檜盡取而沮毀之，忍恥事讎，飾太平於一隅以爲欺，其罪可勝誅哉！陛下憤王業之屈於一隅，勵志復讎，不免籍天下之兵以爲彊，括郡縣之利以爲富。加惠百姓，而富人無五年之積；不重征稅，而大商無巨萬之藏，國勢日以困竭。臣恐尺籍之兵，府庫之財，不足以支一旦之用也。陛下蚤朝晏罷，冀中興日月之功，而以繩墨取人，以文法涖事；聖斷裁制中外，而大臣充位；胥吏坐行條令，而百司逃責，人才日以闒茸。臣恐程文之士，資格之官，不足當度外之用也。藝祖經畫天下之大略，太宗已不能盡用，今其遺意，豈無望於陛下也！陛下苟推原其意而行之，可以開社稷數百年之基，而況於復故物乎！不然，維持之具既窮，臣恐祖宗之積累亦不足恃也。陛下試令臣畢陳於前，則今日大有爲之略必知所處矣。

夫吳、蜀天地之偏氣，錢塘又吳之一隅。當唐之衰，錢鏐以閭巷之雄，起王其地，自以不能獨立，常朝事中國以爲重。及我宋受命，俶以其家入京師，而自獻其土。故錢塘終始五代，被兵最少，而二百年之間，人物日以繁盛，遂甲於東南。及建炎、紹興之間，爲六飛所駐之地，當時論者，固已疑其不足以張形勢而事恢復矣。秦檜又從而備百司庶府，以講禮樂於其中，其風俗固已華靡，士大夫又從而治園囿臺榭，以樂其生於干戈之餘，上下晏安，而錢塘爲樂國矣。一隙之地本不足以容萬乘，而鎮壓且五十年，山川之氣蓋亦發泄而無餘矣。故穀粟、桑麻、絲枲之利，歲耗於一歲，禽獸、魚鼈、草木之生，日微於一日，而上下不以爲異也。公卿將相大抵多江、浙、閩、蜀之人，而人才亦日以凡下，場屋之士以十萬數，而文墨小異，已足以稱雄於其間矣。陛下據錢塘已耗之氣，用閩、浙日衰之士，而欲鼓東南習安脆弱之衆，北向以爭中原，臣是以知其難也。

荆、襄之地，在春秋時，楚用以虎視齊、晉，而齊、晉不能屈也。及戰國之際，獨能與秦爭帝。其後三百餘年，而光武起於南陽，同時共事，往往多南陽故人。又二百餘年，遂爲三國交據之地，諸葛亮由此起輔先主，荆楚之士從之如雲，而漢氏賴以復存於蜀；周瑜、魯肅、呂蒙、陸遜、陸抗、鄧艾、羊祜皆以其地顯名。又百餘年，而晉氏南渡，荆、雍常雄於東南，而東南往往倚以爲彊，梁竟以此代齊。及其氣發泄無餘，而隋、唐以來遂爲偏方下州。五代之際，高氏獨常臣事諸國。本朝二百年之間，降爲荒落之邦，北連許、汝，民居稀少，土產卑薄，人才之能通姓名於上國者，如晨星之相望；況至于建炎、紹興之際，羣盜出沒於其間，而被禍尤極，以迄于今，雖南北分畫交據，往往又置於不足用，民食無所從出，而兵不可由此而進。議者或以爲憂，而不知其勢之足用也。其地雖要爲偏方，然未有偏方之氣五六百年而不發泄者，況其東通吳會，西連巴蜀，南極湖湘，北控關洛，左右伸縮，皆足以爲進取之機。今誠能開墾其地，洗濯其人，以發泄其氣而用之，使足以接關洛之氣，則可以爭衡於中國矣，是亦形勢消長之常數也。

陛下慨然移都建業，百司庶府皆從草創，軍國之儀皆從簡略，又作行宮於武昌，以示不敢寧居之意；常以江、淮之師爲金人侵軼之備，而精擇一人之沈鷙有謀、開豁無他者，委以荆、襄之任，寬其文法，聽其廢置，撫摩振厲於三數年之間，則國家之勢成矣。

石晉失盧龍一道，以成開運之禍，蓋丙午、丁未歲也。明年藝祖皇帝始從郭太祖征伐，卒以平定天下。其後契丹以甲辰敗于澶淵，而丁未、戊申之間，眞宗皇帝東封西祀，以告太平，蓋本朝極盛之時也。又六十年，而神宗皇帝實以丁未歲卽位，國家之事於此一變矣。又六十年丙午、丁未，遂爲靖康之禍。天獨啓陛下於是年，而又啓陛下以北向復讎之志。今者去丙午、丁未，近在十年間矣。天道六十年一變，陛下可不有以應其變乎？此誠今日大有爲之機，不可苟安以玩歲月也。

臣不佞，自少有驅馳四方之志，嘗數至行都，人物如林，其論皆不足以起人意，臣是以知陛下大有爲之志孤矣。辛卯、壬辰之間，始退而窮天地造化之初，攷古今沿革之變，以推極皇帝王伯之道，而得漢、魏、晉、唐長短之由，天人之際昭昭然可攷而知也。始悟今世之儒士自以爲得正心誠意之學者，皆風痹不知痛癢之人也。舉一世安於君父之讎，而方低頭拱手以談性命，不知何者謂之性命乎？陛下接之而不任以事，臣於是服陛下之仁。又悟今世之才臣自以爲得富國彊兵之術者，皆狂惑以肆叫呼之人也。不以暇時講究立國之本末，而方揚眉伸氣以論富彊，不知何者謂之富彊乎？陛下察之而不敢盡用，臣於是服陛下之明。陛下厲志復讎足以對天命，篤於仁愛足以結民心，而又仁明足以照臨羣臣一偏之論〔三〕，此百代之英主也。今乃委任庸人，籠絡小儒，以遷延大有爲之歲月，臣不勝憤悱，是以忘其賤而獻其愚。陛下誠令臣畢陳於前，豈惟臣區區之願，將天地之神、祖宗之靈，實與聞之。

書奏，孝宗赫然震動，欲牓朝堂以勵羣臣，用种放故事，召令上殿，將擢用之。左右大臣莫知所爲，惟曾覿知之，將見亮，亮恥之，踰垣而逃。覿以其不詣己，不悅。大臣尤惡其直言無諱，交沮之，乃有都堂審察之命。宰相臨以上旨，問所欲言，皆落落不少貶，又不合。

待命十日，再詣闕上書曰：

恭惟皇帝陛下厲志復讎，不肯卽安於一隅，是有大功於社稷也。然坐錢塘浮侈之隅以圖中原，則非其地；用東南習安之衆以行進取，則非其人。財止於府庫，則不足以通天下之有無；兵止於尺籍，則不足以兼天下之勇怯。是以遷延之計遂行，而陛下大有爲之志乖矣。此臣所以不勝忠憤，齋沐裁書，獻之闕下，願得望見顏色，陳國家立國之本末，而開大有爲之略；論天下形勢之消長，而決大有爲之機，務合於藝祖經畫天下之本旨。然待命八日，未有聞焉。臣恐天下豪傑有以測陛下之意向，而雲合響應之勢不得而成矣。

又上書曰：

臣妄意國家維持之具，至今日而窮，而藝祖皇帝經畫天下之大指，猶可恃以長久，苟推原其意而變通之，則恢復不足爲矣。然而變通之道有三：有可以遷延數十年之策，有可以爲百五六十年之計，有可以復開數百年之基。事勢昭然而効見殊絕，非陛下聽明度越百代，決不能一二以聽之。臣不敢泄之大臣之前，而大臣拱手稱旨以問，臣亦姑取其大體之可言者三事以答之。

其一曰：二聖北狩之痛，蓋國家之大恥，而天下之公憤也。五十年之餘，雖天下之氣銷鑠頹墮，不復知讎恥之當念，正在主上與二三大臣振作其氣，以泄其憤，使人人如報私讎，此春秋書衞人殺州吁之意也。

其二曰：國家之規模，使天下奉規矩準繩以從事，羣臣救過之不給，而何暇展布四體以求濟度外之功哉！

其三曰：藝祖皇帝用天下之士人，以易武臣之任事者，故本朝以儒立國，而儒道之振，獨優於前代。今天下之士熟爛委靡，誠可厭惡，正在主上與二三大臣反其道以教之，作其氣而養之，使臨事不至乏才，隨才皆足有用，則立國之規模不至戾藝祖之本旨，而東西馳騁以定禍亂，不必專在武臣也。

臣所以爲大臣論者，其略如此。

書既上，帝欲官之，亮笑曰：「吾欲爲社稷開數百年之基，寧用以博一官乎！」亟渡江而歸。日落魄醉酒，與邑之狂士飮，醉中戲爲大言，言涉犯上。一士欲中亮，以其事首刑部。侍郎何澹嘗爲考試官，黜亮，亮不平，語數侵澹，澹聞而嗛之，卽繳狀以聞。事下大理，笞掠亮無完膚，誣服爲不軌。事聞，孝宗知爲亮，嘗陰遣左右廉知其事。及奏入取旨，帝曰：「秀才醉後妄言，何罪之有！」劃其牘于地，亮遂得免。

居無何，亮家僮殺人于境，適被殺者嘗辱亮父次尹，其家疑事由亮。聞于官，笞榜僮，死而復蘇者數，不服。又囚亮父于州獄。而屬臺官論亮情重，下大理。時丞相淮知帝欲生亮，而辛棄疾、羅點素高亮才，援之尤力，復得不死。

亮自以豪俠屢遭大獄，歸家益厲志讀書，所學益博。其學自孟子後惟推王通，嘗曰：「研窮義理之精微，辨析古今之同異，原心於秒忽〔三〕，較禮於分寸，以積累爲工，以涵養爲正，睟面盎背〔四〕，則於諸儒誠有愧焉。至於堂堂之陣，正正之旗，風雨雲雷交發而並至，龍蛇虎豹變現而出沒，推倒一世之智勇，開拓萬古之心胸，自謂差有一日之長。」亮意蓋指朱熹、呂祖謙等云。

高宗崩，金遣使來弔，簡慢。而光宗由潛邸判臨安府，亮感孝宗之知，至金陵視形勢，復上疏曰：

有非常之人，然後可以建非常之功。求非常之功，而用常才、出常計、舉常事以應之者，不待知者而後知其不濟也。秦檜以和誤國二十餘年，而天下之氣索然無餘矣。陛下慨然有削平宇內之志，又二十餘年，天下之士始知所向〔五〕，其有功於宗廟社稷者，非臣區區所能誦說其萬一也。高宗皇帝春秋既高，陛下不欲大舉，驚動慈顏，抑心俯首以致色養，聖孝之盛，書册之所未有也。今者高宗既已祔廟，天下之英雄豪傑皆仰首以觀陛下之舉動，陛下其忍使二十年間所以作天下之氣者，一旦而復索然乎？

天下不可以坐取也，兵不可以常勝也，驅馳運動又非年高德尊者之所宜也。東宮居曰監國，行曰撫軍，陛下何以不於此時而命東宮爲撫軍大將軍，歲巡建業，使之兼統諸司，盡護諸將，置長史司馬以專其勞；而陛下於宅憂之餘，運用人才，均調天下，以應無窮之變？此肅宗所以命廣平王之故事也。

高宗與金有父兄之讎，生不能以報之，則死必有望於子孫，何忍以升遐之哀告諸讎哉！遺留、報謝，三使繼遣，金帛寶貨，千兩連發。而金人僅以一使，如臨小邦，哀祭之辭寂寥簡慢，義士仁人痛切心骨，豈以陛下之聖明智勇而能忍之乎！

陛下倘以大義爲當正，撫軍之言爲可行，則當先經理建業而後使臨之。縱今歲未爲北舉之謀，而爲經理建康之計，以振動天下而與金絕，陛下之初志亦庶幾於少伸矣！陛下試一聽臣，用其喜怒哀樂之權鼓動天下。

大略欲激孝宗恢復，而是時孝宗將内禪，不報。由是在廷交怒，以爲狂怪。

先是，鄉人會宴，末胡椒特置亮羹胾中，蓋村俚敬待異禮也。同坐者歸而暴死，疑食異味有毒，已入大理。會呂興、何念四毆呂天濟且死，恨曰：「陳上舍使殺我。」縣令王恬實其事，臺官諭監司選酷吏訊問，無所得，取入大理，衆意必死。少卿鄭汝諧〔六〕閱其單辭，大異曰：「此天下奇材也。國家若無罪而殺士，上干天和，下傷國脈矣。」力言於光宗，遂得免。

未幾，光宗策進士，問以禮樂刑政之要，亮以君道師道對，且曰：「臣竊歎陛下之於壽皇莅政二十有八年之間，寧有一政一事之不在聖懷？而問安視寢之餘，所以察辭而觀色，因此而得彼者其端甚衆，亦既得其機要而見諸施行矣。豈徒一月四朝而以爲京邑之美觀也哉！」時光宗不朝重華宮，羣臣更進迭諫，皆不聽，得亮策乃大喜，以爲善處父子之間。奏名第三，御筆擢第一。既知爲亮，則大喜曰：「朕擢果不謬。」孝宗在南內，寧宗在東宮，聞知皆喜，故賜第告詞曰：「爾蚤以藝文首賢能之書，旋以論奏動慈宸之聽。親閱大對，嘉其淵源，擢置舉首，殆天留以遺朕也。」授僉書建康府判官廳公事。未至官，一夕，卒。

亮之既第而歸也，弟充迎拜于境，相對感泣。亮曰：「使吾他日而貴，澤首逮汝，死之日各以命服見先人于地下足矣。」聞者悲傷其意。然志存經濟，重許可，人人見其肺肝。與人言必本於君臣父子之義，雖爲布衣，薦士恐弗及。家僅中產，畸人寒士衣食之，久不衰。卒之後，吏部侍郞葉適請于朝，命補一子官，非故典也。端平初，謚文毅，更與一子官。

鄭樵字漁仲，興化軍莆田人。好著書，不爲文章，自負不下劉向、楊雄。居夾漈山，謝絕人事。久之，乃游名山大川，搜奇訪古，遇藏書家，必借留讀盡乃去。趙鼎、張浚而下皆器之。初爲經旨，禮樂、文字、天文、地理、蟲魚、草木、方書之學，皆有論辨，紹興十九年上之，詔藏祕府。樵歸益厲所學，從者二百餘人。

以侍講王綸、賀允中薦，得召對，因言班固以來歷代爲史之非。帝曰：「聞卿名久矣，敷陳古學，自成一家，何相見之晚耶？」授右迪功郎、禮兵部架閣。以御史葉義問劾之，改監潭州南嶽廟，給札歸抄所著通志。書成，入爲樞密院編修官，尋兼攝檢詳諸房文字。請修金正隆官制，比附中國秩序，因求入祕書省繙閱書籍。未幾，又坐言者寢其事。金人之犯邊也，樵言歲星分在宋，金主將自斃，後果然。高宗幸建康，命以通志進，會病卒，年五十九，學者稱夾漈先生。

樵好爲考證倫類之學，成書雖多，大抵博學而寡要。平生甘枯淡，樂施與，獨切切於仕進，識者以是少之。

同郡林霆，字時隱，擢政和進士第，博學深象數，與樵爲金石交。林光朝嘗師事之。聚書數千卷皆自校讎，謂子孫曰：「吾爲汝曹獲良產矣。」紹興中，爲敕令所删定官，力詆秦檜和議之非，即掛冠去，當世高之。

李道傳字貫之，隆州井研人。父舜臣，嘗爲宗正寺主簿。道傳少莊重，稍長讀河南程氏書，玩索義理，至忘寢食，雖處暗室，整襟危坐，肅如也。擢慶元二年進士第，調利州司戶參軍，徙蓬州教授。

開禧用兵，金人窺散關急，道傳以諸司檄計事，道聞吳曦反，痛憤見於形色。遣其客間道持書遺安撫使楊輔，論曦必敗，曰：「彼素非雄才，犯順首亂，人心離怨，因人心而用之，可坐而縛也。誠決此舉，不惟內變可定，抑使金知中國有人，稍息窺覦；正使不捷，亦無愧千古矣。」曦黨以曦意脅道傳，道傳以義折之，竟棄官歸。曦平，詔以道傳抗節不撓，進官二等。

嘉定初，召爲太學博士，遷太常博士兼沂王府小學教授。會沂府有母喪，遺表官吏例進秩，道傳曰：「有襄事之勞者，推恩可也，吾屬何與？」於是皆辭不受。遷祕書郎、著作佐郎，見帝首言：「憂危之言不聞於朝廷，非治世之象。今民力未裕，民心未固，財用未阜，儲蓄未豐，邊備未修，將帥未擇，風俗未能知義而不偷，人才未能彙進而不乏；而八者之中，復以人才爲要。至於人才盛衰，繫學術之明晦，今學禁雖除，而未嘗明示天下以除之之意。願下明詔，崇尚正學，取朱熹論語孟子集註、中庸大學章句、或問四書，頒之太學，仍請以周惇頤、邵雍、程顥、程頤、張載五人從祀孔子廟。」時執政有不樂道學者，以語侵道傳，道傳不爲動。兼權考功郎官，遷著作郎。

時薛拯、胡榘等皆以新進用事，賄賂成風，道傳言：「今名儇儒臣，實取材吏，刻剝殘忍、誕謾傾危之人進矣。」遂求補郡，於是出知眞州。城圮弗治，道傳甓之，築兩石壩以護並江居民，益浚二壕，又堤陳公塘，有警則決之以爲阻，人心始固。除提舉江東路常平茶鹽公事。初至，卽按部劾吏之貪縱者十餘人，胥吏爲民害者大黥小逐百餘人，釋獄之濫繫者二百餘人，弛負錢一十餘萬緡。夏大旱，道傳應詔言楮幣之換，官民如讎；鈔法之行，商賈疑怨，賦斂增加，軍將推剝〔七〕，皆切中時病。遂條上荒政，朝廷多從之。與漕臣眞德秀振饑，道傳分池、宣、徽三州，窮冬行風雪中，雖深村窮谷必至，賴以全活者甚衆。攝宣州守，行朱熹社倉法，上饒、新安、南康諸郡翕然應命，人蒙其利。

廣德守魏峴劾教官林庠委堂試而任荒政，挾漕臣以凌郡守；且言眞德秀輕視朝廷，自專掠美，乞遠之。道傳上疏力辨，峴坐免。會胡榘爲吏部侍郎，薦道傳自代。引疾乞去，不許；召令奏事，再辭，又不許。遂入對，上自宮掖，次及朝廷，以至侍從、臺諫闕失〔八〕，盡言無所諱，帝不以爲忤。除兵部郎官，辭未就。監察御史李楠覘當路指意，乞授以節鎭蜀，遂出知果州。至九江，得疾卒，年四十八，詔特轉一官致仕，謚文節。

篤道傳自蜀來東南，雖不及登朱熹之門，而訪求所嘗從學者與講習，盡得遺書讀之。篤於踐履，氣節卓然。於經史未有論著，曰：「學未至，不敢。」於詩文未嘗苟作，曰：「學未至，不暇。」一日以疾謁告，眞德秀造焉，臥榻屏間，大書「喚起截斷」四字，知其用功愼獨如此。居官以惠利爲本，振荒遺愛江東，人久而思焉。

三子：達可、當可、獻可。獻可爲心傳後。

校勘記

〔一〕戒懼之不可以怠　「怠」原作「忽」，據左傳宣公十二年、陳亮龍川文集卷一上孝宗皇帝第一書改。

〔二〕而又仁明足以照臨羣臣一偏之論　「仁」字原脫，據龍川文集卷一上孝宗皇帝第一書補。

〔三〕原心於秒忽　「秒」原作「杪」，從胡鳳丹龍川文集辨譌考異卷上說改。

〔四〕睟面盎背　「睟」原作「晬」。據孟子盡心上「睟然見於面，盎於背」語改。

〔五〕天下之士始知所向　「士」原作「志」，據龍川文集卷一戊申再上孝宗皇帝書改。

〔六〕鄭汝諧　「汝」原作「女」，據葉適水心先生文集卷二四陳同甫王道甫墓誌銘、樓鑰攻媿集卷三八宗正少卿鄭汝諧右文殿修撰知池州制改。

〔七〕推剝　黃幹黃勉齋先生文集卷三八李道傳墓誌銘作「刻剝」。

〔八〕以至侍從臺諫闕失　「至」字原脫，據同上書同卷同篇補。

宋史卷四百三十七

列傳第一百九十六

儒林七

程迥　劉淸之　眞德秀　魏了翁　廖德明

程迥字可久，應天府寧陵人。家于沙隨，靖康之亂，徙紹興之餘姚。年十五，丁內外艱，孤貧飄泊，無以自振。二十餘，始知讀書，時亂甫定，西北士大夫多在錢塘，迥得以考德問業焉。

登隆興元年進士第，歷揚州泰興尉。訓武郎楊大烈有田十頃，死而妻女存。俄有訟其妻非正室者，官沒其貲，且追十年所入租。部使者以諉迥，迥曰：「大烈死，貲產當歸其女。女死，當歸所生母可也。」

調饒州德興丞。盜入縣民齊䈩家，平素所不快者，皆胥絓逮獄。州屬迥決禁囚，辨其冤者縱遣之。粡訟不已。會獲盜寧國，粡猶訟還所縱之人，迥曰：「盜既獲矣，再令追捕，或死於道路，使其骨肉何依，豈審寃之道哉！」唐肅宗時，縣有程氏女，其父兄爲盜所殺，因掠女去，隱忍十餘年，手刃盡誅其黨，刳其肝心以祭其父兄。迥取春秋復讎之義，頌之曰：「大而得其正者也。」表之曰：「英孝程烈女。」

改知隆興府進賢縣。省符下，知平江府王佐決陳長年輒私賣田，其從子愬有司十有八年，母魚氏年七十坐獄。廷辨按法追正，令候母死服闋日，理爲己分，令天下郡縣視此爲法。迥爲議曰：「天下之人孰無母慈？子若孫宜定省溫凊，不宜有私財也。在律，別籍者有禁，異財者有禁。當報牒之初，縣令杖而遣之，使聽命于其母可矣，何稽滯偏愬有司，而達于登聞院乎？春秋穀梁傳注曰：『臣無訟君之道』，爲衞侯鄭與元咺發論也。夫諸侯之於命大夫猶若此，子孫之於母乃使坐獄以對吏，愛其親者聞之，不覺泣涕之橫集也。按令文：分財產，謂祖父母、父母服闋已前所有者。然則母在，子孫不得有私財。借使其母一朝盡費，其子孫亦不得違教令也。既使歸于其母，其日前所費，乃卑幼輒用尊長物，法須五年尊長告乃爲理。何至豫期母死，又開他日爭訟之端也？抑亦安知不令之子孫不死于母之前乎？守令者，民之師帥，政教之所由出。誠宜正守令不職之愆與子孫不孝之罪，以敬天下之爲人母者。」

民饑，府檄有惣閉糴及糶與商賈者，迥卽論報之曰：「力田之人，細米每斗才九十五文，逼於稅賦，是以出糶，非上戶也。縣境不出貨寶，苟不與外人交易，輸官之錢何由而得？今強者羣聚，脅持取錢，毆傷人者甚衆，民不敢入市，坐致缺食。」申論再三，見從乃已。

縣大水，亡稻麥，郡蠲租稅至薄，迥白于府曰：「是驅民流徙耳！賦不可得，徒存欠籍。」乃悉蠲之。郡僚猶曰：「渡江後來，未嘗全放，恐戶部不從。」迥力論之曰：「唐人損七，則租、庸、調俱免。今損十矣，夏稅、役錢不免，是猶用其二也，不可謂寬。」議乃息。

境內有婦人傭身紡績舂簸，以養其姑。姑感婦孝，每受食，卽以手加額仰天而祝之。其子爲人牧牛，亦乾飯以餉祖母。迥廉得之，爲紀其事白于郡，郡給以錢粟。

調信州上饒縣。歲納租數萬石，舊法加倍，又取斛面米。迥力止絕之，嘗曰：「令與吏服食者，皆此邦之民膏血也。曾不是思，而橫斂虐民，鬼神其無知乎！」州郡督索經總錢甚急，迥曰：「斯錢古之除陌之類，今其類乃三倍正賦，民何以堪？」反復言之當路。

奉祠，寓居番陽之蕭寺。程祥者，從伯父待制昌禹來居番陽，昌禹死，遂失所依。祥繼亡，祥妻度氏猶質賣奩具以撫育孤子，久之罄竭瀕死，鄰家皆莫識其面。有欲醮之者，度曰：「吾兒幼，若事他人，使母不得撫其子，豈不負良人乎？」終辭焉。或爲迥言其事，迥走告于郡守，月給之錢粟。

迥居官臨之以莊，政寬而明，令簡而信，綏強撫弱，導以恩義。積年讎訟，一語解去。猾吏姦民，皆以感激，久而悛悔，欺詐以革。暇則賓禮賢士，從容盡歡，進其子弟之秀者與之均禮，爲之陳說詩書。質疑問難者，不問蚤暮。勢位不得以交私。祠廟非典祀不謁。隱德潛善，無問幽明，皆表而出之，以勵風俗，或周其窮阨，俾全節行。聽決獄訟，期於明允，凡上官所未悉者，必再三抗辨，不爲苟止。貴溪民僞作吳漸名，誣愬縣令石邦彥，迥言匿名書不當受，轉運使不謂然，遂興大獄，瘐死者十有四人。及聞省寺，訖報如迥言。

迥嘗授經學於崑山王葆、嘉禾聞人茂德、嚴陵喻樗。所著有古易考、古易章句、古占法、易傳外編、春秋傳顯微例目、論語傳、孟子章句、文史評、經史說諸論辨、太玄補贊、戶口田制貢賦書、乾道振濟錄、醫經正本書、條具乾道新書、度量權三器圖義、四聲韻、淳熙雜志、南齋小集。卒官。

朝奉郎朱熹以書告迥子絢曰：「敬惟先德，博聞至行，追配古人，釋經訂史，開悟後學，當世之務又所通該，非獨章句之儒而已。曾不得一試，而奄棄盛時，此有志之士所爲悼歎咨嗟而不能已者。然著書滿家，足以傳世，是亦足以不朽。」絢以致仕恩調巴陵尉，攝邑事，能理冤獄。孫仲熊亦有名。

劉清之字子澄，臨江人。受業於兄靖之，甘貧力學，博極書傳。登紹興二十七年進士第。調袁州宜春縣主簿，未上，丁父憂，服除，改建德縣主簿。請於州，俾民自實其戶。由是賦役平，爭訟息。

調萬安縣丞。時江右大侵，郡檄視旱，徒步阡陌，親與民接，凡所蠲除，具得其實。州議減常平米直，清之曰：「此惠不過三十里內耳，外鄉遠民勢豈能來？老幼疾患之人必有餒死者。今有粟之家閉不肯糶，實窺伺攘奪者衆也。在我有政，則大家得錢，細民得米，兩適其便。」乃請均境內之地爲八，俾有粟者分振其鄉，官爲主之。規畫防閑，民甚賴之。帥龔茂良以救荒實跡聞于朝，又偕諸公薦之。

發運使史正志按部至筠，俾清之拘集州縣畸零之賦，清之不可。清之有同年生在幕中，謂曰：「侍郎因子言，謂子愛民特立，將薦子矣，其以閥閱來。」清之貽之以書曰：「所謂羸資者，皆州縣侵刻於民，法所當禁。縱有羸資，是所謂羨餘也，獻之自下而詔止之，今則止而求之，乃自上焉。不奪不饜，其弊有不可勝言者。願侍郎自請于朝，姑歸貳卿之班，主大農經費，以佐國家。如此，則士孰不願出侍郎之門？不然，某誠不敢玷侍郎知人之鑒。」以薦者兩有審察之命，清之竟不見丞相，詣吏部銓得知宜黃縣。

茂良入爲參知政事，與丞相周必大薦清之于孝宗。召入對，首論：「民困兵驕，大臣退託，小臣苟媮。願陛下廣覽兼聽，并謀合智，淸明安定，提要挈綱而力行之。古今未有俗不可變、弊不可革者，變而通之，亦在陛下方寸之間耳。」又言用人四事：「一曰辨賢否。謂道義之臣，大者可當經綸，小者可爲儀刑；功名之士，大者可使臨政，小者可使立事。至於專謀富貴利達而已者下也。二曰正名實。今百有司職守不明，非曠其官，則失之侵偪。願詔史官考究設官之本意，各指其合主何事，制旨親定，載之命書，依開寶中差諸州通判故事，使人人曉然知之而行賞罰焉。三曰使材能。謂軍旅必武臣，錢穀必能吏，必臨之以忠信不欺之士，使兩人者皆得以效其所長。四曰聽換授。謂文武之官不可用違其才，然不當許之自列，宜令文武臣四品以上，各以性行材略及文武藝，每歲互舉堪充左右選者一人，於合入資格外，稍與優奬。」

改太常寺主簿。丁內艱，服除，通判鄂州。鄂大軍所駐，兵籍多僞，清之白郡及諸司，請自通判廳始，俾僞者以實自言而正之。州有民妻張以節死，嘉祐中，詔封旌德縣君，表其墓曰「烈女」，中更兵火，至是無知其墓者，清之與郡守羅願訪而祠之。鄂俗計利而尙鬼，家貧子壯則出贅，習爲當然，而尤謹奉大洪山之祠，病者不藥而聽於巫，死則不葬而畀諸火，清之皆諭止之。

差權發遣常州，改衡州。衡自建炎軍興，有所謂大軍月樁過湖錢者，歲送漕司，無慮七八萬緡，以四邑所入麯引錢及郡計畸零苗米折納充之。舊法，民有吉凶聚會，許買引爲酒麯，謂之麯引錢，其後直以等第敷納。衡有五邑，獨敷其四。取民之辭不正，良民徧受其害，而黠民往往侮易其上，乃并與常賦不輸。雖得麯引錢四五萬緡，而常賦之失，不啻數萬緡矣。淸之請於朝，願與總領所酌損補移，漸圖蠲減。不報。遂戒諸邑：董常賦，緩雜征，閣舊逋，戒預折，新簿籍，謹推收，督勾銷，明逋負，防帶鈔，治頑梗，杙吏姦，擾戶長，費用有節，滲漏有防，稽考有政，補置有漸。

先是，郡飭廚傳以事常平、刑獄二使者，月一會集，互致折餽。淸之歎曰：「此何時也？與其取諸民，孰若裁諸公。吾之所以事上官者，惟究心於所職，無負於吾民足矣。豈以酒食貨財爲勤哉？」淸之自常祿外，悉歸之公帑，以佐經用。至之日，兵無糧，官無奉，上供送使無可備。已而郡計漸裕，民力稍蘇。或有報白，手自書之，吏不與焉。

嘗作諭民書一編，首言畏天積善，勤力務本，農工商賈莫不有勸，教以事親睦族，教子祀先，謹身節用，利物濟人，婚姻以時，喪葬以禮。詞意質直，簡而易從。邦人家有其書，非理之訟日爲衰息。

念士風未振，每因月講，復具酒肴以燕諸生，相與輸情論學，設爲疑問，以觀其所嚮，然後從容示以先後本末之序。來者日衆，則增築臨蒸精舍居之。其所講，先正經，次訓詁音釋，次疏先儒議論，次述今所紬繹之說，然後各指其所宜用，人君治天下，諸侯治一國，學者治心治身治家治人，確然皆有可舉而措之之實。

爲閱武場。凡禁軍役於他所，隱於百工者，悉按軍籍俾詣訓閱。作朱陵道院，祠張九齡、韓愈、寇準、周敦頤、胡安國於左，祠晉死節太守劉翼、宋死節內史王應之於右。雅儒吉士日相周旋其間，而參佐謀論多在焉。劉孝昌者，摯之孫也，貧不自立，淸之買田以給之。部使者以淸之不能媚己，惡之，貽書所厚臺臣，誣以勞民用財，論罷，主管雲臺觀。

歸築槐陰精舍以處來學者。胡晉臣、鄭僑、尤袤、羅點皆力薦淸之於上。光宗卽位，起知袁州，而淸之疾作，猶貽書執政論國事。諸生往候疾，不廢講論，語及天下，孜孜歎息，若任其責者。病且革，爲書以別向浯、彭龜年，賦二詩以別朱熹、楊萬里。取高氏送終禮以授二子曰：「自斂至葬，視此從事。」周必大來視疾，謂曰：「子澄其澄慮。」淸之氣息已微，云「無慮可澄」，遂卒。

初，淸之旣舉進士，欲應博學宏詞科。及見朱熹，盡取所習焚之，慨然志於義理之學。呂伯恭、張栻皆神交心契，汪應辰、李燾亦敬慕之。母不逮養，每展閱手澤，涕泗交頤。從兄肅流落新吳，族父曄寓丹陽、艾寓臨川，皆迎養之。從祖子僑爲邵州錄事參軍，死吳錫之亂，清之遣其孫晉之致書邵守，得其遺骨歸葬焉。族人自遠來，館留之，不忍使之遽去。嘗序范仲淹義莊規矩，勸大家族衆者隨力行之。本之家法，參取先儒禮書，定爲祭禮行之。高安李好古以族人有以財爲訟，見清之豫章，清之爲說訟、家人二卦，好古惕然，遽舍所訟，市程氏易以歸，卒爲善士。

所著有曾子內外雜篇、訓蒙新書外書、戒子通錄、墨莊總錄、祭儀、時令書、續說苑、文集、農書。

眞德秀字景元，後更爲希元〔一〕，建之浦城人。四歲受書，過目成誦。十五而孤，母吳氏力貧敎之。同郡楊圭見而異之，使歸共諸子學，卒妻以女。

登慶元五年進士第，授南劍州判官。繼試中博學宏詞科，入閩帥幕，召爲太學正，嘉定元年遷博士。時韓侂胄已誅，入對，首言：「權臣開邊，南北塗炭，今茲繼好，豈非天下之福。然日者以行人之遣，金人欲多歲幣之數，而吾亦曰可增；金人欲得姦臣之首，而吾亦曰可與；往來之稱謂，犒軍之金帛，根括歸明流徙之民，皆承之唯謹，得無滋嫚我乎？抑善謀國者不觀敵情，觀吾政事。今號爲更化〔二〕，而無以使敵情之畏服，正恐彼資吾歲賂以厚其力，乘吾不備以長其謀，一旦挑爭端而吾無以應，此有識所爲寒心。」又言：「侂胄自知不爲清議所貸，至誠憂國之士則名以好異，於是忠良之士斥，而正論不聞；正心誠意之學則誣以好名，於是僞學之論興，而正道不行。今日改弦更張，正當褒崇名節，明示好尙。」

召試學士院，改祕書省正字兼檢討玉牒。二年，遷校書郎〔三〕。又對，言暴風、雨雹、熒惑、螟蝗之變，皆贓吏所致。尋兼沂王府教授、學士院權直。三年，遷秘書郎。入對，乞開公道，窒旁蹊，以抑小人道長之漸；選良牧，勵戰士，以扼羣盜方張之銳。四年，遷著作佐郎。同列相甚讒之，德秀恬不與較。宰相將用德秀，會言官觝之，德秀力辭。兼禮部郎官〔四〕，上疏言：「金有必亡之勢，亦可爲中國憂。蓋金亡則上恬下嬉，憂不在敵而在我，多事之端恐自此始。」五年，遷軍器少監，升權直。

六年，遷起居舍人，奏：「權姦擅政十有四年，朱熹、彭龜年以抗論逐，呂祖儉、周端朝以上書斥，當時近臣猶有爭之者。其後呂祖泰之貶，非惟近臣莫敢言，而臺諫且出力以擠之，則嘉泰之失已深於慶元矣。更化之初，羣賢皆得自奮。未幾，傅伯成以諫官論事去，蔡幼學以詞臣論事去，鄒應龍、許奕又繼以封駁論事去。是數人者，非能大有所矯拂，已皆不容於朝。故人務自全，一辭不措。設有大安危、大利害，羣臣喑嘿如此，豈不殆哉！今欲與陛下言，勤訪問、廣謀議、明黜陟三者而已。」時鈔法楮令行，告訐繁興，抵罪者衆，莫敢以上聞。

德秀奏：「或一夫坐罪，而併籍昆弟之財；或虧陌四錢，而沒入百萬之貲；至於科富室之錢，拘鹽商之舟，視產高下，配民藏楮，鬻田宅以收券者，雖大家不能免，尙得名便民之策？」自此籍沒之產以漸給還。

兼太常少卿。又言金人必亡，君臣上下皆當以祈天永命爲心。充金國賀登位使，及盱眙，聞金人內變而返。言于上曰：「臣自揚之楚，自楚之盱眙，沃壤無際，陂湖相連，民皆堅悍強忍，此天賜吾國以屏障大江，使強兵足食爲進取資。顧田疇不闢，溝洫不治，險要不扼，丁壯不練，豪傑武勇不收拾，一旦有警，則徒以長江爲恃；豈如及今大修墾田之政，專爲一司以領之，數年之後，積儲充實，邊民父子爭欲自保，因其什伍，勒以兵法，不待糧饟，皆爲精兵。」又言邊防要事。

時史彌遠方以爵祿縻天下士，德秀慨然謂劉爚曰：「吾徒須急引去，使廟堂知世亦有不肯爲從官之人。」遂力請去，出爲秘閣修撰、江東轉運副使。山東盜起，朝廷猶與金通聘，德秀朝辭，奏：「國恥不可忘，鄰盜不可輕，幸安之謀不可恃，導諛之言不可聽，至公之論不可忽。」寧宗曰：「卿力有餘，到江東日爲朕撙節財計，以助邊用。」

江東旱蝗，廣德、太平爲甚，德秀遂與留守、憲司分所部九郡大講荒政，而自領廣德、太平。親至廣德，與太守魏峴同以便宜發廩，使教授林庠振給，竣事而還。百姓數千人送之郊外，指道傍叢塚泣曰：「此皆往歲餓死者。徼公，我輩已相隨入此矣。」索毀太平州私創之大斛。新徽州守林琰無廉聲，寧國守張忠恕規匿振濟米，皆劾之，而以李道傳攝徽。先是，都司胡榘、薛拯每誚德秀迂儒，試以事必敗，至是政譽日聞，因倡言旱傷本輕，監司好名，振贍太過，使峴劾庠以撼德秀。德秀上章自明，朝廷悟，與峴祠，授庠幹官，而道傳尋亦召還。

德秀以右文殿修撰知泉州。番舶畏苛征，至者歲不三四，德秀首寬之，至者驟增至三十六艘。輸租令民自槩，聽訟惟揭示姓名，人自詣州。泉多大家，爲閭里患，痛繩之。有訟田者，至焚其券不敢爭。海賊作亂，將逼城，官軍敗衄，德秀祭兵死者，乃親授方略，禽之。復徧行海濱，審視形勢，增屯要害處，以備不虞。

十二年，以集英殿修撰知隆興府。承寬弛之後，乃稍濟以嚴。尤留意軍政，欲分鄂州軍屯武昌，及通廣鹽於贛與南安，以弭汀、贛鹽寇。未及行，以母喪歸。明年，蘄、黃失守，盜起南安，討之數載始平，人服德秀先見。

十五年，以寶謨閣待制、湖南安撫使知潭州。以「廉仁公勤」四字勵僚屬，以周惇頤、胡安國、朱熹、張栻學術源流勉其士。罷榷酤，除斛面米，申免和糴，以甦其民。民艱食，既極力振贍之，復立惠民倉五萬石，使歲出糶。又易穀九萬五千石，分十二縣置社倉，以徧及鄉落。別立慈幼倉，立義阡。惠政畢舉。月試諸軍射，捐其回易之利及官田租。凡營中病者、死未葬者、孕者、嫁娶者，贍給有差。朝廷從壽昌朱㠾請，以飛虎軍戍壽昌，併致其家口，力爭止之。江華縣賊蘇師入境殺劫，檄廣西共討平之。司馬遵守武岡，激軍變，劾遵而誅其亂者。

理宗卽位，召爲中書舍人，尋擢禮部侍郞、直學士院。入見，奏：「三綱五常，扶持宇宙之棟榦，奠安生民之柱石。晉廢三綱而劉、石之變興，唐廢三綱而安祿山之難作。我朝立國，先正名分。陛下不幸處人倫之變，流聞四方，所損非淺。霅川之變，非濟王本志，前有避匿之跡，後聞討捕之謀，情狀本末，灼然可考。願討論雍熙追封秦王舍罪恤孤故事〔五〕，濟王未有子息，亦惟陛下興滅繼絕。」上曰：「朝廷待濟王亦至矣。」德秀曰：「若謂此事處置盡善，臣未敢以爲然。觀舜所以處象，則陛下不及舜明甚。人主但當以二帝、三王爲師。」上曰：「一時倉猝耳。」德秀曰：「此已往之咎，惟願陛下知有此失而益講學進德。」次言：「霅川之獄未聞參聽於公朝，淮、蜀二閫乃出於僉論所期之外。天下之事非一家之私，何惜不與衆共之。」且言：「乾道、淳熙間，有位於朝者以饋及門爲恥，受任于外者以包苴入都爲羞。今餽賂公行，薰染成風，恬不知怪。」

又疏言：「朝廷之上，敏銳之士多於老成，雖嘗以耆艾褒傅伯成、楊簡，以儒學褒柴中行，以恬退用趙蕃、劉宰；至忠亮敢言如陳宓、徐僑，皆未蒙錄用。」上問廉吏，德秀以知袁州趙𥫗夫對，親擢𥫗夫直秘閣爲監司。具手箚入謝，因言崔與之帥蜀，楊長孺帥閩，皆有廉聲，乞廣加咨訪。

上初御清暑殿，德秀因經筵侍上，進曰：「此高、孝二祖儲神燕閒之地，仰瞻楹桷，當如二祖實臨其上。陛下所居處密邇東朝，未敢遽當人主之奉。今宮閣之義寖備，以一心而受衆攻，未有不寖淫而蠹蝕者，惟學可以明此心，惟敬可以存此心，惟親君子可以維持此心。」因極陳古者居喪之法，與先帝視朝之勤。

寧宗小祥，詔羣臣服純吉，德秀爭之曰：「自漢文帝率情變古，惟我孝宗方衰服三年，朝衣朝冠皆以大布，惜當時不併定臣下執喪之禮，此千載無窮之憾。孝宗崩，從臣羅點等議，令羣臣易月之後，未釋衰服，惟朝會治事權用黑帶公服，時序仍臨慰，至大祥始除。侂冑枋政，始以小祥從吉。且帶不以金，鞓不以紅，佩不以魚，鞍轎不以文繡。此於羣臣何損？朝儀何傷？」議遂格。

德秀屢進鯁言，上皆虛心開納，而彌遠益嚴憚之，乃謀所以相撼，畏公議未敢發。給事中王塈、盛章始駁德秀所主濟王贈典，繼而殿中侍御史莫澤劾之，遂以煥章閣待制提舉玉隆宮。諫議大夫朱端常又劾之，落職罷祠。監察御史梁成大又劾之，請加竄殛。上曰：「仲戹不爲已甚。」乃止。

既歸，修讀書記，語門人曰：「此人君爲治之門，如有用我者，執此以往。」汀寇起，德秀舊陳韡有文武才于常平使者史彌忠，言于朝，遂起韡討平之。紹定四年，改職與祠。

五年，進徽猷閣知泉州。迎者塞路，深村百歲老人亦扶杖而出，城中歡聲動地。諸邑二稅嘗預借至六七年，德秀入境，首禁預借。諸邑有累月不解一錢者，郡計赤立不可爲。或咎寬恤太驟，德秀謂民困如此，寧身代其苦。決訟自卯至申未已，或勸嗇養精神，德秀謂郡弊無力惠民，僅有政平、訟理事當勉。建炎初置南外宗政司于泉，公族僅三百人，漕司與本州給之，而朝廷歲助度牒。已而不復給，而增至二千三百餘人，郡坐是愈不可爲。德秀請于朝，詔給度牒百道。

彌遠薨，上親政，以顯謨閣待制知福州。戒所部無濫刑橫斂，無徇私黷貨，罷市令司，曰：「物同則價同，寧有公私之異？」閩縣里正苦督賦，革之。屬縣苦貴糴，便宜發常平振之。海寇縱橫，次第禽殄之。未幾，聞金滅，京、湖帥奉露布圖上八陵，而江、淮有進取潼關、黃河之議，德秀以爲憂。上封事曰：「移江、淮甲兵以守無用之空城，運江、淮金穀以治不耕之廢壤，富庶之效未期，根本之弊立見。惟陛下審之重之。」

召爲戶部尚書，入見，上迎謂曰：「卿去國十年，每切思賢。」乃以大學衍義進，復陳祈天永命之說，謂「敬者德之聚。儀狄之酒，南威之色，盤遊弋射之娛，禽獸狗馬之玩，有一于茲，皆足害敬」。上欣然嘉納，改翰林學士、知制誥，時政多所論建。踰年，知貢舉，已得疾，拜參知政事，同編修敕令、經武要略。三乞祠祿，上不得已，進資政殿學士、提舉萬壽觀兼侍讀，辭。疾亟，冠帶起坐，迄謝事，猶神爽不亂。遺表聞，上震悼，輟視朝，贈銀青光祿大夫。

德秀長身廣額，容貌如玉，望之者無不以公輔期之。立朝不滿十年，奏疏無慮數十萬言，皆切當世要務，直聲震朝廷。四方人士誦其文，想見其風采。及宦遊所至，惠政深洽，不愧其言，由是中外交頌。都城人時驚傳傾洞，奔擁出關曰：「眞直院至矣！」果至，則又塡塞聚觀不置。時相益以此忌之，輒擯不用，而聲愈彰。及歸朝，適鄭淸之挑敵，兵民死者數十萬，中外大耗，尤世道升降治亂之機，而德秀則既衰矣。杜範方攻淸之誤國，且謂其貪黷更甚於前，而德秀乃奏言：「此皆前權臣玩愒之罪，今日措置之失，譬如和、扁繼庸醫之後，一藥之誤，代爲庸醫受責。」其議論與範不同如此。然自侂胄立僞學之名以錮善類，凡近世大儒之書，皆顯禁以絕之。德秀晚出，獨慨然以斯文自任，講習而服行之。黨禁既開，而正學遂明于天下後世，多其力也。

所著西山甲乙藁、對越甲乙集、經筵講義、端平廟議、翰林詞草四六、獻忠集、江東救荒錄、清源雜志、星沙集志〔六〕。旣薨，上思之不置，謚曰文忠。

魏了翁字華父，邛州蒲江人。年數歲從諸兄入學，儼如成人。少長，英悟絕出，日誦千餘言，過目不再覽，鄉里稱爲神童。年十五，著韓愈論，抑揚頓挫，有作者風。慶元五年，登進士第。時方諱言道學，了翁策及之。授僉書劍南西川節度判官廳公事，盡心職業。嘉泰二年，召爲國子正。明年，改武學博士。開禧元年，召試學士院。韓侂冑用事，謀開邊以自固，徧國中憂駭而不敢言。了翁乃言：「國家紀綱不立，國是不定，風俗苟偷，邊備廢弛，財用凋耗，人才衰弱，而道路籍籍，皆謂將有北伐之舉，人情恟恟，憂疑錯出。金地廣勢強，未可卒圖，求其在我，未見可以勝人之實。盍亦急於內修，姑逭外攘。不然，舉天下而試於一擲，宗社存亡係焉，不可忽也。」策出，衆大驚。改秘書省正字。御史徐柟卽劾了翁對策狂妄，獨侂冑持不可而止。

明年，遷校書郞，以親老乞補外，乃知嘉定府。行次江陵，蜀大將吳曦以四川叛，了翁策其必敗。又明年曦誅，蜀平，了翁奉親還里。侂冑亦以誤國誅。朝廷收召諸賢，了翁預焉。會史彌遠入相專國事，了翁察其所爲，力辭召命。丁生父憂，解官心喪，築室白鶴山下，以所聞於輔廣、李燔者開門授徒，士爭負笈從之。由是蜀人盡知義理之學。

差知漢州。漢號爲繁劇，了翁以化善俗爲治。首蠲積逋二十餘萬，除科抑賣酒之弊，嚴戶婚交訐之禁；復爲文諭以厚倫止訟，其民敬奉條教不敢犯。會境內橋壞，民有壓死者，部使者以聞，詔降官一秩，主管建寧府武夷山冲佑觀。未數月，復元官知眉州。眉雖爲文物之邦，然其俗習法令，持吏短長，故號難治。聞了翁至，爭試以事。乃尊禮耆耇，簡拔俊秀，朔望詣學宮，親爲講說，誘掖指授，行鄉飲酒禮以示教化，增貢士員以振文風。復蟇頤堰，築江鄉館，利民之事，知無不爲。士論大服，俗爲之變，治行彰聞。

嘉定四年，擢潼川路提點刑獄公事。八年，兼提舉常平等事，遷轉運判官。戢吏姦，詢民瘼，舉刺不避權右，風采肅然。上疏乞與周惇頤、張載、程顥、程頤錫爵定謚，示學者趣向，朝論韙之，如其請。遂寧闕守，了翁行郡事。即具奏乞修城郭備不虞，廷議靳其費，了翁增埤浚隍，如待敵至者。後一年，潰卒攻掠郡縣，知其有備不敢逞，人始服豫防之意。十年，遷直秘閣，知瀘州，主管潼川路安撫司公事。丁母憂，免喪，差知潼川府。約己裕民，厥績大著。若游佀、吳泳、牟子才，皆蜀名士，造門受業。

十五年，被召入對，疏二千餘言。首論人與天地一本，必與天地相似而後可以無曠天位，幷及人才、風俗五事，明白切暢。又論郡邑強榦弱枝之弊，所宜變通。蓋自了翁去國十有七年矣，至是上迎勞優渥，嘉納其言。進兵部郎中，俄改司封郎中兼國史院編修官。轉對，論江、淮、襄、蜀當分爲四重鎭，擇人以任，虛心以聽，假以事權，資以才用，爲聯絡守御之計。次論蜀邊墾田及實錄闕文等事，皆下其章中書。十六年，爲省試參詳官，遷太常少卿兼侍立修注官。

十七年，遷祕書監，尋以起居舍人，再辭而後就列。入奏，極言事變倚伏、人心向背、疆埸安危、鄰寇動靜，其幾有五，謂：「宜察時幾而共天命，尊道揆而嚴法守，集思廣益，汲汲圖之，不猶愈於坐觀事會，而聽其勢之所趨乎？」又論士大夫風俗之弊，謂：「君臣上下同心一德，而後平居有所補益，緩急有所倚仗。如人自爲謀，則天下之患有不可終窮者。今則面從而腹誹，習諛而踵陋，臣實懼焉。盍亦察人心之邪正，推世變之倚伏，開拓規模，收拾人物，庶幾臨事無乏人之歎。」其言剴切，無所忌避，而時相始不樂矣。

寧宗崩，理宗自宗室入即位，時事忽異，了翁積憂成疾，三疏求閒不得請，遷起居郎。明年，改元寶慶，雷發非時，上有「朕心終夕不安」之語。了翁入對，卽論：「人主之心義理所安，是之謂天，非此心之外別有所謂天地神明也。陛下盍卽不安而求之，對天地，事太母，見羣臣，親講讀，皆隨事反求，則大本立而無事不可爲矣。」又論：「講學不明，風俗浮淺，立朝無犯顏敢諫之忠，臨難無仗節死義之勇。願敷求碩儒，丕闡正學，圖爲久安長治之計。」又請申命大臣，於除授之際，公聽並觀，然後實意所孚，善類皆出矣。

屬濟王黜削以死，有司顧望，治葬弗虔。了翁每見上，請厚倫紀，以弭人言。應詔言事者十餘人，朝士惟了翁與洪咨夔、胡夢昱、張忠恕所言能引義劘上，最爲切至。而了翁亦以疾求去。右正言李知孝劾夢昱竄嶺南，了翁出關餞別，遂指了翁首倡異論，將擊之，彌遠猶外示優容。俄權尚書工部侍郎，了翁力以疾辭，乃以集英殿修撰知常德府。越二日，諫議大夫朱端常遂劾了翁欺世盜名，朋邪謗國，詔降三官，靖州居住。初，了翁再入朝，彌遠欲引以自助，了翁正色不撓，未嘗私謁。故三年之間，循格序遷，未嘗處以要地。了翁至靖，湖、湘、江、浙之士，不遠千里負書從學。乃著九經要義百卷，訂定精密，先儒所未有。

紹定四年復職，主管建寧府武夷山沖佑觀。五年，改差提舉江州太平興國宮，尋知遂寧府，辭不拜。進寶章閣待制、潼川路安撫使、知瀘州。瀘大藩，控制邊面二千里，而武備不修，城郭不治。了翁乃奏葺其城樓櫓雉堞，增置器械，教習牌手，申嚴軍律，興學校，蠲宿負，復社倉，創義塚，建養濟院。居數月，百廢具舉。彌遠薨，上親庶政，進華文閣待制，賜金帶，因其任。

了翁念國家權臣相繼，內擅國柄，外變風俗，綱常淪斁，法度墮弛，貪濁在位，舉事弊蠹，不可滌濯。遂應詔上章論十弊，乞復舊典以彰新化：一曰復三省之典以重六卿，二曰復二府之典以集衆議，三曰復都堂之典以重省府〔七〕，四曰復侍從之典以來忠告，五曰復經筵之典以熙聖學，六曰復臺諫之典以公黜陟，七曰復制誥之典以謹命令，八曰復聽言之典以通下情，九曰復三衙之典以彊主威，十曰復制閫之典以黜私意。疏列萬言，先引故實，次陳時弊，分別利害，粲若白黑。上讀之感動，卽於經筵舉之成誦。其後，舊典皆復其初。

臣庶封章多乞召還了翁及眞德秀，上因民望而並招之，用了翁權禮部尚書兼直學士院。入對，首乞明君子小人之辨，以爲進退人物之本，以杜姦邪窺伺之端。次論故相十失猶存，又及修身、齊家、選宗賢、建內小學等，皆切於上躬者。他如和議不可信，北軍不可保，軍實財用不可恃，凡十餘端。復口奏利害，晝漏下四十刻而退。兼同修國史兼侍讀，俄兼吏部尚書。經幃進讀，上必改容以聽，詢察政事，訪問人才。復條十事以獻，皆苦心空臆，直述事情，言人所難。上悉嘉納，且手詔奬諭。又奏乞收還保全彌遠家御筆，乞定趙汝愚配享寧廟，乞趣崔與之參預政事，乞定履畝之令以寬民力，乞詔從臣集議以救楮弊，乞儲閫才以備緩急。又因進故事，如儲人才、凝國論，如力圖自治之策，如下罪己之詔，如分別襄、黃二帥是非，如究見黃陂叛卒利害，如分任諸帥區處降附。

還朝六閱月，前後二十餘奏，皆當時急務。上將引以共政，而忌者相與合謀排擯，而不能安於朝矣。執政遂謂近臣惟了翁知兵體國，乃以端明殿學士、同僉書樞密院事督視京湖軍馬。會江、淮督府曾從龍以憂畏卒，併以江、淮付了翁。朝論大駭，以爲不可，三學亦上書爭之。適邊警沓至，上心焦勞，了翁嫌於避事，既五辭弗獲，遂受命開府，宣押同二府奏事，上勉勞尤至。尋兼提舉編修武經要略，恩數同執政，進封臨邛郡開國侯，又賜便宜詔書如張浚故事。朝辭，面賜御書唐人嚴武詩及鶴山書院四大字，仍賜金帶鞍馬，詔宰臣飲餞于關外。乃酌上下流之中，開幕府江州，申儆將帥，調遣援師，褒死事之臣，黜退懦之將，奏邊防十事。甫二旬，召爲僉書樞密院事，赴闕奏事，時以疾力辭不拜。蓋在朝諸人始謀假此命以出了翁，既出則復以建督爲非，雖恩禮赫奕，而督府奏陳動相牽制，故遽召還，前後皆非上意也。

尋改資政殿學士、湖南安撫使、知潭州，復力辭，詔提舉臨安府洞霄宮。未幾，改知紹興府、浙東安撫使。嘉熙元年，改知福州、福建安撫使。累章乞骸骨，詔不允。疾革，復上疏。門人問疾者，猶衣冠相與酬答，且曰：「吾平生處己，澹然無營。」復語蜀兵亂事，蹙額久之，口授遺奏，少焉拱手而逝。後十日，詔以資政殿大學士、通奉大夫致仕。

遺表聞，上震悼，輟視朝，歎惜有用才不盡之恨。詔贈太師，謚文靖，賜第宅蘇州，累贈秦國公。

所著有鶴山集、九經要義、周易集義、易舉隅、周禮井田圖說、古今考、經史雜抄、師友雅言。

廖德明字子晦，南劍人。少學釋氏，及得龜山楊時書，讀之大悟，遂受業朱熹。登乾道中進士第。知莆田縣。民有奉淫祠者，罪之，沉像于江。會有顯者欲取邑地廣其居，德明不可，守會僚屬諭之，德明曰：「太守，天子守土之臣，未聞以土地與人者。」守乃慚服。選累官知潯州，有聲。諸司且交薦之，德明曰：「今老矣，況以道徇人乎？」固辭不受。廣東提舉刑獄，彈劾不避權要。歲當薦士，朝貴多以書託之，德明曰：「此國家公器也。」悉不啓封還之。有鄉人為主簿，德明聞其能，薦之。會德明行縣，簿感其知己，置酒延之，悉假富人觴豆甚盛。德明怒曰：「一主簿乃若是侈耶？必貪也。」於是追還薦章，其公嚴類此。

時盜陷桂陽，迫韶，韶人懼，德明燕笑自如，遣將馳擊，而親持小麾督戰，大敗之。乃分戍守，遠斥堠，明審賞罰，宣布威信，韶晏然如平時。徙知廣州，遷吏部左選郎官，奉祠，卒。

德明初為潯州教授，為學者講明聖賢心學之要，手植三柏于學，潯士愛敬之如甘棠。在南粤時，立師悟堂，刻朱熹家禮及程氏諸書。公餘延僚屬及諸生親爲講說，遠近化之。嘗語人以仕學之要曰：「德明自始仕，以至爲郡，惟用三代直道而行一句而已。」有槎溪集行于世。

校勘記

〔一〕希元　原作「景希」，據劉克莊後村先生大全集卷一六八眞德秀行狀、魏了翁鶴山先生大全文集卷六九眞德秀神道碑改。

〔二〕更化　原作「更紀」，據兩朝綱目卷一一、眞德秀眞文忠公文集卷二戊辰四月上殿奏箚一改。

〔三〕校書郎　原作「秘書郎」，據後村先生大全集卷一六八眞德秀行狀、鶴山先生大全文集卷六九眞德秀神道碑改。

〔四〕兼禮部郎官　「官」字原脫，據同上二書同卷同篇補。

〔五〕願討論雍熙追封秦王舍罪恤孤故事　雍熙原作「雍頤」。按：此指雍熙元年太宗追封秦王廷美及官其子德恭故事，眞文忠公文集卷四召除禮侍上殿奏箚一、後村先生大全集卷一六八眞德秀行狀作「雍熙」，是，據改。

〔六〕星沙集志　後村先生大全集卷一六八眞德秀行狀作「星沙雜志」。

〔七〕復都堂之典以重省府　「都堂」原作「都室」。按宋會要職官一之三二，神宗改制後，「闢三省以總天下之事，建都堂以爲聚議之所」；孟元老東京夢華錄卷一大內條，「都堂，宰相朝退治事於此」。鶴山先生大全文集卷一八應詔封事作「都堂」，是，據改。

宋史卷四百三十八

列傳第一百九十七

儒林八

湯漢　何基　王柏　徐夢莘弟得之　從子天麟附　李心傳　葉味道　王應麟　黃震

湯漢字伯紀，饒州安仁人。與其兄干、巾、中皆知名當時，柴中行見而奇之。眞德秀在潭，致漢爲賓客。嘗造趙汝談，汝談曰：「第一流也。」江東提刑趙汝騰薦漢於朝，詔免解差，充象山書院堂長。赴禮部別院試，正奏名，授上饒縣主簿。江東轉運使趙希𡏖言：「漢，今海內知名士也，豈得吏之州縣哉！」詔循兩資，差信州教授兼象山書院長。

淳祐十二年，差充史館校勘，改國史實錄院校勘。會大水，上封事曰：「君心敬肆之分，實上天喜怒之由。一念之敬，上帝臨汝，祥風慶雲所從出也；一念之肆，上帝震怒，妖祲陰沴所從生也。」火災，應詔上封事曰：

臣聞任天下之大，立心不可不公；守天下之重，持心不可不敬。陛下膺皇天之眷命，受祖宗之寶圖，則不當懷私恩；爲天下共主，爲億兆寄命，則不當隆私親。大臣邇臣，服休服采，皆陛下所倚仗也，則不當信私人。三省、密院者，陛下之朝廷，發號布政所從出也，則不當有私令。四海九州，土宇昄章，皆陛下之倉廩府庫也，則不當殖私財。陛下於皇天祖宗之德弗永念，而報答私恩；於羣黎百姓之疾苦弗深恤，而富貴私親；公卿在廷，其信任不若近習之篤；中書造命，其除行不若內批之專：則陛下之立心，既未能盡合乎天下之公矣。

往者陛下上畏天戒，下恤人言，內則拘制於權臣，外則恐怯於彊敵，敬心既不敢盡弛，則私意亦未得盡行。比年以來，天戒人言既以玩熟，而貪濁柄國，黷貨無厭，彼既將恣行其私，則不得不縱陛下之所欲爲。於是前日之敬畏盡忘，而一念之私始四出而不可禦矣。姑以近事跡之：定策之碑，忽從中出，鄉未欲親其文也；貴戚子弟，參錯中外，鄉不如是之放也；土木之禍，展轉流毒，訟牒細故，胥吏賤人皆得籍羣璫之勢，徹清都之邃，鄉不如是之燬也；御筆之出，上則廢朝令，下則侵有司，鄉不如是之多也；賄賂之通，書致之操，鄉不如是其章也。

故凡陛下之所以未能任大守重，而至於召怨宿禍者，始於立心之未公，成於持心之不敬，私以爲主，而肆以行之。此所以感動天地，而水火之災捷出於數月之內也。陛下得不亟爲治亂持危之計，而可復以常日玩易之心處之乎！

授太學博士，轉對，言：「太祖之天下壞其半者，蔡京、王黼也。高宗之天下壞其半者，鄭清之也。」又曰：「苟有志焉，則其紀綱必先正，其根本必先彊，其藩籬必先固。夫然後心廣體胖，泮渙而優游，其樂無極矣。舍此不務，而徒以九重之深、一笑之適以爲樂。樂極而思之，吾有朝廷而不能治也，吾有黎民而無與保之也，起視四境，而外侮又至矣。雖有鄭、衞之音，燕、趙之色，建章之麗，瓊林之積，亦獨何樂哉！」

召試館職，遷秘書省校書郎。皇太子冠，差充太常博士，引賓贊，受命進冠醮，詔令太子拜謝。升秘書郎，轉對，極言邊事，以爲：「今日扶危救亂無復他策，在乎人主清心無欲，盡用天下之財力以治兵；大臣公心無我，盡用天下之人才以彊本，庶幾尚有以亡爲存之理耳。」

提舉福建常平，劾福州守史嵓之、泉州守謝堲。召爲禮部郎官兼太子侍讀。尋以直華文閣、福建運判，改知寧國府。遷提舉江西常平兼知吉州。移江東運判、知隆興府。召爲尚左郎官兼太子侍讀，兼玉牒所檢討官，入奏：「願陛下端本澄源，虛己盡下，恢大公之道，開不諱之門，使朝廷之上，光明洞達，而無邪孽之根以撓其正；四海之內，歡欣交通，而無怨戾之氣以奸其和。臣之忠愛，莫切於此。」

遷太府少卿，升兼太子諭德，改秘書少監。疏論：「比年董宋臣聲焰薰灼，其力能去臺諫，排大臣，結連兇渠，惡德參會，以致兵戈相尋之禍。陛下灼見其故，斥而遠之，臣意其影滅而跡絕矣。豈料夫陰消而再凝，冰解而驟合，既得自便，卽圖復用，以其罪戾之餘，一旦復使之出入壼奥之中，給事宗廟之內，此其重干神人之怒，再基禍亂之源，上下皇惑，大小切齒。而陛下方爲之辨明，大臣方與之和解，臣竊重傷此過計也。自古小人復出，其害必慘，將逞其憤怨，嘯其儔伍，顚倒宇宙，陛下之威神有時而不得以自行，甚可畏也。」乞休致，擢太常少卿，太子以書勉留。求補外，以秘閣修撰知福州、福建安撫，改知隆興府。

度宗卽位，召奏事，授太常少卿兼國史院編修官、實錄院檢討官。遷起居郎兼侍讀，入奏言：「願陛下持一敬心以正百度，則追養繼孝，所以報先帝者，必益致其隆；先意承志，所以事太母者，必益致其謹。其愛身也，必不以物欲撓其和平；其正家也，必不以私昵瀆其法度。政事必出於朝廷，而預防於多門；人才必由於明揚，而深杜於邪徑。」

兼權中書舍人，權兵部侍郎，升兼同修國史、實錄院同修撰兼直學士。累請致仕，授華文閣待制、知寧國府，賜金帶。久之，又召爲刑部侍郎兼侍讀，以龍圖閣待制知福州、福建安撫使。改知太平州、權工部尚書兼侍讀。以顯文閣直學士提舉玉隆宮。進華文閣學士，以端明殿學士致仕。卒，年七十一。特贈正奉大夫，謚文清。

漢介潔有守，恬於進取，有文集六十卷。

何基字子恭，婺州金華人。父伯熭爲臨川縣丞，而黃榦適知其縣事，伯熭見二子而師事焉。榦告以必有眞實心地、刻苦工夫而後可，基悚惕受命。於是隨事誘掖，得聞淵源之懿。微辭奧義，研精覃思，平心易氣，以俟其通，未嘗參以己意，立異以爲高，徇人而少變也。凡所讀無不加標點，義顯意明，有不待論說而自見者。

朱熹門人楊與立一見推服。來學者衆，嘗謂：「爲學立志貴堅，規模貴大，充踐服行，死而後已。讀詩之法，須掃蕩胸次淨盡，然後吟哦上下，諷詠從容，使人感發，方爲有功。」謂：「以洪範參之大學、中庸，有不約而符者。」謂：「讀易者，當盡去其膠固支離之見，以潔淨其心，玩精微之理，沉潛涵泳，得其根源，乃可漸觀爻象。」蓋其確守師訓，故能精義造約。

王柏既執贄爲弟子，基謙抑不以師道自尊。柏高明絕識，序正諸經，弘論英辨，質問難疑，或一事至十往返，基終不變以待其定。嘗曰：「治經當謹守精玩，不必多起疑論。有欲爲後學言者，謹之又謹可也。」基淳固篤實，絕類漢儒。雖一本於熹，然就其言發明，則精義新意愈出不窮。基文集三十卷，而與柏問辨者十八卷。

郡守趙汝騰守婺，延聘請講，辭不就；復首薦于朝，又率名從官列薦。通判鄭士懿、守蔡抗楊棟相繼以請，皆辭。景定五年，詔舉賢，特薦基與建人徐幾，同被命添差婺州學教授，兼麗澤書院山長，力辭未竟，理宗崩。咸淳初，授史館校勘兼崇政殿說書，屢辭，改承務郎，主管西岳廟，終亦不受也。卒，年八十一。國子祭酒楊文仲請于朝，諡文定。

所著大學發揮、中庸發揮、大傳發揮、易啓蒙發揮、通書發揮、近思錄發揮。

王柏字會之，婺州金華人〔一〕。大父崇政殿說書師愈，從楊時受易、論語，旣又從朱熹、張栻、呂祖謙游。父瀚，朝奉郎、主管建昌軍仙都觀，兄弟皆及熹、祖謙之門。

柏少慕諸葛亮爲人，自號長嘯。年踰三十，始知家學之原，捐去俗學，勇於求道。與其友汪開之著論語通旨，至「居處恭，執事敬」，惕然歎曰：「長嘯非聖門持敬之道。」亟更以魯齋。

從熹門人游，或語以何基嘗從黄榦得熹之傳，卽往從之，授以立志居敬之旨，且作魯齋箴勉之。質實堅苦，有疑必從基質之。於論語、大學、中庸、孟子、通鑑綱目標注點校，尤爲精密。作敬齋箴圖。夙興見廟，治家嚴飭。當暑閉閤靜坐，子弟白事，非衣冠不見也。

少孤，事其伯兄甚恭。季弟早喪，撫其孤，又割田予之。收合宗族，周恤扶持之。開之沒，家貧，爲之斂且葬焉。

來學者衆，其敎必先之以大學。蔡抗、楊棟相繼守婺，趙景緯守台，聘爲麗澤、上蔡兩書院師，鄉之耆德皆執弟子禮。理宗崩，率諸生製服臨于郡。

柏之言曰：「伏羲則河圖以畫八卦，文王推八卦以合河圖者，先天後天之宗祖也。河圖是逐位奇偶之交，後天是統體奇偶之交，惟四生數不動。以四成數而下上之，上偶下奇，莫匪自然。」又曰：「大禹得洛書而列九疇，箕子得九疇而傳洪範。範圍之數，不期而暗合。洪範者，經傳之宗祖乎！『初一日五行』以下六十五字爲洪範，『五皇極』以下六十四字爲皇極經，此帝王相傳之大訓，非箕子之言也。」又曰：「今詩三百五篇，豈盡定於夫子之手？所删之詩，容或有存於閭巷浮薄之口，漢儒取於補亡。」乃定二南各十有一篇，兩兩相配。退何彼襛矣、甘棠歸之王風，削去野有死麕，黜鄭、衞淫奔之詩。又作春秋發揮。又曰：「大學致知格物章未嘗亡。」還知止章于聽訟之上。謂「中庸古有二篇，誠明可爲綱，不可爲目。」定中庸誠明各十一章，其卓識獨見多此類也。

其卒，整衣冠端坐，揮婦人勿近。國子祭酒楊文仲請于朝，謚曰文憲。

所著有讀易記、涵古易說、大象衍義、涵古圖書、讀書記、書疑、詩辨說、讀春秋記、論語衍義、太極衍義、伊洛精義、研幾圖、魯經章句、論語通旨、孟子通旨、書附傳、左氏正傳、續國語、闡學之書、文章復古、文章續古、濂洛文統、擬道學志〔二〕、朱子指要、詩可言、天文考、地理考、墨林考、大爾雅、六義字原、正始之音、帝王歷數、江左淵源〔三〕、伊洛精義襍志、周子、發遺三昧、文章指南、朝華集、紫陽詩類、家乘、文集。

徐夢莘字商老，臨江人。幼慧，耽嗜經史，下至稗官小說，寓目成誦。紹興二十四年舉進士。歷官爲南安軍教授。改知湘陰縣。會湖南帥括田，號增耕稅，他邑奉令惟謹。夢莘獨謂邑無新田，租稅無從出。帥恚其私於民，欲從簿書間擿摭其過，終莫能得，由是反器重之。

尋主管廣西轉運司文字。時朝廷議易二廣鹽法，遣廣西安撫司幹官胡廷直與東西漕臣集議于境。夢莘從行，謂：「廣西阻山，止當仍官般法，則害不及民；廣東諸郡並江，或可容客販，未宜遽以二廣概行。」議與廷直不合。廷直竟遂其說，以客販變法得爲轉運使。夢莘既知賓州，猶以前議爲梗法，罷去。不三年，二廣商賈毀業，民苦無鹽，復從官般法矣。

夢莘恬於榮進，每念生於靖康之亂，四歲而江西阻訌，母襁負亡去，得免。思究見顚末，乃網羅舊聞，會稡同異，爲三朝北盟會編二百五十卷〔四〕，自政和七年海上之盟，訖紹興三十一年完顏亮之斃，上下四十五年，凡曰敕、曰制、誥、詔、國書、書疏、奏議、記序、碑志，登載靡遺。帝聞而嘉之，擢直秘閣。

夢莘平生多所著，有集補，有會錄，有讀書記志〔五〕，有集醫錄，有集仙錄，皆以「儒榮」冠之〔六〕。其嗜學博文，蓋孜孜焉死而後已者。開禧元年秋八月，卒，年八十二。夢莘弟得之，從子天麟。

得之字思叔，淳熙十年舉進士。部使者以廉吏薦，以通直郎致仕。安貧樂分，不貪不躁。著左氏國紀、史記年紀，作具敝篋筆略、鼓吹詞、郴江志。

天麟字仲祥，開禧元年進士。調撫州教授，歷湖廣總領所幹辦公事、臨安府教授、浙西提舉常平司幹官、主管禮兵部架閣、宗學諭、武學博士。輪對，言人主當持心以敬。奉祠仙都觀，通判惠、潭二州，權英德府，權發遣廣西轉運判官。所至興學明教，有惠政。

著西漢會要七十卷、東漢會要四十卷、漢兵本末一卷、西漢地理疏六卷、山經三十卷。既謝官，作亭蕭灘之上，畫嚴子陵像而事之。

李心傳字微之，宗正寺簿舜臣之子也。慶元元年薦于鄉，既下第，絕意不復應舉，閉戶著書。

晚因崔與之、許奕、魏了翁等合前後二十三人之薦，自制置司敦遣至闕下。爲史館校勘，賜進士出身，專修中興四朝帝紀。甫成其三，因言者罷，添差通判成都府。尋遷著作佐郎，兼四川制置司參議官。詔無入議幕，許辟官置局，踵修十三朝會要。端平三年成書。召赴闕，爲工部侍郎，言：

臣聞「大兵之後，必有凶年」。蓋其殺戮之多，賦斂之重，使斯民怨怒之氣，上干陰陽之和，至於此極也。陛下所宜與諸大臣掃除亂政，與民更始，以爲消惡運、迎善祥之計。而法弊未嘗更張，民勞不加振德，既無能改於其舊，而殆有甚焉。故帝德未至於罔卹，朝綱或苦於多紊，廉平之吏，所在鮮見，而貪利無恥，敢於爲惡之人，挾敵興兵，四面而起，以求逞其所欲。如此而望五福來備，百穀用成，是緣木而求魚也。

臣考致旱之由：曰和糴增多而民怨，曰流散無所歸而民怨，曰檢稅不盡實而民怨，曰籍貲不以罪而民怨。凡此皆起於大兵之後，而勢未有以消之，故愈積而愈極也。成湯聖主也，而桑林之禱，猶以六事自責。陛下願治，七年于此，災祥飢饉，史不絕書，其故何哉？朝令夕改，靡有常規，則政不節矣；行齋居送，略無罷日，則使民疾矣；陪都園廟，工作甚殷，則土木營矣；潛邸女冠，聲焰茲熾，則女謁盛矣；珍玩之獻，罕聞卻絕，則包苴行矣；鯁切之言，類多厭棄，則讒夫昌矣。此六事者一或有焉，猶足以致旱。願亟降罪己之詔，修六事以回天心。羣臣之中有獻聚斂剽竊之論以求進者，必重黜之，俾不得以上誣聖德，則旱雖烈，猶可弭也。然民怨於內，敵逼於外，事窮勢迫，何所不至！陛下雖謀臣如雲，猛將如雨，亦不知所以爲策矣。

帝從之。未幾，復以言去，奉祠居潮州。淳祐元年罷祠，復予，又罷。三年，致仕。卒，年七十有八。

心傳有史才，通故實，然其作吳獵、項安世傳，褒貶有愧秉筆之旨。蓋其志常重川蜀，而薄東南之士云。

所著成書，有高宗繫年錄二百卷、學易編五卷、誦詩訓五卷、春秋考十三卷、禮辨二十三卷、讀史考十二卷、舊聞證誤十五卷、朝野雜記四十卷、道命錄五卷、西陲泰定錄九十卷、辨南遷錄一卷、詩文一百卷。

葉味道初諱賀孫，以字行，更字知道，溫州人。少刻志好古學，師事朱熹。試禮部第一。時僞學禁行，味道對學制策，率本程頤無所避。知舉胡紘見而黜之，曰：「此必僞徒也。」既下第，復從熹于武夷山中。學禁開，登嘉定十三年進士第，調鄂州教授。

理宗訪問熹之徒及所著書，部使者遂以味道行誼聞，差主管三省架閣文字。遷宗學論，輪對，言：「人主之務學，天下之福也。必堅志氣以守所學，謹幾微以驗所學，正綱常以勵所學，用忠言以充所學。」至若口奏，則又述帝王傳心之要，與四代作歌作銘之旨，其終有曰：「言宣則力減，文勝則意虛。」從臣有薦味道可爲講官，乃授太學博士，兼崇政殿說書。故事，說書之職止於通鑑，而不及經。味道請先說論語，詔從之。帝忽問鬼神之理，疑伯有之事涉於誕。味道對曰：「陰陽二氣之散聚，雖天地不能易。有死而猶不散者，其常也。有不得其死而鬱結不散者，其變也。故聖人設爲宗祧，以別親疏遠邇，正所以教民親愛，參贊化育。今伯有得罪而死，其氣不散，爲妖爲厲，使國人上下爲之不寧，於是爲之立子洩以奉其後，則庶乎鬼有所知，而神莫不寧矣。」蓋諷皇子竑事也。

三京用師，廷臣邊闖交進機會之說。味道進議狀，以爲：「開邊浸闊，應援倍難，科配日繁，餽餉日迫，民一不堪命，龐勛、黃巢之禍立見，是先搖其本，無益於外也。」經筵奏事，無日不申言之，而洛師尋以敗聞。於是人謂味道見微慮遠。

味道所奏陳，無一言不開導引翼，求切於君身；旁引折旋，推致於治道。遷秘書著作佐郎而卒。訃聞，帝震悼，出內帑銀帛賻其喪，升一官以任其後，故事所未有也。所著四書說、大學講義、祭法宗廟廟享郊社外傳、經筵口奏、故事講義。

王應麟字伯厚，慶元府人。九歲通六經，淳祐元年舉進士，從王埜受學。調西安主簿，民以年少易視之，輸賦後時。應麟白郡守，繩以法，遂立辦。諸校欲爲亂，知縣事翁甫倉皇計不知所出，應麟以禮諭服之。差監平江百萬東倉。調浙西提舉常平茶鹽主管帳司，部使者鄭霖異待之。丁父憂，服除，調揚州教授。

初，應麟登第，言曰：「今之事舉子業者，沽名譽，得則一切委棄，制度典故漫不省，非國家所望於通儒。」於是閉門發憤，誓以博學宏辭科自見，假館閣書讀之。寶祐四年中是科。應麟與弟應鳳同日生，開慶元年亦中是科，詔褒諭之，添差浙西安撫司幹辦公事。

帝御集英殿策士，召應麟覆考。考第既上，帝欲易第七卷置其首。應麟讀之，乃頓首曰：「是卷古誼若龜鏡，忠肝如鐵石，臣敢爲得士賀。」遂以第七卷爲首選。及唱名，乃文天祥也。遷主管三省、樞密院架閣文字。

遷國子錄，進武學博士，疏言：「陛下閱理多，願治久。當事勢之艱，輿圖蹙於外患，人才乏而民力殫，宜強爲善，增修德，無自沮怠；恢弘士氣，下情畢達，操綱紀而明委任，謹左右而防壅蔽，求哲人以輔後嗣。」既對，帝問其父名，曰：「爾父以陳善爲忠，可謂繼美。」丁大全欲致應麟，不可得。遷太常寺主簿，面對，言：「淮戍方警，蜀道孔艱，海表上流皆有藩籬脣齒之憂。軍功未集而吝賞，民力既困而重斂，非修攘計也。陛下勿以宴安自逸，勿以容悅之言自寬。」帝憮然曰：「邊事甚可憂。」應麟言：「無事深憂，臨事不懼。願汲汲預防，毋爲壅蔽所欺。」時大全諱言邊事，於是應麟罷。

未幾，大全敗，起應麟通判台州。召爲太常博士，擢秘書郎，俄兼沂靖惠王府教授。彗星見，應詔極論執政、侍從、臺諫之罪，積私財、行公田之害。又言：「應天變莫先回人心，回人心莫先受直言。箝天下之口，沮直臣之氣，如應天何？」時直言者多迕權臣意，故應麟及之。遷著作佐郎。

度宗卽位，攝禮部郎官，草百官表。舊制，請聽政，四表已上；一夕入臨，宰臣諭旨增撰三表，應麟操筆立就。丞相總護還，辭位表三道，使者立以俟，應麟從容授之。丞相驚服，卽授兼禮部郎官、兼直學士院。

馬廷鸞知貢舉，詔應麟兼權直，俄兼崇政殿說書。遷著作郎，守軍器少監。經筵値人日雪，帝問有何故事，應麟以唐李嶠、李乂等應制詩對。因奏：「春雪過多，民生飢寒，方寸仁愛，宜謹感召。」遷將作監。

帝視朝，謂應麟曰：「爲學要灼見古人之心。」應麟對曰：「嚴恭寅畏，不敢怠皇，克勤克儉，無自縱逸，強以馭下，制事以斷，此古人之心。然操舍易忽於眇緜，兢業每忘於游衍。」帝嘉納之。既而轉對，言：「人君防未萌之欲，存不已之誠。」擢兼侍立修注官，升權直學士院，遷秘書少監兼侍講。上疏論市舶，不報。

會賈似道拜平章事，葉夢鼎、江萬里各求去，似道亦求去。應麟奏，孝宗朝闕相者亦逾年，帝亟取以諭之。似道聞應麟言，大惡之，語包恢曰：「我去朝士若王伯厚者多矣，但此人素著文學名，不欲使天下謂我棄士。彼盍思少自貶！」恢以告，應麟笑曰：「迕相之患小，負君之罪大。」遷起居舍人，兼權中書舍人。冬雷，應麟言：「十月之雷，惟東漢數見。命令不專，姦宄並進，卑踰尊，外陵內之象。當淸天君，謹天命，體天德，以回天心。守成必法祖宗，御治必總威福。」似道聞之，斥逐之意決矣。

應麟牒閤門直前奏對，謂用人莫先察君子小人。方袖疏待班，臺臣亟疏駁之，由是二史直前之制遂廢。以秘閣修撰主管崇禧觀。

久之，起知徽州。其父撝嘗守是郡，父老皆曰：「此淸白太守子也。」摧豪右，省租賦，民大悅。

召爲秘書監，權中書舍人，力辭，不許。兼國史編修、實錄檢討兼侍講。遷起居郎兼權吏部侍郎，指陳成敗逆順之說，且曰：「國家所恃者大江，襄、樊其喉舌，議不容緩。朝廷方從容如常時，事幾一失，豈能自安？」朝臣無以邊事言者，帝不懌。似道復謀斥逐，適應麟以母憂去。

及似道潰師江上，授中書舍人兼直學士院，卽引疏陳十事，急征討、明政刑、厲廉恥、通下情、求將材、練軍實、備糧餉、舉實材、擇牧守、防海道，其目也。且言：「圖大患者必略細故，求實效者必去虛文。」因請集諸路勤王之師，有能率先而至者，宜厚賞以作勇敢之氣，幷力進戰，惟能戰斯可守。進兼同修國史、實錄院同修撰兼侍讀，遷禮部侍郎兼中書舍人。日食，應詔論答天戒五事，陳備禦十策，皆不及用。

尋轉尙書兼給事中。左丞相留夢炎用徐囊爲御史，擢江西制置使黄萬石等，應麟繳奏曰：「囊與夢炎同鄉，有私人之嫌；萬石麤戾無學，南昌失守，誤國罪大。今方欲引以自助，善類爲所搏噬者，必攜持而去。吳浚貪墨輕躁，豈宜用之？况夢炎舛令慢諫，讜言弗敢告，今之賣降者，多其任用之士。」疏再上，不報。出關俟命，再奏曰：「因危急而紊紀綱，以偏見而咈公議，臣封駁不行，與大臣異論，勢不當留。」疏入，又不報，遂東歸。

詔中使譚純德以翰林學士召，識者以爲奪其要路，寵以淸秩，非所以待賢者。應麟亦力辭。後二十年卒。

所著有深寧集一百卷、玉堂類藁二十三卷、掖垣類藁二十二卷、詩考五卷、詩地理攷五卷、漢藝文志攷證十卷、通鑑地理攷一百卷、通鑑地理通釋十六卷、通鑑答問四卷、困學紀聞二十卷、蒙訓七十卷、集解踐阼篇、補注急就篇六卷、補注王會篇、小學紺珠十卷、玉海二百卷、詞學指南四卷、詞學題苑四十卷、筆海四十卷、姓氏急就篇六卷、漢制攷四卷、六經天文編六卷、小學諷詠四卷。

黄震字東發，慶元府慈溪人。寶祐四年登進士第。調吳縣尉。吳多豪勢家，告私債則以屬尉，民多飢凍窘苦，死尉卒手。震至，不受貴家告。府檄攝其縣。及攝長洲、華亭，皆有聲。

浙東提舉常平王華甫辟主管帳司文字。時錢庚孫守常，朱熠守平江，吳君擢守嘉興，皆倚嬖倖厲民。華甫病革，彊起劾罷三人，震贊之也。沿海制置司辟幹辦、提領浙西鹽事，不就。改辟提領鎮江轉般倉分司。公田法行，改提領官田所，言不便，不聽，復轉般倉職。

輪入爲點校贍軍激賞酒庫所檢察官。擢史館檢閱，與修寧宗、理宗兩朝國史、實錄。輪對，言當時之大弊：曰民窮，曰兵弱，曰財匱，曰士大夫無恥。乞罷給度僧人道士牒，使其徒老死即消弭之，收其田入，可以富軍國，紓民力。時宮中建內道場，故首及此。帝怒，批降三秩，即出國門。用諫官言，得寢。

出通判廣德軍。初，孝宗班朱熹社倉法於天下，而廣德則官置此倉。民困於納息，至以息爲本，而息皆橫取，民窮至自經。人以爲熹之法，不敢議。震曰：「不然。法出於堯、舜、三代聖人，猶有變通，安有先儒爲法，不思捄其弊耶？况熹法，社倉歸之於民，而官不得與。官雖不與，而終有納息之患。」震爲別買田六百畝，以其租代社倉息，約非凶年不貸，而貸者不取息。

郡有祠山廟，歲合江、淮之民禱祈者數十萬，其牲皆用牛。郡惡少挾兵刃舞牲迎神爲常，鬥爭致犯法。其俗又有自嬰桎梏、自拷掠以徼福者，震見，問之，乃兵卒。責自狀其罪，卒曰：「本無罪。」震曰：「爾罪多，不敢對人言，特告神以免罪耳。」杖之示衆。又其俗有所謂埋藏會者，爲坎於庭，深廣皆五尺，以所祭牛及器皿數百納其中，覆以牛革，封鐍一夕，明發視之，失所在。震以爲妖，而殺牛淫祀非法，言之諸司，禁絕之。郡守賈蕃世以權相從子驕縱不法，震數與爭論是非，蕃世積不堪，疏震撓政，坐解官。

尋通判紹興府，獲海寇，僇之。撫州饑起，震知其州，單車疾馳，中道約富人耆老集城中，毋過某日。至則大書「閉糶者籍，彊糴者斬。」揭于市，坐驛舍署文書，不入州治，不抑米價，價日損。親煮粥食餓者。請于朝，給爵賞旌勞者，而後入視州事。轉運司下州糴米七萬石，震曰：「民生蹶矣，豈宜重困之。」以沒官田三莊所入應之。若補刻六經、儀禮，修復朱熹祠，樹晏殊里門曰「舊學坊」，制祭社稷器，復風雷祀，勸民種麥，禁競渡船，焚千三百餘艘，用其丁鐵創軍營五百間，皆善政也。

詔增秩，遂升提舉常平倉司。舊有結關拒逮捕事繫郡獄二十有八年，存者十無三四，以事關尚書省，無敢決其獄者，以結關爲作亂也。震謂結關猶他郡之結甲也，非作亂比，況已經數赦，於是皆釋之。新城與光澤地犬牙相入，民夾溪而處，歲常忿鬥爭漁。會知縣事蹇雄爲政擾民，因相結拒，起焚掠。震乃劾罷雄，諭其民散去。初，常平有慈幼局，爲貧而棄子者設，久而名存實亡。震謂收哺於既棄之後，不若先其未棄保全之。乃損益舊法，凡當免而貧者，許里胥請于官贍之，棄者許人收養，官出粟給所收家，成活者衆。震論役法，先令縣覈民產業，不使下戶受抑於上戶。大興水利，廢陂、壞堰及爲豪右所占者，復之。

改提點刑獄，決滯獄，清民訟，赫然如神明。有貴家害民，震按之，貴家怨。又彊發富人粟與民，富人亦怨。御史中丞陳堅以讒者言，劾震去；讒者，乃怨震者也。遂奉雲臺祠。賈似道罷相，以宗正寺簿召，將與俞浙並爲監察御史，有內戚畏震直，止之，而浙亦以直言去。

移浙東提舉常平，鎭安飢民，折盜賊萌芽。時皇叔大父福王與芮判紹興府，遂兼王府長史。震奏曰：「朝廷之制，尊卑不同，而紀綱不可紊。外雖藩王，監司得言之。今爲其屬，豈敢察其非，奈何自臣復壞其法？」固不拜長史。命進侍左郎官及宗正少卿，皆不拜。

震嘗告人曰：「非聖人之書不可觀，無益之詩文不作可也。」居官恆未明視事，事至立決。自奉儉薄，人有急難，則周之不少吝。所著日抄一百卷。卒，門人私謚曰文潔先生。

校勘記

〔一〕婺州金華人　「州」原作「川」。按金華屬婺州，見本書卷八八地理志，本卷何基傳也作「婺州金華」，「川」字誤，今改。

〔二〕擬道學志　「學」字原脫，據王柏魯齋集阮元聲序、附錄棐由庚王柏壙誌補。

〔三〕江左淵源　「左」原作「右」，據同上二文改。

〔四〕二百五十卷　原作「三百五十卷」。按樓鑰攻媿集卷一〇八徐夢莘墓誌銘作「二百五十卷」；三朝北盟會編分政宣上帙二十五卷、靖康中帙七十五卷、炎興下帙一百五十卷，共二百五十卷，今存。據改。

〔五〕讀書記志　按攻媿集卷一〇八徐夢莘墓誌銘作「讀書記忘」。

〔六〕皆以儒榮冠之　「儒榮」原作「儒學」。據攻媿集卷一〇八徐夢莘墓誌銘，徐夢莘取詞命褒語名所居堂爲「儒榮」，又將所著書籍「皆以儒榮冠其目」。此處「儒學」當爲「儒榮」之誤，據改。

宋史卷四百三十九

列傳第一百九十八

文苑一

宋白　梁周翰　朱昂　趙鄰幾何承裕附　鄭起郭昱　馬應
和峴弟嶸附　馮吉

自古創業垂統之君，卽其一時之好尚，而一代之規橅，可以豫知矣。藝祖革命，首用文吏而奪武臣之權，宋之尚文，端本乎此。太宗、眞宗其在藩邸，已有好學之名，作其卽位，彌文日增。自時厥後，子孫相承，上之爲人君者，無不典學；下之爲人臣者，自宰相以至令錄，無不擢科，海內文士彬彬輩出焉。

國初，楊億、劉筠猶襲唐人聲律之體，柳開、穆脩志欲變古而力弗逮。廬陵歐陽脩出，以古文倡，臨川王安石、眉山蘇軾、南豐曾鞏起而和之，宋文日趨於古矣。南渡文氣不及東都，豈不足以觀世變歟！作文苑傳。

宋白字太素，大名人。年十三，善屬文。多游鄠、杜間，嘗館于張瓊家，瓊武人，賞白有才，遇之甚厚。白豪俊，尚氣節，重交友，在詞場名稱甚著。

建隆二年，竇儀典貢部，擢進士甲科。乾德初，獻文百軸，試拔萃高等，解褐授著作佐郎，廷賜襲衣、犀帶。蜀平，授玉津縣令。開寶中，閭丕、王洞交薦其才，宜預朝列。白以親老，祈外任，連知蒲城、衞南二縣。

太宗潛藩時，白嘗贄文，有襲衣之賜；及卽位，擢爲左拾遺，權知兗州，歲餘召還。泰山有唐玄宗刻銘，白摹本以獻，且述承平東人望幸之意。預修太祖實錄，俄直史館，判吏部南曹。從征太原，判行在御史臺。劉繼元降，翌日，奏平晉頌，太宗夜召至行宮褒慰，且曰：「俟還京師，當以璽書授職。」白謝于幄中。尋拜中書舍人，賜金紫。

太平興國五年，與程羽同知貢舉，俄充史館修撰，判館事。八年，復典貢部，改集賢殿直學士，判院事。未幾，召入翰林爲學士。雍熙中，召白與李昉集諸文士纂文苑英華一千卷。端拱初，加禮部侍郎，又知貢舉。白凡三掌貢士，頗致譏議，然所得士如蘇易簡、王禹僻、胡宿、李宗諤輩，皆其人也。是時，命復舊制，專委有司，白所取二十八人，罷退既衆，羣議囂然。太宗遽召已黜者臨軒覆試，連放馬國祥、葉齊等八百餘人焉。

白嘗過何承矩家，方陳倡優飲宴。有進士趙慶者，素無行檢，游承矩之門，因潛出拜白，求爲薦名。及掌貢部，慶遂獲薦，人多指以爲辭。又女弟適王沔，淳化二年，沔罷參知政事。時寇準方訐訐求進，故沔被出，復言白家用黃金器蓋舉人所賂，其實白嘗奉詔撰錢惟濬碑，得塗金器爾。

張去華者，白同年生也，坐尼道安〔二〕事貶。白素與去華厚善，遂出爲保大軍節度行軍司馬。踰年，抗疏自陳，有「來日苦少，去日苦多」之語，太宗覽而憫之，召還爲衞尉卿，俄復拜爲禮部侍郎，修國史。至道初，爲翰林學士承旨。二年，遷戶部侍郎，俄兼秘書監。眞宗即位，改吏部侍郎，判昭文館。

先是，白獻擬陸贄牓子集，上察其意，欲求任用，遂命知開封府以試之，既而白倦於聽斷，求罷任。咸平四年，擢王欽若、馮拯、陳堯叟入掌機要，以白宿舊，拜禮部尙書。

白學問宏博，屬文敏贍，然辭意放蕩，少法度。在內署久，頗厭番直，草辭疏略，多不愜旨。景德二年，與梁周翰俱罷，拜刑部尙書、集賢院學士、判院事。舊三館學士止五日內殿起居，會錢易上言，悉令赴外朝。白羸老步梗，就班足跌，未幾，抗表引年。上以舊臣眷顧未允，再上表辭，乃以兵部尚書致仕，因就宰臣訪問其資產，虞其匱乏，時白繼母尚無恙，上東封，白肩輿辭於北苑，召對久之，進吏部尚書，賜帛五十匹。大中祥符三年，丁內艱。五年正月，卒，年七十七，贈左僕射。錄其孫懿孫爲將作監主簿，孝孫試秘書省校書郎，從子唐臣試正字。

白善談諧，不拘小節，贍濟親族，撫卹孤藐，世稱其雍睦。聚書數萬卷，圖畫亦多奇古者。嘗類故事千餘門，號建章集。唐賢編集遺落者，白多纘綴之。後進之有文藝者，必極意稱獎，時彥多宗之，如胡旦、田錫皆出其門下。陳彭年舉進士，輕俊喜嘲謗，白惡其爲人，黜落之，彭年憾焉，後居近侍，爲貢舉條制，多所關防，蓋爲白設也。會有司謚白爲文憲，內出密奏言白素無檢操，遂改文安。有集百卷。

子憲臣，國子博士；得臣，賜進士及第，至太常丞；良臣，爲太子中舍；忠臣，殿中丞。

梁周翰字元褒，鄭州管城人。父彥温，廷州〔三〕馬步軍都校。周翰幼好學，十歲能屬詞。周廣順二年，舉進士，授虞城主簿，辭疾不赴。宰相范質、王溥以其聞人，不當佐外邑，改開封府戶曹參軍。宋初，質、溥仍爲相，引爲秘書郎，直史館。

時左拾遺、知制誥高錫上封，議武成王廟配享七十二賢，內王僧辯以不令終，恐非全德。尋詔吏部尙書張昭、工部尙書竇儀與錫重銓定，功業終始無瑕者方得預焉。周翰上言曰：

臣聞天地以來，覆載之內，聖賢交騖，古今同流，校其顚末，鮮克具美。周公，聖人也，佐武王定天下，輔成王致治平，盛德大勳，蟠天極地。外則淮夷搆難，內則管、蔡流言。疐尾跋胡，垂至顚頓；偃禾仆木，僅得辨明。此可謂之盡美哉？臣以爲非也。孔子，聖人也，删詩、書，定禮、樂，祖述堯、舜，憲章文、武。卒以棲遲去魯，奔走厄陳，雖試用於定、哀，曾不容於季、孟。又嘗履盜跖之虎尾，聞南子之佩聲，遠辱愼名，未見其可。此又可謂其盡善者哉？臣以爲非也。自餘區區後賢，瑣瑣立事，比於二聖，曾何足云，而欲責其磨涅不渝、始卒如一者，臣竊以爲難其人矣。

昉自唐室，崇祀太公。原其用意，蓋以天下雖大，不可去兵；域中有爭，未能無戰。資其佑民之道，立乎爲武之宗，覬張國威，遂進王號。貞元之際，祀典益修，因以歷代武臣陪饗廟貌，如文宣釋奠之制，有弟子列侍之儀，事雖不經，義足垂勸。況於曩日，不乏通賢，疑難討論，亦云折中。今若求其考類，別立否臧，以羔袖之小疵，忘狐裘之大善，恐其所選，僅有可存。

只如樂毅、廉頗，皆奔亡而爲虜；韓信、彭越，悉葅醢而受誅。白起則錫劍杜郵，伍員則浮尸江澨。左車亦僨軍之將，孫臏實刑餘之人。穰苴則僨卒齊庭，吳起則非命楚國。周勃稱重，有置甲尙方之疑；陳平善謀，蒙受金諸將之謗。亞夫則死於獄吏，鄧艾則追於檻車。李廣後期而自剄，竇嬰樹黨而喪身。鄧禹敗於回溪，終身無董戎之寄；馬援死於蠻徼，還尸闕遺奠之儀。其餘諸葛亮之儔，事偏方之主；王景略之輩，佐閏位之君。關羽則爲仇國所禽，張飛則遭帳下所害。凡此名將，悉皆人雄，苟欲指瑕，誰當無累，或從澄汰，盡可棄捐。況其功業穹隆，名稱烜赫。樵夫牧稚，咸所聞知；列將通侯，竊所思慕。若一旦除去神位，擯出祠庭，吹毛求異代之疵，投袂忿古人之惡，必使時情頓惑，竊議交興。景行高山，更奚瞻於往躅；英魂烈魄，將有恨於明時。

況伏陛下方厲軍威，將遏亂略，講求兵法，締搆武祠，蓋所以勸激戎臣，資假陰助。忽使長廊虛邈，僅有可圖之形；中殿前空，不見配食之坐。似非允當，臣竊惑焉。深惟事貴得中，用資體要，若今之可以議古，恐來者亦能非今。願納臣微忠，特追明敕，乞下此疏，廷議其長。

不報。

乾德中，獻擬制二十編，擢爲右拾遺。會修大內，上五鳳樓賦，人多傳誦之。五代以來，文體卑弱，周翰與高錫、柳開、范杲習尙淳古，齊名友善，當時有「高、梁、柳、范」之稱。初，太祖嘗識彥温於軍中，石守信亦與彥温舊故。一日，太祖語守信，將用周翰掌誥，守信微露其言，周翰遽上表謝。太祖怒，遂寢其命。

歷通判綿、眉二州，在眉州坐杖人至死，奪二官，起授太子左贊善大夫。開寶三年，遷右拾遺，監綾錦院，改左補闕兼知大理正事。會將郊祀，因上疏曰：「陛下再郊上帝，必覃赦宥。臣以天下至大，其中有慶澤所未及、節文所未該者，所宜推而廣之。方今賦稅所入至多，加以科變之物，名品非一，調發供輸，不無重困。且西蜀、淮南、荆、潭、廣、桂之地，皆以爲王土，陛下誠能以三方所得之利，減諸道租賦之入，則庶乎均德澤而寬民力矣。」俄坐杖錦工過差，爲其所訴，太祖甚怒，責之曰：「爾豈不知人之膚血與己無異，何乃遽爲酷罰！」將杖之，周翰自言：「臣負天下才名，不當如是。」太祖乃解，止左授司農寺丞〔三〕。逾年，爲太子中允。

太平興國中，知蘇州。周翰善音律，喜蒱博，惟以飲戲爲務。州有伶官錢氏，家數百人，日令百人供妓，每出，必以殽具自隨。郡務不治，以本官分司西京。踰月，授左贊善大夫，仍分司。俄除楚州團練副使。雍熙中，宰相李昉以其名聞，召爲右補闕，賜緋魚，使江、淮提點茶鹽。

周翰以辭學爲流輩所許，頻歷外任，不樂吏事。會翰林學士宋白等列奏其有史才，遭回下位，遂命兼史館修撰。會太宗親試貢士，周翰爲考官，面賜金紫，因語宰相，稱其有文，尋遷起居舍人。淳化五年〔四〕，張佖建議復置左右史之職，乃命周翰與李宗諤分領之。周翰兼起居郎，因上言：「自今崇政〔五〕、長春殿皇帝宣諭之言，侍臣論列之事，望依舊中書修爲時政記。其樞密院事涉機密，亦令本院編纂，每至月終送史館。自餘百司凡于對拜、除改、沿革、制置之事，悉條報本院，以備編錄。仍令郎與舍人分直崇政殿，以記言動，別爲起居注，每月先進御，後降付史館。」從之。起居注進御，自周翰等始也。周翰蚤有時譽，久擯廢，及被除擢，尤洽時論。

會考課京朝官，有敢隱前犯者，皆除名爲民。周翰被譴尤多，所上有司偶遺一事，當免。判館楊徽之率三館學士詣相府，以爲周翰非故有規避，其實所犯頻繁，不能悉記，於是止罰金百斤。

先是，趙安易建議於西川鑄大鐵錢，以一當十，周翰上言：「古者貨、幣、錢三者兼用，若錢少於貨、幣，卽鑄大錢，或當百，或當五十，蓋欲廣其錢而足用爾。今不若使蜀民貿易者，凡鐵錢一止作一錢用，官中市物卽以兩錢當一。又西川患在少鹽，請於益州置榷院，入物交易，則公私通濟矣。」至道中，遷工部郎中。

眞宗在儲宮知其名，徵之，時爲左庶子，因令取其所爲文章，周翰悉纂以獻，上答以書；及卽位，未行慶，首擢爲駕部郎中、知制誥，俄判史館、昭文館。咸平三年，召入翰林爲學士，受詔與趙安易同修屬籍。唐末喪亂，籍譜罕存，無所取則，周翰創意爲之，頗有倫貫。車駕幸澶淵，命判留司御史臺，周翰懇求扈從，從之。明年，授給事中，與宋白俱罷學士。大中祥符元年，遷工部侍郞。踰年，被疾卒，年八十一。眞宗憫之，錄其子忠寶爲大理評事，給奉終喪。

周翰性疏儁卞急，臨事過於嚴暴，故多曠敗。晚年才思稍減，書詔多不稱旨。有集五十卷及續因話錄。

朱昂字舉之，其先京兆人，世家渼陂，唐天復末，徙家南陽。梁祖篡唐，父葆光與唐舊臣顏蕘、李濤數輩挈家南渡，寓潭州。每正旦夕至，必序立南嶽祠前，北望號慟，殆二十年。後濤北歸，葆光樂衡山之勝，遂往家焉。

昂少與熊若谷、鄧洵美同學。朱遵度好讀書，人號之爲「朱萬卷」，目昂爲「小萬卷」。

昂嘗間行經廬陵，道遇異人，謂之曰：「中原不久當有眞主平一天下，子仕至四品，安用南爲？」遂北游江、淮。時周世宗南征，韓令坤統兵至揚州，昂謁見，陳治亂方略，令坤奇之，署權知揚州揚子縣〔六〕。適兵革之際，逃亡過半，昂便宜綏輯，復逋亡者七千餘家，令坤卽表授本縣令。

宋初，爲衡州錄事參軍，嘗讀陶潛閑情賦而慕之，因廣其辭曰：

維稟氣兮淸濁，獨得意兮虛徐。耳何聰兮無塡，衣何散兮無裾。務冥懷於得喪，寧勤體乎菑畬。將使同方姬、孔，抗跡孫、蘧。精騖廣漠，心游太虛。傲朝曦兮南榮，遡夕飈兮北疏。非道之病，惟情之舒。

繇是含潁懷粹，凝和習懿。器齋淪兮幽憂，德芬馨兮周比。井無渫兮泉融，珠潛輝兮川媚。又何必陋雄之尙玄，笑奕之心醉，悲墨之素絲，嘆展之下位？苟因時之明揚，乃斯文之不墜。

睇煙景兮飄飄，心懸旌兮搖搖。感朝榮而夕落，嗟蠁蛩而鳴蜩。姑藏器以有待，因寄物而長謠。願在首而爲弁，束玄髮而未衰。會名器之有得，與纓珥兮相宜。願在足而爲舄，何坎險之罹憂。欲效勤於豎亥，思追踵於浮丘。願在服而爲袂，傳繒素而飾躬。異化緇之色涅，寧拭面而道窮。願在目而爲鑑，分姸醜於崇朝。驚靑陽之難久，庶白首以見招。願在地而爲簟，當暑溽而冰寒。伊膚革之尙疢，胡寤寐以求安？願在觴而爲醴，不亂德而溺眞。體虛受之爲器，革譎性以歸淳。願在握而爲劍，每輔祚而保裾。殊鉛銛之効用，比硎刃而有餘。願在槖而爲矢，美筈羽之斯全。疇懋勳而錫晉，射窮壘而衄燕。願在體而爲裘，託針縷以成功。非珍華而取飾，將被服而有容。願在軒而爲筐，貫歲寒而不改。挺介節以自持，廓虛心而有待。

人之願兮寔繁，我之心兮若此。蓄爲志兮璞藏，發爲文兮霧委。旣持瑾兮掌瑜，復擷蘭兮蓺芷。始無言兮植杖，終俛首兮嗟髀。振襟兮自適，覩物兮解頤。雲無心兮遐舉，蟲倚榦兮叢滋。想陵谷之變地，況玄黃之易絲。人可汰而可鍛，已不磷而不緇。苟一鳴而驚人，何五鼎而勿飴？

已而擁膝淸嘯，傾懷自寬。樞桑戶華兮差樂，鳩飛梭躍兮胡難。指夜蟾兮爲伍，仰疏籟兮邀歡。何孫牧而伊耕？何巢箕而呂磻？滌我慮兮綠綺，淸我眠兮琅玕。周旋兮有則，徙倚兮可觀。終卷舒兮自得，契休哉於考槃。

李昉知州事，暇日多召語，且以文爲贄，昉深所嗟賞。歷宜城令。開寶中，拜太子洗馬，知蓬州，徙廣安軍。會渠州妖賊李仙衆萬人，劫掠軍界，昂設策禽之。自餘果、合、渝、涪四州民連結爲妖者，置不問，蜀民遂安。宰相薛居正稱其能，遷殿中丞、知泗州。

嘗作隋河辭，謂濬決之病民，游觀之傷財，乃天意之所以亡隋也。使隋不興役費財以害其民，則安得有今日之利哉！

嘗聚淮水流屍三千，爲塚瘞之。有戍卒謀亂，昂誅其首惡，凡支黨之詿誤者悉貰之。就遷監察御史、江南轉運副使。太平興國二年，知鄂州，加殿中侍御史，爲峽路轉運副使，就改庫部員外郎，遷轉運使。端拱二年，以本官直秘閣，賜金紫。久之，出知復州，表求謝事，不許。遷水部郎中，復請老，召還，再直秘閣，尋兼越王府記室參軍。

眞宗即位，遷秩司封郎中，俄知制誥，判史館，受詔編次三館秘閣書籍，既畢，加吏部。咸平二年，召入翰林爲學士。踰年，拜章乞骸骨，召對，敦諭，請彌確，乃拜工部侍郎致仕。翌日，遣使就第賜器幣，給全奉，詔本府歲時存問，章奏聽附驛以聞。命其子正辭知公安縣，以便侍養，許歸江陵。舊制，致仕官止謝殿門外，昂特延見命坐，恩禮甚厚。令俟秋涼上道，遣中使賜宴于玉津園，兩制三館皆預，仍詔賦詩餞行，搢紳榮之。

昂前後所得奉賜，以三之一購奇書，以諷誦爲樂。及是閑居，自稱退叟，著資理論三卷上之，詔以其書付史館。弟協以純謹著稱，仕至主客郎中、雍王府翊善。昂以書招之，協亦告老歸。兄弟皆眉壽，時人比漢之二疏。知府陳堯咨署其居曰東、西致政坊。昂於所居建二亭：曰知止，曰幽棲。頗好釋氏書。晚歲自爲墓誌。景德四年，卒，年八十三，門人謚曰正裕先生。詔加賻贈，錄其孫适出身。

昴好學，純厚有淸節，澹於榮利，爲洗馬十五年，不以屑意。居內署，非公事不至兩府。在王邸時，眞宗居儲宮，知其素守，故每加褒進，然昴未嘗有所私請，進退存禮，士類多之。有集三十卷。子正彝、正辭並登進士第，正基虞部員外郞。

趙隣幾字亞之，鄆州須城人，家世爲農。隣幾少好學，能屬文，嘗作禹別九州賦，凡萬餘言，人多傳誦。周顯德二年，舉進士，解褐秘書省校書郞，歷許州、宋州從事。太平興國初，召爲左贊善大夫、直史館，改宗正丞。四年，郭贄、宋白授中書舍人，告謝日交薦之，俄而隣幾獻頌，上覽而嘉之，遷左補闕、知制誥，數月卒，年五十九。中使護葬。

隣幾體貌尫弱，如不勝衣。爲文浩博，慕徐、庾及王、楊、盧、駱之體，每搆思，必斂衽危坐，成千言始下筆。屬對精切，致意縝密，時輩咸推服之。及掌誥命，頗繁富冗長，不達體要，無稱職之譽。

常欲追補唐武宗以來實錄，孜孜訪求遺事，殆廢寢食，會疾革，唯以書未成爲恨。至淳化中，參知政事蘇易簡因言及隣幾追補唐實錄事，隣幾一子東之，以蔭補郎山主簿，部送軍糧詣北邊，沒焉，其家屬寄居睢陽。太宗遣直史館錢熙往取其書，得隣幾所補會昌以來日曆二十六卷及文集三十四卷，所著鈹子一卷、六帝年略一卷、史氏懋官志五卷，並他書五十餘卷來上，皆塗竄之筆也。詔賜其家錢十萬。

時又有何承裕者，晉天福末，擢進士第，有清才，好爲歌詩，而嗜酒狂逸。初爲中都主簿，桑維翰鎭兗州，知其眞率，不責以吏事。累官至著作佐郎，直史館，出爲盩厔、咸陽二縣令，醉則露首跨牛趨府，府尹王彥超以其名士而容之，然爲治淸而不煩，民頗安焉。每覽牒訴，必戲判以喩曲直，訴者多心伏引去。往往召豪吏接坐，引滿，吏因醉挾私白事，承裕悟之，笑曰：「此見罔也，當受杖。」杖訖，復召與飮。其無檢多類此。開寶三年，自涇陽令入爲監察御史，後歷侍御史，累知忠、萬、商三州。太平興國中，卒。

鄭起字孟隆，不知何許人。少游京、洛間，佻薄無檢操。聞襄州雙泉寺僧能爲黃金，往依焉，遂削髮爲侍者。久之，知其誑燿，乃反初服，舉進士。時舉子多尙詩賦，惟起有文七軸，歌詩尤淸麗。周廣順初，調補尉氏主簿，秩滿，以書干宰相范質，薦爲右拾遺、直史館。恭帝初，遷殿中侍御史。

乾德初，出掌泗州市征。刺史張延範檢校司徒，官吏呼以「太保」。起貧，常乘騾。一日，從延範出近郊迓客，延範揖起曰：「請策馬令進。」起曰：「此騾也，不當過呼耳。」以譏延範，延範深銜之，密奏起嗜酒廢職。

初，顯德末，起見太祖握禁兵，有人望，乃上書范質，極言其事。又嘗遇太祖於路，橫絕前導而過，太祖亦弗之怒。及延範奏至，出爲河西令。會蜀平，當徙遠官，起不欲往，乃炙烙其足，因是成疾而卒。

起負才倨傲，多所詆訐，數爲羣小窘辱，終亦不改。

時有郭昱者，好爲古文，狹中詭僻。周顯德中，登進士第。恥赴常選，獻書於宰相趙普，自比巢、由，朝議惡其矯激，故久不調。後復伺普，望塵自陳，普笑謂人曰：「今日甚榮，得巢、由拜於馬首。」開寶末，普出鎭河陽，昱詣薛居正上書，極言謗普，居正奏之，詔署襄州觀察推官。潘美鎭襄陽，討金陵，以昱隨軍。昱中夜被酒號叫，軍中皆驚，翌日，美遣還。歲餘，坐盜用官錢，除名，因居襄陽，游索樊、鄧間。雍熙中，卒。

又有馬應者，薄有文藝，多服道士衣，自稱「先生」。開寶初，倣元結中興頌作勃興頌，以述太祖下荆、湖之功，欲刊石於永州結頌之側，縣令惡其夸誕，不以聞。太平興國初，登第，授大理評事，坐事除名，羈旅積年。淳化中，以詩干同年殿中丞牛景，景因奏上，太宗覽而嘉之，復授大理評事，未幾卒。

又有潁贄、董淳、劉從義善爲文章，張翼、譚用之善爲詩，張之翰善牋啓。贄拔萃登科，至太子中允。淳爲工部員外郎、直史館，奉詔撰孟昶紀事。從義多藏書，嘗纘長安碑文爲遺風集二十卷。餘皆官不達。

和峴字晦仁，開封浚儀人。父凝，晉宰相、太子太傅、魯國公。峴生之年，適會凝入翰林、加金紫、知貢舉，凝喜曰：「我平生美事，三者併集，此子宜於我也。」因名之曰三美。七歲，以門蔭爲左千牛備身，遷著作佐郎。漢乾祐初，加朝散階。十六，登朝爲著作郎。丁父憂，服闋，拜太常丞。建隆初，授太常博士，從祀南郊，贊導乘輿，進退閑雅，太祖謂近侍曰：「此誰氏之子，熟於贊相？」左右卽以峴門閥對。俄拜刑部員外郎兼博士，仍判太常寺。

乾德元年十一月甲子，有事于南郊。丁丑冬至，有司復請祀昊天上帝，詔峴議其禮，峴以祭義戒於煩數，請罷之。二年，議孝明、孝惠二后神主祔于別廟，峴以舊禮有二后同廟之文，無各殿異室之說，今二后同祔別廟，亦宜共殿別室。孝明皇后嘗母儀天下，宜居上室；孝惠皇后止以追尊，當居次室。從之。三年春，初克夔州，以內衣庫使李光睿權知州，峴通判州事。代還，是歲十二月十四日戊戌臘，有司以七日辛卯蜡百神，峴獻議正之。四年，南郊，峴建議望燎位置爟火。

又嘗言「依舊典，宗廟殿庭設宮縣三十六架，加鼓吹熊羆十二案，朝會登歌用五瑞，郊廟奠獻用四瑞，迴仗至樓前奏采茨之曲，御樓奏隆安之曲，各用樂章」。復舉唐故事，宗廟祭科外別設珍膳，用申孝享之意。又謂「八佾之舞以象文德武功，請用玄德升聞、天下大定二舞」。並從其議。事具禮、樂志。

先是，王朴、竇儼洞曉音樂，前代不協律呂者多所考正。朴、儼既沒，未有繼其職者。會太祖以雅樂聲高，詔峴講求其理，以均節之，自是八音和暢，上甚嘉之。語具律志。樂器中有叉手笛者，上意欲增入雅樂，峴即令樂工調品，以諧律呂，其執持之狀如拱揖然，請目曰「拱辰管」，詔備于樂府。

開寶初，遷司勳員外郎，權知泗州，判吏部南曹，歷夔、晉二州通判。九年，江南平，受詔採訪。太宗卽位，遷主客郎中。太平興國二年，知兗州，改京東轉運使。

峴性苛刻鄙吝，好殖財，復輕侮人，嘗以官船載私貨販易規利。初爲判官鄭同度論奏，既而彰信軍節度劉遇亦上言，按得實，坐削籍，配隸汝州。

六年，起爲太常丞，分司西京，復階勳章服。端拱初，上躬耕籍田，峴奉留司賀表至闕下，因以其所著奉常集五卷、秘閣集二十卷、注釋武成王廟贊五卷奏御，上甚嘉之，復授主客郎中，判太常寺兼禮儀院事。

是秋得暴疾，卒，年五十六。弟幪。

幪字顯仁，凝第四子也。生五六歲，凝教之誦古詩賦，一歷輒不忘。試令詠物爲四句詩，頗有思致，凝歎賞而奇之，語峴曰：「此兒他日必以文章顯，吾老矣不見，汝曹善保護之。」

太平興國八年，擢進士第，釋褐霍丘主簿。雍熙初，知崇仁縣，就拜大理評事。江南轉運楊緘以其材幹奏，移知南昌縣。代還，刑部取爲詳覆官，遷光祿寺丞。

先是，凝嘗取古今史傳聽訟斷獄、辨雪冤枉等事著爲疑獄集，幪因增益事類，分爲三卷，表上之。俄獻所著文賦五十軸，召試中書，擢爲太子中允。先是，馮起撰御前登第三牓碑以獻，上甚稱獎，命直史館。淳化初，㠓又撰七牓題名記，并補注凝所撰古今孝悌集成十卷以獻，遂以本官直集賢院，中謝日，賜緋魚。三年春，獻觀燈賦，詔付史館，遷右正言。

是歲，太宗親試貢士，㠓預考校，作歌以獻，上對宰相稱賞之，召問年幾何。時摹印儒行篇，以賜新及第人及三館、臺省官，皆上表稱謝。上時御便坐，出表以示宰相，而㠓與張洎尤稱上旨，因謂李昉曰：「㠓，宰相子，勤學自立，有文章，能荷堂構，如㠓者不可多得也。」遂以本官知制誥。不踰年，加水部員外郎，知理檢院。至道元年，賜金紫，與王旦同判吏部銓。是秋，晨起將朝，風眩暴作而卒，年四十五。上聞之驚歎，遣中使就家問疾狀，并恤其孤，賵賻加等。長子珙，纔十歲，即授大理評事；次子璥，補太廟齋郎。

㠓好修飾容儀，自五鼓張燈燭至辨色，冠帶方畢。雖幼能屬文，殊少警策，每草制，必精思討索而後成，拘於引類偶對，頗失典誥之體。上以其貴家子能業文，甚寵待之，欲召入翰林，謂近臣曰：「㠓眸子眊眊然，胸中必不正，不可以居近侍也。」其命遂寢。

㠓弟幪始爲三班奉職，淳化中，獻文求試，上以故相之後，改授大理評事。

馮吉字惟一，河南洛陽人。父道，周太師、中書令，追封瀛王。吉，晉天福初以父任秘書省校書郎，遷膳部、金部、職方員外郎，屯田、戶部、司勳郎中，累階金紫。周顯德中，遷太常少卿。

吉嗜學，善屬文，工草隸，議者以掌誥許之。然性滑稽無操行，每中書舍人缺，宰相卽欲用吉，終以佻薄而止。

雅好琵琶，尤臻其妙，教坊供奉號名手者亦莫能及。父常戒令勿習，吉性所好，亦不能改。道欲辱之，因家宴，令吉奏琵琶爲壽，賜以束帛，吉置於肩，左抱琵琶，按膝再拜如伶官狀，了無怍色，家人皆大笑。

及爲少卿，頗不得意，以杯酒自娛。每朝士宴集，雖不召亦常自至，酒酣卽彈琵琶，彈罷賦詩，詩成起舞。時人愛其俊逸，謂之「三絕」。

宋初，受詔撰述明憲皇太后謚議，見稱於時。建隆四年，卒，年四十五。

校勘記

〔一〕道安　二字原倒，據本書卷四四一徐鉉傳、宋會要職官六四之八改。

〔二〕廷州　按後周無「廷州」，疑誤。

〔三〕左授司農寺丞　「左授」二字原倒。按宋制沒有左司農寺，東都事略卷三八本傳作「左遷司農寺丞」，據改。

〔四〕淳化五年　「淳化」二字原脫，據長編卷三五補。

〔五〕崇政　原作「崇德」，據長編卷三五、東都事略卷三八本傳改。

〔六〕揚子縣　按寰宇記卷一三〇謂唐揚子縣，南唐改爲永貞縣。夏竦文莊集卷二八朱昂行狀作「永眞縣」。

蘇得二十一字，可斧鉞之也。」時又令中正與著作佐郎吳鉉、大理寺丞楊文舉同撰定雍熙廣韻。中正先以門類上進，面賜緋魚，俄加太常博士。撰韻成，凡一百卷，特拜虞部員外郎。

淳化元年，改直昭文館。三遷屯田郎中。杜門守道，以文翰爲樂。太宗神主及謚寶篆文，皆詔中正書之。嘗以大小篆、八分三體書孝經摹石，咸平三年表上之。真宗召見便殿，賜坐，[illegible]。中正曰：「臣寫此書，二十五年方成。」上嘉歎良久，賜金帛，命藏於秘閣。時滕州獻古銅鼎，狀方而四足，上有古文二十一字，人莫能曉，命中正與杜鎬詳驗以聞，援據甚悉。五年，卒，年七十四。

中正精於字學，古文、篆、隸、行、草無不工。[illegible]

蜀人又有[illegible]

[illegible]

曾致堯字正臣，撫州南豐人。太平興國八年進士[illegible]

[illegible]

[illegible]

宋史卷四百四十

列傳第一百九十九

文苑二

高頔　李度　韓溥　鞠常　宋準　柳開　夏侯嘉正　羅處約　安德裕　錢熙

高頔字子奇，開封雍丘人。後唐清泰中舉進士，同輩紿之曰：「何不從裴僕射求知乎？」時裴皞以左僕射致仕，後進無至其門者。頔性純樸，信其言，以文贄於皞。明年，禮部侍郎馬裔孫知貢舉，乃皞門下生也。皞以頔語之，遂擢乙科，四遷魏博觀察支使。

周顯德中，符彥卿奏署掌書記。時太宗親迎懿德皇后于大名，彥卿遣頔迎候，日夕陪接，尤伸款好。後隨彥卿鎭鳳翔，會詔留彥卿洛陽，頔復爲天雄軍掌書記。後以病免，居於魏。

雍熙二年，太宗親試貢士，頔子南金舉學究，自陳曰：「臣父年八十四，嘗佐使幕，久已罷職，家貧無以存養。願賜一第，庶獲寸祿，以及老父。」上問左右，其父何人？宰相宋琪以頔對，且言其素行廉介，老而彌厲，甚爲搢紳推重。上曰：「此高頔子耶！頔在大名幕中，嘗與朕遊處，迨踰旬月。晨暮對案飲食，常拱手危坐，未曾少懈，其恭謹蓋天性也。惜其老矣，不欲煩以官政。」卽擢南金第，拜頔左補闕致仕，賜錢十萬。後卒于家。

頔有清節，力學彊記，手寫書千餘卷。彥卿待之甚厚，或過致優給，頔計口受費，餘皆不納。彥卿左右多肆貪虐，民不能堪，及彥卿罷鎭，其故時將吏、賓客皆心愧，無敢復遊魏者。惟頔清苦守法，魏人愛之，在魏三十年，無一人言其非者。所乘馬老，以糜飼之。僕夫年七十，待之如初。時稱其長者。

次子鼎，舉進士，至殿中丞。

李度，河南洛陽人。周顯德中舉進士。度工於詩，有「醉輕浮世事，老重故鄉人」之句。時翰林學士申文炳知貢舉，樞密使王朴移書錄其句以薦之，文炳卽擢度爲第三人。釋褐永寧縣主簿。

累遷殿中丞、知歙州。坐事左遷絳州團練使，十年不調。度在歙州，嘗以所著詩刻於石，有中黄門得其石本，傳入禁中，太宗見之，謂宰相曰：「度今安在？」卽令召至，對於便殿，與語甚悅，擢爲虞部員外郎，直史館，賜緋。端拱初，籍田畢，交州黎桓加恩，命度借太常少卿充官告國信副使，上賜詩以寵行。未至交州，卒于太平軍傳舍，年五十七。

度之南使，每至州府，卽借圖經觀其勝迹，皆形篇詩，以上所賜詩有「奉使南遊多好景」之句，遂題爲奉使南遊集，未成編而亡。

弟康亦善詩，太平興國二年，登進士第，官至太子右贊善大夫。

韓溥，京兆長安人，唐相休之裔孫。少俊敏，善屬文。周顯德初，舉進士，累遷歷使府。開寶三年，自靜難軍掌書記召爲監察御史，三遷至庫部員外郎，知華州，同判靈州，再轉司門郎中。淳化二年，被病，表請辭職尋醫，許之。溥博學，善持論，詳練臺閣故事，多知唐朝氏族，與人談亹亹然可聽，號爲「近世肉譜」，搢紳頗推重之。尤善筆札，人多藏其尺牘。弟洎亦進士及第。

鞠常字可久，密州高密人。祖眞，黃縣令。父慶孫，中州團練判官，有詩名。常少好學，善屬文。漢乾祐二年，擢進士第，裁二十一，釋褐祕書省校書郎。周廣順中，宰相范質奏充集賢校理，出爲鄆州觀察支使，歷永興軍節度掌書記、伊陽令。顯德四年，詣闕進策，召試，復授猗氏令，遷蔡州防禦判官，復宰介休、魏縣。開寶中，趙普爲相，擢爲著作佐郎。時任此官，惟常與楊徽之、李若拙、趙隣幾四人，皆有名於時。常應擧時，著四時成歲賦萬餘言，又爲春蘭賦，頗存興託。後爲淸河令。七年，卒，年四十七。

子仲謀，字有開，雍熙中進士，有材幹，歷御史、東京留守推官、陝西轉運，至兵部員外郎。仲謀集其父所爲文成二十卷。

弟愉，周廣順中進士，與常齊名。

宋準字子平，開封雍丘人。祖彥升，庫部員外郎。父鵬，祕書郎。準，開寶中擧進士。翰林學士李昉知貢擧，擢準甲科。會貢士徐士廉擊登聞鼓，訴昉用情取捨非當。太祖〔一〕

怒，召準覆試于便殿，見準形神偉茂，程試敏速，甚嘉之，以爲宜首冠俊造，由是復擢準甲科，即授祕書省校書郎〔三〕，直史館。

八年，受詔修定諸道圖經。俄奉使契丹，復命稱旨。明年，出知南平軍，會改軍爲太平州，依前知州事，就加著作佐郎。太平興國四年，遷著作郎，通判梓州，轉左拾遺，歸朝預修諸書。八年，同知貢舉，出爲河北轉運使，歲餘，以本官知制誥。雍熙中，加主客員外郎，復預知貢舉，俄判大理寺。四年，被病，遷金部郎中，罷知制誥。端拱二年卒，年五十二，賜錢百萬。

準美風儀，善談論，辭采淸麗，涖官所至，皆有治聲。盧多遜之南流也，李穆坐同門生黜免，左右無敢言者。準因奏事，盛言穆長者，有檢操，常惡多遜專恣，固非其黨也。上寤，未幾，盡復穆舊官。時論以此稱之。天禧三年，錄其子大年試祕書省校書郎。

準從弟可觀，金部郎中。族子郊、祁，並天聖二年進士甲科，別有傳。

柳開字仲塗，大名人。父承翰，乾德初監察御史。開幼穎異，有膽勇。周顯德末，侍父任南樂，夜與家人立庭中，有盜入室，衆恐不敢動，開裁十三，亟取劍逐之，盜踰垣出，開揮刃斷二足指。

既就學，喜討論經義。五代文格淺弱，慕韓愈、柳宗元爲文，因名肩愈，字紹先〔三〕。既而改名字，以爲能開聖道之塗也。著書自號東郊野夫，又號補亡先生，作二傳以見意。尚氣自任，不顧小節，所交皆一時豪俊。范杲好古學，尤重開文，世稱爲「柳、范」。王祜知大名，開以文贄，大蒙賞激。楊昭儉、盧多遜並加延獎。開寶六年舉進士，補宋州司寇參軍，以治獄稱職，遷本州錄事參軍。太平興國中，擢右贊善大夫。會征太原，督楚、泗八州運糧。選知常州，遷殿中丞，徙潤州，拜監察御史。召還，知貝州，轉殿中侍御史。雍熙二年，坐與監軍忿爭，貶上蔡令。

會大舉北征，開部送軍糧，將至涿州，有契丹酋長領萬騎與米信戰，相持不解，俄遣使紿言求降，開謂信曰：「兵法云：『無約而請和，謀也。』彼將有謀，急攻之必勝。」信遲疑不決。踰二日，賊復引兵挑戰，後偵知果以矢盡，俟取于幽州也。師還，詣闕上書，願從邊軍效死，太宗憐之，復授殿中侍御史。

雍熙中，使河北，因抗疏曰：「臣受非常恩，未有以報，年裁四十，膽力方壯。今契丹未滅，願陛下賜臣步騎數千，任以河北用兵之地，必能出生入死，爲陛下復幽薊，雖身沒戰場，臣之願也。」上以五代戰爭以來，自節鎭至刺史皆用武臣，多不曉政事，人受其弊。欲兼用文士，乃以侍御史鄭宣、戶部員外郞趙載、司門員外郞劉墀並爲如京使，左拾遺劉慶爲西京作坊使，開爲崇儀使、知寧邊軍。

徙全州。全西溪洞〔四〕有粟氏，聚族五百餘人，常鈔刼民口糧畜，開爲作衣帶巾帽，選牙吏勇辯者得三輩，使入諭之曰：「爾能歸我，卽有厚賞，給田爲屋處之；不然，發兵深入，滅爾類矣。」粟氏懼，留二吏爲質，率其酋四人與一吏偕來。開厚其犒賜，吏民爭以鼓吹歓之。居數日遣還，如期擕老幼悉至。開卽賦其居業，作時鑑一篇，刻石戒之。遣其酋入朝，授本州上佐。賜開錢三十萬。

淳化初，移知桂州。初，開在全州，有卒訟開，開卽杖背黥面送闕下。有司言卒罪不及徒，召開下御史獄劾繫，削二官，黜爲復州團練副使，移滁州。復舊官，知環州。三年，移邠州。時調民輦送趣環、慶，已再運，民皆蕩析產業，轉運使復督後運，民數千人入州署號訴。開貽書轉運使曰：「開近離環州，知芻糧之數不增，大兵可支四年。今霣農方作，再運半發，老幼疲弊，畜乘困竭，奈何又苦之？不罷，開卽馳詣闕下，白於上前矣。」卒罷之。又知曹、邢二州。

眞宗卽位，加如京使，歸朝，命知代州。上言曰：

國家創業將四十年，陛下紹二聖之祚，精求至治。若守舊規，斯未盡善；能立新法，乃顯神機。

臣以益州稍靜，望陛下選賢能以鎮之，必須望重有威，卽羣小畏服。又西鄙今雖歸明，他日未可必保，苟有翻覆，須得人制禦，若以契丹比議，爲患更深。何者？契丹則君臣久定，蕃、漢久分，縱萌南顧之心，亦須自有思慮。西鄙積恨未泯，貪心不悛，其下猖狂，競謀兇惡，侵漁未必知足，姑息未能感恩，望常預備之。以良將守其要害，以厚賜足其貪婪，以撫慰來其情，以寬假息其念。多命人使西入甘、涼，厚結其心，爲我聲援，如有動靜，使其掩襲，令彼有後顧之憂，乃可制其輕動。今甲兵雖衆，不及太祖之時人人練習，謀臣猛將則又縣殊，是以比年西北屢遭侵擾；養育則月費甚廣，征戰則軍捷未聞。誠願訓練禁戢，使如往日，行伍必求於勇敢，指顧無縱於後先，失律者悉誅，獲功者必賞，偏裨主將不威嚴者去之。聽斷之暇，親臨殿庭，更召貔虎，使其擊刺馳驟，以彰神武之盛。

臣又以宰相、樞密，朝廷大臣，委之必無疑，用之必至當。銓總僚屬，評品職官，內則主管百司，外則分治四海。今京朝官則別置審官，供奉、殿直則別立三班，刑部不令詳斷，別立審刑，宣徽一司全同散地。大臣不獲親信，小臣乃謂至公。至如銀臺一司，舊屬樞密，近年改制，職掌甚多，加倍置人，事則依舊，別無利害，虛有變更。

臣欲望停審官、三班，復委中書、樞密、宣徽院，銀臺司復歸樞密，審刑院復歸刑部，去其繁細，省其頭目。

又京府大都，萬方軌則，望仍舊貫，選委親賢。今皇族宗子悉多成長，但令優逸，無以試材，宜委之外藩，擇文武忠直之士，爲左右贊弼之任。

又天下州縣官吏不均，或冗長至多，或歲年久闕。欲望縣四千戶已上選朝官知，三千戶已上選京官知。省去主簿，令縣尉兼領其事。自餘通判、監軍〔三〕、巡檢、監臨使臣並酌量省減，免虛費於利祿，仍均濟於職官。

又人情貪競，時態輕浮，雖骨肉之至親，臨勢利而多變。同僚之內，多或不和，伺隙則致于傾危，患難則全無相救，仁義之風蕩然不復。欲望明頒告諭，各使改更，庶厚化原，永敦政本。

恭惟太祖神武，太宗聖文，光掩百王，威加萬國，無賢不用，無事不知。望陛下開豁聖懷，如天如海，可斷卽斷，合行卽行，愛惜忠直之臣，體察姦諛之黨。臣久塵著位，寖荷恩寵，辭狂理拙，唯聖明恕之！

開至州，葺城壘戰具，諸將多沮議不協。開謂其從子曰：「吾觀昴宿有光，雲多從北來犯境上，寇將至矣。吾聞師克在和，今諸將怨我，一旦寇至，必危我矣。」卽求換郡，徙忻州刺史。及契丹犯邊，開上書，又請車駕觀兵河朔。四年，徙滄州，道病首瘍卒，年五十四。錄其子涉爲三班奉職。

開善射，喜弈棋。有集十五卷。作家戒千餘言，刻石以訓諸子。性倜儻重義。在大名，嘗過酒肆飲，有士人在旁，辭貌稍異，開詢其名，則至自京師，以貧不克葬其親，聞王祐篤義，將丐之。問所費，曰：「二十萬足矣。」開卽罄所有，得白金百餘兩，益錢數萬遺之。

開兄肩吾，至御史。肩吾三子，湜、灝、沆並進士第，灝祕書丞。

夏侯嘉正字會之，江陵人，少有俊才。太平興國中，舉進士，歷官至著作佐郎。使于巴陵，爲洞庭賦曰：

楚之南有水曰洞庭，環帶五郡，淼不知其幾百里。臣乙酉夏使岳陽，抵湖上，思構賦。明日披襟而觀之，則翼然動，促然跂，慄然駭，愕然眙。怳若駕春雲而軼霓，浩若浮汗漫而朝躋。退若據泰山之安，進若履千仞之危。懵若無識，智若通微。跛若不倚，蹌若將馳。耳不及掩，目不暇逃，情悸心嬉。二三日而後，神始宅，氣始正，若此不敢以賦爲事者二年，然眷眷不已。

一日登崇丘，望大澤，有雲崪兮興，歘兮止。興止未霽，忽若有遇。由是濆陽輝，沐芳澤，覯一異人于巖之際，霞爲裾，雲爲袂，冰膚雪肌，金玦玉珮，浮丘、羨門，斯實其對。

因言曰：「若非好辭者耶？」臣曰：「然。」「然則若智有所不通，識有所不窮，用不通不窮而循乎無端之紀，若得無殆乎？」臣又曰：「然。」「然志極則物應，思精則道來，嘉若之勤無譁談，吾爲若稱云：『太極之生，曰地曰天。中含五精，五精之用而水居一焉。水之疏，邇則爲江兮，遠則爲河；積則爲瀦兮，總則爲湖。若今所謂洞庭者，傑立而孤，廓然如無區，其大無徒。含陽字陰，玄神之都。曖曖昧昧，百川不敢踰。有若臣者，有若賓者，有若僕者，有若子者，有若附庸者，有若娣姒者。若禹會塗山，武巡牧野，千出百會，咸處麾下。每六合澄靜，中流迴睨。莽莽蒼蒼，纖靄不翳。太陽望舒，出沒其間。萬頃咸沸，彊而名之爲巨澤，爲長川，爲水府，爲大淵。縱之不踰，蹋之不卑。乍若賢人，以重自持。誘之不前，犯之愈堅。又若良將，以謀守邊。澎澎濞濞，浩爾一致。又若太始，未有仁義。冲冲漠漠，二氣交錯。又若混沌，凝然未鑿。此乃方輿之心胸，溟海之郛郭也。三代之前，其氣濩落。浩浩滔天，與物迴薄。滅木襄陵，無際無廓。上帝降鑒，巨人斯作。乃命玄夷，授禹之機。隧山陻谷，滌源暢徵。然後若金在鎔，若木在工，流精成器，夫何不通。是澤之設，允執厥中。既異其性，遂得其正。有升有降，有動有靜。』」

臣應之曰：「升降動靜，可得聞乎？」神曰：「水之性非圓非方，非柔非剛，非直非曲，非玄非黃。劃象爲坎，本乎羲皇。外婉而固，內健而彰。降以姤始，升以復張。其靜處陰，其動隨陽。六府之甲，萬化之綱。式觀是澤，乃知天常。若乃四序之變，九夏攸處。烘然而炎，沸然而煮。羣物鴻洞，爍爲隆暑。澤之作，頎然其容，若去若住，若茹若吐。靈趨怪覯，杳不可覩。蒸之爲雲，散之爲雨。倏忽萬象，如還太古。眞可嘉也。若乃秋之爲神，素氣淸泚。肅肅翛翛，羣籟四起。澤之動，黝然其姿，若挺若倚，若行若止。巽宮離離，爲之騰風。蒼梧崇崇，爲之供雲。四顧一色，黯然氤氳。其聲瀰瀰，若商非商，若徵非徵。東湊海門，一浪千里。又足畏也。言其狀，則石然而骨，岸然而革。氣然而榮，洚然而脈。有山而心，有洞而腹。有玉而體，有珠而目。穹鼻孤島，呀口萬谷。臂帶三吳，足跬荆、巫。或跂然而望，或翼然而趨。彭蠡、震澤，詎可云乎？」

臣又問曰：「澤之態已聞命矣。水之族將如何居？」神曰：「大道變易，或文或質。沉潛自遂，其類非一。或被甲而邅，或曳裾而圓。或禿而跋，或角而蜿。或呑而呀，或呿而牙。或心以之蟹，或目以之蝦。或修臂而立，或橫鶩而疾。或髮於首，或髯於肘。或儼而莊，或毅而黝。彪彪玢玢，若大虛之含萬彙，各循其生而合乎羣者也。」

臣又問曰：「若神之資，其品何如也？」神曰：「淸矣靜矣，麗矣至矣，邈難知矣。肇于古，古有所未達；形于今，今有所未察。非希夷合其心於自然，然後上天入地，把三根六。況水居陸處，夫何不燭。彼鞚鯉之賢，轡龍之仙，乃吾之肩也。其餘海若、天吳，陽侯、神胥，齪齪而遊，曾不我儔。」

臣又問曰：「易稱『王公設險』，是澤之險可以爲固。而歷代興衰，其義安取？」神曰：「天道以順不以逆，地道以謙不以盈。故治理之世，建仁爲旌，聚心爲城。而弧不暇弦，矛不暇鋒，四海以之而大同。何必恃險阻，何必據要衝？若秦得百二爲帝，齊得十二而王。其山爲金，其水爲湯。守之不義，欻然而亡。水不在大，恃之者敗。水不在微，怙之者危。若漢疲於昆明，桀困於酒池，亦其類也。故黃帝張樂而興，三苗棄義而傾。則知洞庭之波以仁不以亂，以道不以賊，惟賢者觀其知而後得也。」

於是盤桓徙倚，凝精流視。罄以辭對，倏然而晦。

徐鉉見之，曰：「是玄虛之流也。」人多傳寫。

端拱初，太宗知其名，召試辭賦，擢爲右正言、直史館兼直祕閣，賜緋魚。元夕，上御乾元門觀燈，嘉正獻五言十韻詩，其末句云：「兩制誠堪羨，青雲侍玉輿。」上依韻和以賜之，有「狹劣終雖舉，通才列上居」之句，議者以爲誠嘉正之好進也。未幾被病，詔以爲益王生辰使。所獲金幣，鬻得錢輦歸家，忽一縉自地起立，良久而仆，聞者異之。嘉正疾遂篤，月餘卒，年三十七。

子紓，太子中舍。

羅處約字思純，益州華陽人，唐酷吏希奭之裔孫。伯祖袞，唐末爲諫官。父濟，仕蜀爲升朝官。歸朝，至太常丞。處約嘗作黃老先六經論，曰：

先儒以太史公論道德，先黃、老而後六經，此其所以病也。某曰：「不然，道者何？無之稱也，無不由也。混成而仙，兩儀至虛而應萬物，不可致詰。況名之曰『道』，道既名矣，降而爲聖人者，爲能知來藏往，與天地準，故黃、老、姬、孔通稱焉。其體曰道，其用曰神，無適也，無莫也，一以貫之，胡先而尊，孰後而愧？」

「六經者，易以明人之權而本之於道；禮以節民之情，趣於性也；樂以和民之心，全天眞也；書以敘九疇之祕，煥二帝之美；春秋以正君臣而敦名教；詩以正風雅而存規戒。是道與六經一也。」

「矧仲尼祖述堯、舜，而況於帝鴻氏乎？華胥之治，太上之德，史傳詳矣。老聃世謂方外之教，然而與六經皆足以治國治身，淸淨則得之矣。漢文之時，未遑學校，竇后以之而治，曹參得之而相，幾至措刑。且仲尼嘗問禮焉，俗儒或否其說。」

余曰：「春秋昭十七年，郯子來朝，仲尼從而學焉，俾後之人敦好問之旨。矧老子有道之士，周之史氏乎？余謂六經之教，化而不已則臻于大同，大道之行則蜡賓息歎。黃、老之與六經，孰爲先而孰爲後乎？又何必縲藉玉帛然後爲禮，筍虡鏞鼓然後爲樂乎？余謂太史公之志，斯見之矣。惡可以道之跡、儒之末相戾而疾其說？病之者可以觀徼，未可以觀妙。」

人多重之。

登第，爲臨渙主簿，再遷大理評事，知吳縣。王禹偁知長洲縣，日以詩什唱酬，蘇、杭間多傳誦。後並召赴闕，上自定題以試之，以禹偁爲右拾遺，處約著作郎，皆直史館，賜緋魚。

會下詔求讜言，處約上奏曰：

伏覩今年春詔旨，責以諫官備員未嘗言事，雖九寺、三監之官，亦得盡其讜議。陛下虔恭勞神，厲精求理，力行王道，坐致太平。心先天而不違，德生民而未有，所以散玄黃之協氣，爲動植之休祥，而猶不伐功成，屢求獻替，此眞唐堯、虞舜之用心也。

臣累日以來，趨朝之暇，或於卿士之內預聞時政之言，皆曰聖上以三司之中，邦計所屬，簿書既廣，綱條實繁，將求盡善之規，冀協酌中之道。竊聞省上言，欲置十二員判官兼領其職，貴各司其局，允執厥中。臣以三司之制非古也。蓋唐朝中葉之後，兵寇相仍，河朔不王，軍旅未弭，以賦調筦榷之所出，故自尚書省分三司以董之。然國用所須，朝廷急務，故僚吏之屬倚注尤深。或重其位以處之，優其祿以寵之，黽勉從事者姑務其因循，盡瘁事國者或生於睚眦，因循則無補於國，睚眦則不協於時。或淺近之人用指瑕於心計，深識之士以多可爲身謀。蠹弊相沿，爲日已久。今若如十二員判官之說，亦從權救敝之一端也。

然而聖朝之政臻乎治平，當求稽古之規，以爲垂世之法。臣嘗讀說命之書，以爲「事不師古，匪說攸聞」、又二典曰：「若稽古帝堯。」「若稽古帝舜。」皆謂順考古道而致治平。以臣所見，莫若復尚書都省故事，其尚書丞郎、正郎、員外郎、主事、令史之屬，請依六典舊儀。以今三司錢刀粟帛筦榷支度之事，均在二十四司，如此則各有司存，可以責其集事。今則金部、倉部安能知儲廪帑藏之盈虛，司田、司川孰能知屯役河渠之遠近，有名無實，積久生常。況此却復都省之事，下臣猶能僉知其可，況陛下聰明濬哲乎！

然議者以爲不行已久，難於改更，若斷自宸心，下於相府，都省之制，故典存焉。

上令下從，孰爲不可。蓋人者可與習常，難與適變；可與樂成，難與慮始。在周易有之：「天地革而四時成。」此言能改命而創制，及小人樂成則革面以順上矣。況三司之名興於近代，堆案盈几之籍，何嘗能省覽之乎？復就三司之中，更分置僚屬，則愈失其本原矣。今三司勾院即尚書省，比部元爲勾覆之司，周知內外經費，陛下若欲復之，則制度盡在。迨及九寺、三監多爲冗長之司，雖有其官，不舉其職。

伏望陛下當治平之日，建垂久之規，不煩更差使臣，別置公署。如此則名正而言順，言順而事成，省其冗員則息其經費。故書曰：「唐虞稽古，建官惟百。夏、商官倍，亦克用乂。」伏望法天地簡易之化，建洪範大中之道，可以億萬斯年，垂衣裳而端拱矣。

受詔荆湖路巡撫，欲以苛察立名，所奏劾甚衆，官吏多被黜責。淳化三年，卒，年三十三。

初，濟爲開封府司錄，太宗尹京，頗嘉其彊幹。太平興國中，處約與兄賁同舉進士，上臨試，知賁，濟之子，遂置之高等。八年，處約復登第。賁後至員外郎。處約形神豐碩，見者加重，雖有詞采而急於進用，時論亦以此薄之。卒後，蘇易簡、王禹偁集其文，凡十卷，題曰東觀集。禹偁爲序，易簡表上之，詔付史館。

蜀士又有嚴儲者，太平興國中進士，後直史館，使河北督軍糧，陷于契丹。

安德裕字益之，一字師皐，河南人。父重榮，晉成德軍節度，五代史有傳。德裕生于眞定，未期，重榮舉兵敗，乳母抱逃水竇中。將出，爲守兵所得，執以見軍校秦習，習與重榮有舊，因匿之。習先養石守瓊爲子，及年壯無嗣，以德裕付瓊養之，因姓秦氏。習世兵家，以弓矢、狗馬爲事。德裕孩提卽喜筆硯，遇文字輒爲誦讀聲，諸子不之齒，習獨異之。既成童，俾就學，遂博貫文史，精於禮、傳，嗜西漢書。習卒，德裕行三年服，然後還本姓。習家盡以橐裝與之，凡白金萬餘兩。德裕却之，曰：「斯秦氏之蓄，於我何有。丈夫當自樹功名，以取富貴，豈屑於他人所有耶！」聞者高之。

開寶二年，擢進士甲科、歸州軍事推官，歷大理寺丞、著作佐郎。太平興國中，累遷祕書丞，知廣濟軍。時軍城新建，德裕作軍記及圖經三卷，優詔嘉奬。俄改太常博士。八年，通判秦州，就知州事。雍熙初，遷主客員外郎，通判廣州，未行，宰相李昉言其有史才，卽以本官直史館。端拱初，改金部員外郎。

淳化初，知開封縣，會備三館職，改直昭文館。三年春，廷試貢士，德裕與史館修撰梁周翰並爲考官，上顧宰相曰：「此皆有聞之士而老於郎署，周翰狹中，德裕嗜酒，朕聞其能改矣。」遂並賜金紫。俄遷司勳員外郎。至道初，德裕常作九絃琴五絃阮頌以獻，上稱其詞采古雅。至道三年，轉金部郎中，出知睦州，還判太府寺。咸平五年，卒，年六十三。

德裕性介潔，以風鑑自負。王禹偁、孫何皆初遊詞場，德裕力爲延譽。及領考試，何又其首選。然酣飲太過，故不被奬擢。有集四十卷。

錢熙字太雅，泉州南安人。父居讓，陳洪進署清溪令。熙幼穎悟，及長，博貫羣籍，善屬文，洪進嘉其才，以弟之子妻之。將署熙府職，辭不就，著楚鴈賦以見志。尋復辟爲巡官，專掌牋奏。

洪進歸朝，熙不敍舊職，舉進士。雍熙初，攜文謁宰相李昉，昉深加賞重，爲延譽于朝，令子宗諤與之游。明年，登甲科，補度州〔六〕觀察推官。代還，寇準掌吏部選，上封薦錢若水、陳充、王扶洎熙皆有文，得試中書，遷殿中丞，賜緋魚。著四夷來王賦以獻，凡萬餘言，太宗嘉之，卽以本官直史館。

淳化中，參知政事蘇易簡對太宗言趙隣幾追補唐實錄，隣幾卒，家睢陽，卽命熙乘傳而往，盡取其書來上。熙嘗與楊徽之言及張洎、錢若水將被進用，熙與劉昌言同鄉里，相親善，又語及其事。昌言因以語洎，洎疑熙交構，訴之，熙坐削職，通判朗州，俄徙衡州，就改太常博士。眞宗即位，遷右司諫。李宗諤、楊億素厚善熙，乃與梁顥、趙況、趙安仁同表請復熙舊職，不報。尋通判杭州，政多專達，爲轉運使所奏，徙通判越州。

熙負氣好學，善談笑，精筆札，狷躁務進。自罷職，因憤恚成疾，咸平三年，卒，年四十八。嘗擬古樂府，著雜言十數篇及措刑論，爲識者所許。有集十卷。子蒙吉，亦進士及第。

校勘記

〔一〕太祖　原作「太宗」，據本書卷一五五選舉志、長編卷一四改。

〔二〕校書郎　原作「祕書郎」，據東都事略卷三八本傳、宋會要職官五一之一、長編卷一六改。

〔三〕因名肩愈字紹先　「肩」原作「肖」，「先」原作「元」，據柳開河東先生集卷二東郊野夫傳、卷一六附張景柳公行狀改。

〔四〕溪洞　原作「延洞」，據河東先生集卷一六附柳公行狀、隆平集卷一八本傳改。

〔五〕自餘通判監軍　「監軍」，河東先生集卷一〇上言時政表作「都監、監押」。

〔六〕度州　按宋無度州，疑有誤。

宋史卷四百四十一

列傳第二百

文苑三

陳充　吳淑舒雅　黃夷簡盧稹　謝炎　許洞附　徐鉉　句中正
曾致堯　刁衎　姚鉉　李建中　洪湛　路振　崔遵度　陳越

陳充字若虛，益州成都人。家素豪盛，少以聲酒自娛，不樂從宦。邑人敦迫赴舉，至京師，有名場屋間。雍熙中，天府、禮部奏名皆爲進士之冠，廷試擢甲科，釋褐孟州觀察推官，就改掌書記。會寇準薦其文學，得召試，授殿中丞，出知明州。入爲太常博士，直昭文館，遷工部、刑部員外郎。久病告滿，除籍，眞宗憐其貧病，令致仕，給半奉。未幾病間，守本官，仍充職，以久次遷兵部員外郎。景德中，與趙安仁同知貢舉，改工部、刑部郎中。大中祥符六年，以足疾不任朝謁，出權西京留守御史臺，旋以本官分司卒，年七十。

充詞學典贍，唐牛僧孺著善惡無餘論，言堯舜之善、伯鯀之惡，俱不能慶殃及其子，充因作論以反之，文多不載。性曠達，善談諧，澹於榮利，自號「中庸子」。上頗熟其名，以疾故不登詞職。臨終自爲墓誌。有集二十卷。

吳淑字正儀，潤州丹陽人。父文正，事吳，至太子中允。好學，多自繕寫書。淑幼俊爽，屬文敏速。韓熙載、潘佑以文章著名江左，一見淑，深加器重。自是每有滯義，難於措詞者，必命淑賦述。以校書郎直內史。

江南平，歸朝，久不得調，甚窮窘。俄以近臣延薦，試學士院，授大理評事，預修太平御覽、太平廣記、文苑英華。一日，召對便殿，出古碑一編，令淑與呂文仲、杜鎬讀之。歷太府寺丞、著作佐郎。始置祕閣，以本官充校理。嘗獻九絃琴五絃阮頌，太宗賞其學問優博。又作事類賦百篇以獻，詔令注釋，淑分注成三十卷上之。遷水部員外郎。至道二年，兼掌起居舍人事，預修太宗實錄，再遷職方員外郎。

時諸路所上閏年圖，皆儀鸞司掌之，淑上言曰：「天下山川險要，皆王室之祕奧，國家之急務，故周禮職方氏掌天下圖籍。漢祖入關，蕭何收秦籍，由是周知險要。請以今閏年所納圖上職方。又州郡地里，犬牙相入，向者獨畫一州地形，則何以傅合他郡？望令諸路轉運使，每十年各畫本路圖一上職方。所冀天下險要，不窺牖而可知；九州輪廣，如指掌而斯在。」從之。會詔詢禦戎之策，淑抗疏請用古車戰法，上覽之，頗嘉其博學。咸平五年，卒，年五十六。

淑性純靜好古，詞學典雅。初，王師圍建業，城中乏食。里閈有與淑同宗者，舉家皆死，惟存二女孩。淑即收養如所生，及長，嫁之。時論多其義。有集十卷。善筆札，好篆籀，取說文有字義者千八百餘條，撰說文五義三卷。又著江淮異人錄三卷、祕閣閒談五卷。子安節、讓夷、遵路皆進士及第。遵路官至祠部員外郞、祕閣校理。

舒雅字子正，久仕李氏。江左平，爲將作監丞，後充祕閣校理。好學，善屬文，與吳淑齊名。累遷職方員外郞，求出，得知舒州，仍賜金紫。恬於榮宦，州之灊山靈仙觀有神仙勝迹，郡秩滿，即請掌觀事。東封，就加主客郞中，改直昭文館，轉刑部。在觀累年，優游山水，吟詠自樂，時人美之。卒年七十餘。弟雄，端拱二年進士。

黃夷簡字明舉，福州人。父廷樞，爲王審知從事，甚被親遇。嗣王延鈞以女妻之。錢氏取福州，署光祿卿。夷簡少孤，好學，有名於江東，爲錢惟治明州判官。太平興國初，隨錢俶來朝，授檢校祕書少監、元帥府掌書記，賜以襲衣、器幣、鞍勒、馬。八年，俶讓元帥，改授夷簡淮海國王府判官。雍熙四年，俶改封許王，出鎭南陽，加夷簡倉部員外郎，充許王府判官。

俶薨，歸朝，爲考功員外郎，累遷都官郎中，掌名表，人頗稱其得體。至道二年，上言浙右人無預館閣之職者，因自陳嘗勸錢俶入朝，詞甚懇激，太宗憐之，命直祕閣，俄判吏部南曹。咸平中，召試翰林，遷光祿少卿。

初，宰相張齊賢欲引夷簡與曾致堯並知制誥，有急制，値舍人出院，即封除目命夷簡草之，物議以爲不可，故但進秩而已。景德中，夷簡被病，告滿二百日，御史臺言當除籍，眞宗以其吳越舊僚，有詞學，且年老母在，特命續其月廩。大中祥符初，遷祕書少監。三年，丁內艱，上遣中使存問，賻贈有加，因請護母喪歸浙右，許之；且欲不絕其奉給，特授檢校祕書監、平江軍節度副使。踰年卒，年七十七。

夷簡喜談論，善屬文，尤工詩詠，老而不輟。嘗攝鴻臚卿，護許國長公主葬，在道，駙馬都尉魏咸信禮接甚薄，夷簡銜之，言於上云：「發引之日，以錢三十千遺臣治裝，不重王人，若有輕國命之意，臣拒不納。」上遣中使詰咸信，咸信言：「夷簡始受命，屢有求丐，又獻挽詞以希賂遺，臣皆不敢受，以是爲慊。」既而夷簡又貢歌詩一編，大率譏咸信吝嗇，且形于怨詛。復言所未受三十千錢，意欲索取。眞宗甚鄙之，且不欲其歌詩流布于外，命中書召夷簡對焚之。士大夫以是薄其爲人。

浙右士之秀者，又有盧稹、謝炎、許洞。

盧稹字叔微，杭州人。幼穎悟，七歲能詩，十二學屬文。及長，曉五經大義，酷嗜周易、孟子。端拱初，游京師，時徐鉉以宿儒爲士子所宗，覽稹文甚奇之，爲延譽於朝。是年登進士第，調補眞定束鹿主簿。至府，值契丹圍城，未及赴官，卒，年二十七。嘗著五帝皇極志、孺子問、翼聖書數十篇。

謝炎字化南，蘇州嘉興人。父崇禮，泰寧軍掌書記。炎慕韓、柳爲文，與盧稹齊名，時謂之「盧、謝」。稹選懦，炎勁急，反相厚善。端拱初，舉進士，調補昭應主簿，徙伊闕，連知華容、公安二縣。卒，年三十四。有集二十卷。

許洞字洞天，蘇州吳縣人。父仲容，太子洗馬致仕。洞性疏儁，幼時習弓矢擊刺之伎，及長，折節勵學，尤精左氏傳。咸平三年進士，解褐雄武軍推官。嘗詣府白事，有卒踞坐不起，卽杖之。時馬知節知州，洞又移書責知節，知節怒其狂狷不遜，會洞輒用公錢，奏除名。

歸吳中數年，日以酣飲爲事。嘗從民坊貰酒，一日大署壁作酒歌數百言，鄉人爭往觀，其酤數倍，乃盡捐洞所負。景德二年，獻所撰虎鈐經二十卷，應洞識韜略、運籌決勝科，以負譴報罷，就除均州參軍。大中祥符四年，祀汾陰，獻三盛禮賦，召試中書，改烏江縣主簿。卒，年四十二。有集一百卷。又著春秋釋幽五卷，演玄十卷。

徐鉉字鼎臣，揚州廣陵人。十歲能屬文，不妄游處，與韓熙載齊名，江東謂之「韓、徐」。仕吳爲校書郎，又仕南唐李昪父子，試知制誥，與宰相宋齊丘不協。時有得軍中書檄者，鉉及弟鍇評其援引不當。檄乃湯悅所作，悅與齊丘誣鉉、鍇洩機事，鉉坐貶泰州司戶掾，鍇貶爲烏江尉，俄復舊官。

時景命內臣車延規、傅宏營屯田於常、楚州，處事苛細，人不堪命，致盜賊羣起。命鉉乘傳巡撫。鉉至楚州，奏罷屯田，延規等懼，逃罪，鉉捕之急，權近側目。及捕得賊首，即斬之不俟報，坐專殺流舒州。周世宗南征，景徙鉉饒州，俄召爲太子右諭德，復知制誥，遷中書舍人。景死，事其子煜爲禮部侍郎，通署中書省事，歷尚書左丞、兵部侍郎、翰林學士、御史大夫、吏部尚書。

宋師圍金陵，煜遣鉉求緩兵。時煜將朱令贇將兵十餘萬自上江來援，煜以鉉既行，欲止令贇勿令東下。鉉曰：「此行未保必能濟難，江南所恃者援兵爾，奈何止之！」煜曰：「方求和解而復決戰，豈利於汝乎？」鉉曰：「要以社稷爲計，豈顧一介之使，置之度外可也。」煜泣而遣之。及至，雖不能緩兵，而入見辭歸，禮遇皆與常時同。及隨煜入覲，太祖責之，聲甚厲。鉉對曰：「臣爲江南大臣，國亡罪當死，不當問其他。」太祖歎曰：「忠臣也！事我當如李氏。」命爲太子率更令。

太平興國初，李昉獨直翰林，鉉直學士院。從征太原，軍中書詔塡委，鉉援筆無滯，辭理精當，時論能之。師還，加給事中。八年，出爲右散騎常侍，遷左常侍。淳化二年，廬州女僧道安誣鉉姦私事，道安坐不實抵罪，鉉亦貶靜難行軍司馬。

初，鉉至京師，見被毛褐者輒哂之，邠州苦寒，終不御毛褐，致冷疾。一日晨起方冠帶，遽索筆手疏，約束後事，又別署曰：「道者，天地之母。」書訖而卒，年七十六。鉉無子，門人鄭文寶護其喪至汴，胡仲容歸其葬於南昌之西山。

鉉性簡淡寡欲，質直無矯飾，不喜釋氏而好神怪，有以此獻者，所求必如其請。鉉精小學，好李斯小篆，臻其妙，隸書亦工。嘗受詔與句中正、葛湍、王惟恭等同校說文，序曰：

許慎說文十四篇，并序目一篇，凡萬六百餘字，聖人之旨蓋云備矣。夫八卦既畫，萬象既分，則文字爲之大輅，載籍爲之六轡，先王教化所以行於百代，及物之功與造化均不可忽也。雖五帝之後改易殊體，六國之世文字異形，然猶存篆籀之迹，不失形類之本。及暴秦苛政，散隸聿興，便於末俗，人競師法。古文既變，巧僞日滋。至漢宣帝時，始命諸儒修倉頡之法，亦不能復。至光武時，馬援上疏論文字之譌謬，其言詳矣。及和帝時，申命賈逵修理舊文，於是許慎采史籀、李斯、楊雄之書，博訪通人，考之於逵，作說文解字，至安帝十五年始奏上之。而隸書之行已久，加以行、草、八分紛然間出，反以篆籀爲奇怪之迹，不復經心。

至於六籍舊文，相承傳寫，多求便俗，漸失本原。爾雅所載草、木、魚、鳥之名，肆志增益，不可觀矣。諸儒傳釋，亦非精究小學之徒，莫能矯正。

唐大曆中，李陽冰篆迹殊絕，獨冠古今，於是刊定說文，修正筆法，學者師慕，篆籀中興。然頗排斥許氏，自爲臆說。夫以師心之獨見，破先儒之祖述，豈聖人之意乎？今之爲字學者，亦多陽冰之新義，所謂貴耳而賤目也。

自唐末喪亂，經籍道息。有宋膺運，人文國典，粲然復興，以爲文字者六藝之本，當由古法，乃詔取許愼說文解字，精加詳校，垂憲百代。臣等敢竭愚陋，備加詳考。

有許愼注義、序例中所載而諸部不見者，審知漏落，悉從補錄；復有經典相承傳寫及時俗要用而說文不載者，皆附益之，以廣篆籀之路。亦皆形聲相從、不違六書之義者。

其間說文具有正體而時俗譌變者，則具於注中。其有義理乖舛、違戾六書者，並列序於後，俾夫學者無或致疑。大抵此書務援古以正今，不徇今而違古。若乃高文大册，則宜以篆籀著之金石，至於常行簡牘，則草隸足矣。

又許愼注解，詞簡義奧，不可周知。陽冰之後，諸儒箋述有可取者，亦從附益；猶有未盡，則臣等粗爲訓釋，以成一家之書。

說文之時，未有反切，後人附益，互有異同。孫愐唐韻行之已久，今並以孫愐音切爲定，庶幾學者有所適從焉。

鍇亦善小學，嘗以許愼說文依四聲譜次爲十卷，目曰說文解字韻譜。鉉序之曰：

昔伏羲畫八卦而文字之端見矣，蒼頡模鳥迹而文字之形立矣。史籀作大篆以潤色之，李斯變小篆以簡易之，其美至矣。及程邈作隸而人競趣省，古法一變，字義浸譌。先儒許慎患其若此，故集倉、雅之學，研六書之旨，博訪通識，考於賈逵，作說文解字十五篇，凡萬六百字。字書精博，莫過於是，篆籀之體，極於斯焉。其後賈魴以三蒼之書皆爲隸字，隸字始廣而篆籀轉微。後漢及今千有餘歲，凡善書者皆草隸焉。又隸書之法有刪繁補闕之論，則其譌僞斷可知矣。故今字書之數累倍於前。

夫聖人創制皆有依據，不知而作，君子愼之，及史闕文，格言斯在。若草、木、魚、鳥，形聲相從，觸類長之，良無窮極，苟不折之以古義，何足以觀？故叔重之後，玉篇、切韻所載，習俗雖久，要不可施之於篆文。往者，李陽冰天縱其能，中興斯學，贊明許氏，奐焉英發。然古法背俗，易爲堙微。

方今許、李之書僅存於世，學者殊寡，舊章罕存。秉筆操觚，要資檢閱，而偏傍奧密，不可意知，尋求一字，往往終卷，力省功倍，思得其宜。舍弟鍇特善小學，因命取叔重所記，以切韻次之，聲韻區分，開卷可覩。鍇又集通釋四十篇，考先賢之微言，暢許氏之玄旨，正陽冰之新義，折流俗之異端，文字之學，善矣盡矣。今此書止欲便於檢討，無恤其他，故聊存詁訓，以爲別識。其餘敷演，有通釋五音凡十卷，貽諸同志云。

鍇親爲之篆，鏤板以行于世。

鍇字楚金，四歲而孤，母方教鉉，未暇及鍇，能自知書。李景見其文，以爲祕書省正字，累官內史舍人，因鉉奉使入宋，憂懼而卒，年五十五。李穆使江南見其兄弟文章，歎曰：「二陸不能及也！」

鉉有文集三十卷，質疑論若干卷。所著稽神錄，多出於其客蒯亮。鍇所著則有文集、家傳、方輿記、古今國典、賦苑、歲時廣記云。

句中正字坦然，益州華陽人。孟昶時，館于其相毋昭裔之第，昭裔奏授崇文館校書郎，復舉進士及第，累爲昭裔從事。歸朝，補曹州錄事參軍、氾水令，又爲潞州錄事參軍。中正精於字學，古文、篆、隸、行、草無不工。太平興國二年，獻八體書。太宗素聞其名，召入，授著作佐郎、直史館，被詔詳定篇、韻。四年，命副張洎爲高麗加恩使，還，遷左贊善大夫，改著作郎，與徐鉉重校定說文，模印頒行。太宗覽之嘉賞，因問中正，凡有聲無字有幾何？中正退，條爲一卷以獻。上曰：「朕亦得二十一字，可幷錄之也。」時又命中正與著作佐郎吳鉉、大理寺丞楊文舉同撰定雍熙廣韻。中正先以門類上進，面賜緋魚，俄加太常博士。廣韻成，凡一百卷，特拜虞部員外郎。

淳化元年，改直昭文館，三遷屯田郎中，杜門守道，以文翰爲樂。太宗神主及謚寶篆文，皆詔中正書之。嘗以大小篆、八分三體書孝經摹石，咸平三年表上之。眞宗召見便殿，賜坐，問所書幾許時，中正曰：「臣寫此書，十五年方成。」上嘉嘆良久，賜金紫，命藏於祕閣。時乾州獻古銅鼎，狀方而四足，上有古文二十一字，人莫能曉，命中正與杜鎬詳驗以聞，援據甚悉。五年，卒，年七十四。

中正喜藏書，家無餘財。子希古、希仲並進士及第，希仲太常博士。

蜀人又有孫逢吉、林罕：逢吉嘗爲蜀國子毛詩博士、檢校刻石經；罕亦善文字之學，嘗著說文二十篇，目曰林氏小說，刻石蜀中。

曾致堯字正臣，撫州南豐人。太平興國八年進士，解褐符離主簿、梁州錄事參軍，三遷著作佐郎、直史館，改祕書丞，出爲兩浙轉運使。嘗上言：「去歲所部秋租，惟湖州一郡督納及期，而蘇、常、潤三州悉有逋負，請各按賞罰。」太宗以江、淮頻年水災，蘇、常特甚，所言刻薄不可行，詔戒致堯毋擾。俄徙知壽州，轉太常博士。

致堯性剛率，好言事，前後屢上章奏，辭多激訐。眞宗卽位，遷主客員外郎、判鹽鐵勾院。張齊賢薦其材，任詞職，命翰林試制誥，旣而以輿議未允而罷。李繼遷擾西鄙，靈武危急，命張齊賢爲涇、原、邠、寧、環、慶等州經略使，選致堯爲判官，仍遷戶部員外郎。旣受命，因抗疏自陳，願不受章紱之賜，詞旨狂躁。詔御史府鞫其罪，黜爲黃州副使，奪金紫。未幾，復舊官，改吏部員外郎，歷知泰、泉、蘇、揚、鄂五州。大中祥符初，遷禮部郎中，坐知揚州日冒請一月奉，降掌昇州榷酤，轉戶部郎中。五年，卒，年六十六。

致堯頗好纂錄，所著有仙凫羽翼三十卷、廣中台志八十卷、淸邊前要三十卷、西陲要紀十卷、爲臣要紀一十五篇。子易從、易占皆登進士第。

刁衎字元賓，昇州人。父彥能，仕南唐爲昭武軍節度。衎用蔭爲祕書郎、集賢校理，衣五品服，以文翰入侍，甚被親昵。李煜嘗令直淸輝殿，閱中外章奏。

金陵平，從煜歸宋，太祖賜緋魚，授太常寺太祝。稱疾假滿，屛居輦下者數歲。太平興國初，李昉、扈蒙在翰林，勉其出仕，因撰聖德頌獻之。詔復本官，出知睦州桐廬縣。會詔羣臣言事，衎上諫刑書，謂：

淫刑酷法非律文所載者，望詔天下悉禁止之。巡檢使臣捕得盜賊、亡卒，並送本部法官訊鞫，無得擅加酷虐。古者投姦凶于四裔，今遠方囚人盡歸京闕，以配務役，最非其宜。且神皋勝地，天子所居，豈使流囚於此聚役。自今外處罪人，望勿許解送上京，亦不留於諸務充役。

又禮曰：「刑人於市，與衆棄之。」則知黃屋紫宸之中，非用刑行法之處。望自今御前不行決罰之刑，殿前引見司鉗黥法具，並赴御史臺、廷尉之獄；敕杖不以大小，皆引赴御史、廷尉。京府或出中使，或命法官，具禮監科，以重聖皇明刑愼法之意。

或有犯刼盜亡命，罪重者刖足釘身，國門布令。此乃小民昧於刑憲，逼於衣食，偶然爲惡，義不及他，被其慘毒，實傷風化，亦望減除其法。如此則人情不駭，各固其生；和氣無傷，必臻上瑞。

再遷大理寺丞，獻文四十篇。召試，授殿中丞、通判湖州，上疏請定天下酒稅額、修郡縣城隍、條約牧宰、除兩浙丁身錢、禁汴水流屍，凡五事。俄知婺州，遷國子博士。會考校百官殿最，衎被召，以無過得知光州，就改虞部員外郎，轉運使狀其政績，優詔加奬，徙知廬州。

眞宗卽位，遷比部員外郎。嘗上疏曰：

臣聞天下，大器也；羣生，衆畜也。治大器者執一以正其度，保衆畜者齊化以臻其原。故至人謂莫神於天，莫富於地，莫大於帝王。又曰：帝王乘地而總萬物，以用人也。則知萬乘之尊，一人之位，等天地之覆燾，若日月之照臨，可不愼思慮以安民，繫慘舒而被物！所以堯、舜篤善道以垂化，而民謂之所天；桀、紂懷凶德以害世，而民謂之獨夫。則君之於民，善惡有如是之驗；民之於君，毀譽有如是之異。

陛下纂圖茲始，布政惟新，所宜上順天心，下從人欲，進善以去惡，避毀而來譽。遵唐、虞之治，斥辛、癸之亂，私賞無及於小人，私罰無施於君子，任賢勿貳，去邪勿疑。開諫諍之門，塞讒佞之口，愛而知其惡，憎而知其善，無以春秋鼎盛而耽於逸游，無以血氣方剛而惑於聲色。若太祖之勤儉，若太宗之惠慈，答天地敷錫之意，保祖宗艱難之業，則周成、漢文二宗〔二〕之美，不可同年而議擬也。

代還，獻所著本說十卷，得以本官充祕閣校理，出知潁州。入爲駕部員外郎，改直祕閣，充崇文院檢討。時杜鎬、陳彭年並預檢討，衎言此二人可專其任，詔許解職，判三司開拆司，預修册府元龜，加主客郎中。求領外任，得知湖州，轉刑部郎中。歲滿，復預編修。

大中祥符六年，書成，授兵部郎中。入朝，暴中風眩，眞宗遣使馳賜金丹，已不救，年六十九。

衎始仕李氏，權勢甚盛。父爲藩帥，家富於財，被服飲膳，極於侈靡。歸宋，以純澹夷雅知名于時，恬於祿位，善談笑，喜棊弈，交道敦篤，士大夫多推重之。子湛、湜、渭，皆登進士第。湛，刑部郎中；湜，屯田員外郎；渭，太常博士。湛子繹、約，天聖中並進士及第。

姚鉉字寶之，廬州合肥人。太平興國八年進士甲科，解褐大理評事，知潭州湘鄉縣，三遷殿中丞，通判簡、宣、昇三州。淳化五年，直史館，侍宴內苑，應制賦賞花釣魚詩，特被嘉賞，翌日，命中使就第賜白金以獎之。

至道初，遷太常丞，充京西轉運使，歷右正言、右司諫、河東轉運使。俄上言曰：「伏見諸路官吏，或彊明蒞事、惠愛及民者，則必立教條，除其煩擾。然狡胥之輩，非其所便，俟其罷官，悉藏記籍，害公蠹政，莫甚於此。禮云：『其人存則其政舉，其人亡則其政息。』又語曰：『舊令尹之政必告新令尹。』斯實聖人之格言，國家之急務也。欲望所在官吏，有經晝利濟事可長久者，歲終書曆，受代日錄付新官，俾之遵守。若事有灼然匪便，聽上聞，俟報改正。」詔從之。

咸平三年，河決鄆州王陵埽，東南注鉅野，入淮、泗〔三〕，城中積水壞廬舍，以鉉知州事，徙州于汶陽鄉之高原，委以營度，許便宜從事。工畢，加起居舍人、京東轉運使，徙兩浙路。鉉雋爽，頗尙氣。薛映知杭州，與之不協，事多矛盾。映摭鉉罪狀數條，密以聞，詔使劾之，當奪一官，特除名，貶連州文學。吉州之萬安抵虔，江有贛石，舟行其中，湍險萬狀，鉉過，感而賦之以自況。大中祥符五年，會赦，移岳州，又移舒州，俄授本州團練副使。天禧四年卒，年五十三。

鉉文辭敏麗，善筆札，藏書至多，頗有異本，兩浙課吏寫書，亦薛映所掎之一事。雖被竄斥，猶傭夫荷擔以自隨。有集二十卷。又采唐人文章纂爲百卷，目曰文粹。卒後，子嗣復以其書上獻，詔藏內府，授嗣復永城主簿。幼子稱，俊穎美秀，頗善屬辭，裁十歲卒。鉉紀其事爲聰悟錄，人多傳之。

李建中字得中，其先京兆人。曾祖逢，唐左衞兵曹參軍。祖禑，梁商州刺史，避地入蜀。會王建僭據，稠預佐命功臣，左衞將軍。建中幼好學，十四丁外艱。會蜀平，侍母居洛陽，聚學以自給。攜文遊京師，爲王祐所延譽，館于石熙載之第，熙載厚待之。

太平興國八年進士甲科，解褐大理評事，知岳州錄事參軍。轉運使李惟淸薦其能，再遷著作佐郞，監潭州茶場，改殿中丞，歷通判道、郢二州。柴成務領漕運，再表稱薦，轉太常博士。時言事者多以權利進，建中表陳時政利害，序王霸之略，太宗嘉賞，因引對便殿，賜以緋魚。會考課京朝官，建中舊坐公累罰金，漏其事，坐降授殿中丞，監在京榷易院。蘇易簡方被恩顧，多得對，嘗言蜀中文士，因及建中，太宗亦素知之，命直昭文館。建中父名昭文，懇辭，改集賢院。數月，出爲兩浙轉運副使，再遷主客員外郞，歷通判河南府，知曹、解、潁、蔡四州。景德中，以久次進金部員外郞。

建中性簡靜，風神雅秀，恬於榮利，前後三求掌西京留司御史臺，尤愛洛中風土，就構園池，號曰「靜居」。好吟詠，每遊山水，多留題，自稱巖夫民伯。加司封員外郞、工部郞中。建中善修養之術，會命官校定道藏，建中預焉。又判太府寺。大中祥符五年冬，命使泗州，奉御製汴水發願文，就致設醮。使還得疾，明年卒，年六十九。

建中善書札，行筆尤工，多構新體，草、隸、篆、籀、八分亦妙，人多摹習，爭取以爲楷法。嘗手寫郭忠恕汗簡集以獻，皆科斗文字，有詔嘉獎。好古勤學，多藏古器名畫。有集三十卷。

子周道、周士並進士及第。周士歷侍御史、江東陝西轉運、三司鹽鐵判官，賜金紫，終工部郎中。周民，太子中舍。

洪湛字惟清，昇州上元人。曾祖勳，南唐崇文館直學士。祖壽，桐城令。父慶元，獻書李煜，授奉禮郎，補新喻令；歸宋，至寃句令。湛幼好學，五歲能爲詩，未冠，錄所著十卷爲齠年集。舉進士，有聲。雍熙二年，廷試已落，復試，擢置高等，解褐歸德軍節度推官。召還，授右拾遺、直史館。

端拱初，通判壽、許二州。歸宋〔三〕。與左正言尹黃裳馮拯、右正言王世則宋沆伏閤請立許王元僖爲儲貳，詞意狂率，太宗怒。時沆坐呂蒙正親黨，已出爲宜州團練副使。上因語近臣曰：「儲副，邦國之本，朕豈不知。但近世澆薄，若立太子，卽東宮僚屬皆須稱臣，官職聯次與上臺無異，人情深所不安。此事朕自有時爾。」湛坐削職，出知容州，黃裳知邕州，拯知端州，沆知靖州，世則知蒙州。容之戍卒謀竊發者，湛偵知，亟斬之。再遷比部員外郎，知郴、舒二州。

咸平二年召還，命試舍人院，復直史館。是秋，命與閤門祗候韓紹輝使荆湖按視民事，條奏利病甚衆。還，判三司都磨勘司。又與王欽若同知貢舉，未幾，同修起居注。時議城綏州，邊臣互言利害，遣湛與閤門祗候程順奇同往按視，湛言城之利有七而害有二，遂詔營葺，終以勞人罷之。

湛美風儀，俊辯有材幹，凡五使西北議邊要。眞宗有意擢任，顧遇甚厚。曲宴苑中，賦賞花詩，不移晷以獻，深被褒賞。

五年春，有河陰民常德方訟臨津尉任懿納賄登第，事下御史臺，鞫得懿款云：「咸平二年，補太學生，寓僧仁雅舍，因仁雅求院之主僧惠秦〔四〕爲道地，署紙許銀七鋌，仁雅、惠秦隱其二，易爲五鋌。惠秦素識王欽若已在貢院，乃因館客甯文德、僕夫徐興納署紙于欽若妻李，李密召家僕祁睿書懿名於左臂，幷口傳許賂之數，入省告欽若。及懿過五場，睿復持湯飲至省，欽若遣睿詣李，令取其銀，懿未卽與。既而懿預奏名授官，未行，丁內艱，還鄉里。仁雅馳書索銀，形於詛罵。」德方者，賣卜縣市，獲其書，以告中丞趙昌言，具其事奏白，請逮欽若屬吏。

先是，欽若爲亳州判官，睿其廳幹，及代歸，以睿從行而未除州之役籍。及貢舉事畢，會州人張績還鄉行服，託爲睿去籍名。至是，欽若訴云：「睿休役之後，始傭于家，而惠秦未嘗及門。」欽若方被寵顧，乃詔翰林侍讀學士邢昺、內侍副都知閻承翰幷驛召知曹州邊肅、知許州毋賓古就太常寺別鞫，懿易款云：「有妻兄張駕舉進士，識湛，懿亦與駕同造湛門，嘗以石榴二百枚、木炭百秤饋之。懿之輸銀也，但憑二僧達一主司，實不知誰何？」迺以爲湛納其銀。湛適使陝西，中途召還，時張駕已死，甯文德、徐興悉遁去，欽若近參機務，門下僕使多新募至，不識惠秦，故無與左證。又固執知舉時未有祁睿，遂以湛受銀，法當死，特詔削籍，流儋州。懿杖脊，配隸忠靖軍。惠秦坐受簡札及隱銀未入己，以年七十餘，當贖銅八斤，特杖一百，黥面配商州坑冶。仁雅杖脊，配隸郢州牢城，而不窮用銀之端。

初，王旦與欽若知舉，出拜樞密副使，以湛代領其事。湛之入貢院，懿已試第三場畢，及官收湛贓，家實無物。湛素與梁顥善，或假顥白金器，乃取以輸官。六年，會赦移惠州，至化州調馬驛卒，年四十一。

湛時一子偕行，甚幼，州以聞，特詔賜錢二萬，官爲護喪還揚州。因詔命官配流嶺外而沒者，悉給緡錢，聽其歸葬，如親屬幼穉者，所在遣牙校部送之。湛有集十卷。

子鼎，大中祥符四年進士，至度支員外郎、直史館、鹽鐵判官。

路振字子發，永州祁陽人，唐相巖之四世孫。巖貶死嶺外，其子琛避地湖湘〔三〕間，遂居焉。振父洵美事馬希杲，署連州從事，謝病終于家。振幼穎悟，五歲誦孝經、論語。十歲聽講陰符，裁百言而止，洵美責之，俾終其業。振曰：「百言演道足矣，餘何必學？」洵美大奇之。十二丁外艱，母氏慮其廢業，日加誨激，雖隆冬盛暑，未始有懈。

淳化中舉進士，太宗以詞場之弊，多事輕淺，不能該貫古道，因試卮言日出賦，觀其學術。時就試者凡數百人，咸愕眙忘其所出，雖當時馳聲場屋者亦有難色。振寒素，遊京師人罕知者，所作賦尤爲典贍，太宗甚嘉之。擢置甲科，釋褐大理評事，通判邠州，徙徐州。召還，直史館，復遣之任，遷太子中允，知濱州。一日，契丹至城下，兵少，民相恐，衆謂振文吏，無戰禦方略，環聚而泣。振乃親加撫諭，且以敵盛不可與爭鋒，宜堅壁自守。數日，契丹引去。轉運使劉綜稱其能，詔書褒美。

常作祭戰馬文曰：

咸平中，契丹犯高陽關，執大將康保裔，略河朔而去。天子幸魏，特遣將王榮以五千騎追之。榮無將材，但能走馬，以馳射爲事，受命恇怯數日不敢行，伺賊渡河而後發。有剽淄、齊者數千騎尚屯泥沽，榮不欲見敵，遂以其騎略河南岸而還。晝夜急騎，馬不秣而道斃者十有四五，天子憫之，遣使收瘞焉。因作祭文曰：

房駟之精，降爲驪辟。飲泉呀風，流沙激霆。虎脊孤聳，龍媒驚獰。丹髦曉霞，的顙秋星。茀方著幹，宜乘旋膺。巉顱角起，方背珠明。

爾其絕塞草荒，八月隕霜。毛縮蹄堅，筋舒脈張。獸惡恐噬，虬獰欲驤。噴沙散沫，千里飛雪。圉人負絏，武士索鐵。前遮後突，雷動地裂。忽挽一而制百，終伏攏而受鞿。牧官劬劬，歲入券書。蹄躈㬎㬎，通乎鬼區。名駒大駼，銜尾入塞。勞其酋長，節以駔儈。蜀錦吳繒，積如丘陵。馬歸於我也重，幣入於彼也輕。

於是絡黃金之羈，浴天池之波。鼓鬣雲衢，弄影星河。或踶而齧，或嗅而吪。原蠶申禁，駔駿何多。帝念神物，來經遠道。閑之于內殿，養之于外皁。飲以玉池，秣之瑤草。

窮冬邊塵，入我河滑。羽書宵飛，龍馭北巡。選仗下之名馬，屬閫外之武臣。琱戈電燭，禁旅星陳。授以長策，帥以全軍。壯士怒兮山可擘，猛馬哮兮虎可咋。何嘍唶之無勇，反遷延而避敵。

冰霜凄凄，介甲而馳。不飲不秣，載渴載飢。駿馬餒死，行人嗟咨。委天骨於衢路，反星精於雲霧。報主恩之無及，齊戎力而何誤。生芻致祭，弊帷成禮。瘞于崇岡，全爾具體。馬如有神，知帝之仁。嗚呼！

又以西兵未弭，入判大理寺，改太常丞，知河中府，徙知鄧州。代還，判吏部南曹三司催欠憑由司。景德中使福建巡撫，俄判鼓司登聞院。會修兩朝國史，以振爲編修官。大中祥符初，使契丹，撰乘軺錄以獻。改太常博士、左司諫，擢知制誥。

振文詞溫麗，屢奏賦頌，爲名輩所稱，尤長詩詠，多警句。及居文翰之職，深恆物議，自是彌加精厲。從祀譙、亳，時同職分局掌事，振獨直行在，專典綸翰，殘奏塡委，應用無滯，時推其敏贍。七年，同修起居注，張復、崔遵度以書事誤失降秩，擇振與夏竦代之。嗜酒得疾，其冬卒，年五十八。錄其子綸爲太常寺奉禮郎。

振純厚無城府，恂恂如也，時人惜其登用之晚。有集二十卷。又嘗采五代末九國君臣行事作世家、列傳，書未成而卒。

崔遵度字堅白，本江陵人，後徙淄州之淄川。純介好學，始七歲，授經於叔父憲，嘗以春秋編年、史漢紀傳之例問於憲，憲曰：「此兒他日成令名矣。」太平興國八年，舉進士，解褐和川主簿，換臨汾。饋芻糧，三抵綏州，涉無定河。河沙與水混流無定跡，陷溺相繼，遵度憫之，著銘以紀焉。端拱初，轉運副使夏侯嶠上其勤狀，召歸，對便坐，因獻文自薦。時新建祕閣，命中書試作頌一首，擢著作佐郎。

淳化中，吏部侍郎李至薦之，遷殿中丞，出知忠州。李順之亂，賊遣其黨張餘來攻，遵度領甲士百餘背城而戰，賊踰堞以入，遵度投江中，賴州兵援之，得免。坐失城池，貶崇陽令，移鹿邑。咸平初，復爲太子中允。景德初，內出遵度名，引對崇政殿，詔索所著文，召試舍人院，改太常丞、直史館。會修兩朝國史，與路振並爲編修官。大中祥符元年，命同修起居注。東封，進博士；祀汾陰，是歲，眞宗以兩省官絕少，故因覃慶選補之，命爲左司諫。

遵度與物無競，口不言是非，淳澹淸素，於勢利泊如也。掌右史十餘歲，立殿墀上，常退匿楹間，慮上之見。善鼓琴，得其深趣。所僦舍甚湫隘，有小閣，手植竹數本，朝退，默坐其上，彈琴獨酌，翛然自適。嘗著琴箋云：

世之言琴者，必曰長三尺六寸象期之日，十三徽象期之月，居中者象閏，前世未有辨者。至唐協律郎劉貺以樂器配諸節候，而謂琴爲夏至之音。至於泛聲，卒無述者，愚嘗病之。因張弓附案，泛其弦而十三徽聲具焉，況琴瑟之弦乎！是知非所謂象者，蓋天地自然之節耳，又豈止夏至之音而已。

夫易有太極，是生兩儀。兩儀者，太極之節也；四時者，兩儀之節也；律呂者，四時之節也；晝夜者，律呂之節也；刻漏者，晝夜之節也。節節相受，自細至大而歲成焉。既不可使之節，亦不可使之不節，氣之自然者也。氣既節矣，聲同則應，既不可使之應，亦不可使之不應，數之自然者也。既節且應，則天地之文成矣。文之義也，或任形而著，或假物而彰。日星文乎上，山川理乎下，動物植物，花者節者，五色具矣。斯任形者也。至於人常有五性而不著，以事觀之然後著；日常有五色而不見，以水觀之然後見；氣常有五音而不聞，以弦攷之然後聞。斯假物者也。

是故聖人不能作易而能知自然之數，不能作琴而能知自然之節。何則？數本於一而成於三，因而重之，故易六畫而成卦。及其應也，一必於四，二必於五，三必於六焉。氣氣相召，其應也必矣。卦既畫矣，故畫琴焉。始以一絃泛桐，當其節則淸然而號，不當其節則泯然無聲，豈人力也哉！且徽有十三，而居中者爲一。自中而左泛有三焉，又右泛有三焉，其聲殺而已，絃盡則聲減。及其應也，一必於四，二必於五，三必於六焉，節節相召，其應也必矣。

易之書也，偶三爲六，三才之配具焉，萬物由之而出。雖曰六畫，及其數也，止三而已矣。琴之畫也，偶六而根於一，一鍾者，道之所生也。在數爲一，在律爲黃，在音爲宮，在木爲根，在四體爲心，衆徽由之而生。雖曰十三，及其節也，止三而已矣。卦之德方，經也；蓍之德圓，緯也；故萬物不能逃其象。徽三其節，經也；絃五其音，緯也；故衆音不能勝其文。先儒謂八音以絲爲君，絲以琴爲君。愚謂琴以中徽爲君，蓋矣。夫徽十三者，蓋盡昭昭可聞者也。苟盡絃而考之，乃總有二十三徽焉，是一氣也。丈絃具之，尺絃亦具之，豈有長短大小之限哉！

是則萬物本於天地，天地本於太極，太極之外以至於無物；聖人本於道，道本於自然，自然之外以至於無爲；樂本於琴，琴本於中徽，中徽之外以至於無聲。是知作易者，考天地之象也；作琴者，考天地之聲也。往者藏音而未談，來者專聲而忘理。琴箋之作也，庶乎近之。苟其闕也，請俟君子。

世稱其知言。

七年，東郊，建壇恭謝。壇上設正坐奉天地，配坐奉二聖。邈度時與張復同典記注，書昊天爲天皇，又增聖祖配位，坐謬誤，降爲右正言，復亦責爲工部郎中。踰歲，並復其秩。

九年，仁宗以壽春郡王開府，詔宰相擇耆德方正有學術之士，咸曰邈度力學，有士行，時稱長者，遂命與張士遜並爲王友。改戶部員外郎，賜服金紫，又賚襲衣、犀帶、緡錢。上作七言詩寵之，因謂左右曰：「翊善、記室，皆府屬也，故王皆受拜，今賓友之禮，當令答拜。」府中文翰皆邈度所作。王讀孝經徹章，復以御詩賜之。國史成，拜吏部員外郎，昇邸進封，改禮部郎中，充諮議參軍。儲宮建，又加吏部兼左諭德。未幾，命使契丹，判司農寺。

遵度性寡合，喜讀易，嘗云：「意有疑，則彈琴辨其數，筮易觀其象，無不究也。」天禧四年八月，卒，年六十七。其子拜官者二人。仁宗即位，特詔贈工部侍郎，又授其二孫官，有集二十卷。

陳越字損之，開封尉氏人。祖守危，興道令。父夏，虞部員外郎。越少好學，尤精歷代史。善屬文，辭氣俊拔。咸平中，詔舉賢良，刑部侍郎郭贄薦之，策入第四等，解褐將作監丞，通判舒州，徙知端州，又徙袁州。未幾召還，遷著作佐郎、直史館，掌鼓司登聞院。預修册府元龜，與陳從易、劉筠尤爲勤職。眞宗以其奉薄，並命月增錢五千。車駕朝陵，掌留司名表，時稱爲工。自是兩府牋奏多命草之，勳貴家以銘誌爲請者甚衆。遷太常丞、羣牧判官，祀汾陰，擢爲左正言。

越耿概任氣，喜箴切朋友，放曠盃酒間，家徒壁立，不以屑意。然嗜酒過差，每食必先引數升，罕有醒日，亦用是遘疾。大中祥符五年，卒，年四十。無子，母老，人皆傷之。

越兄咸，嘗舉進士，未第。楊億、杜鎬、陳彭年列奏爲言，眞宗憫之。及册府元龜奏御，特賜咸同三傳出身。

故事，中書章表皆舍人爲之，東封後，朝廷多慶禮，舍人或以他務所嬰，乃擇館閣官，得盛度、路振、劉筠、夏竦、宋綬洎越分撰表奏，宰相嘗以名聞，其後皆相次掌外制，唯越不及登擢，時論惜之。

校勘記

〔一〕周成漢文二宗　「二」原作「三」，按周成、漢文只有二人，不得謂爲「三宗」，據長編卷四二改。

〔二〕淮泗　原作「淮西」，據本書卷九一河渠志上、長編卷四七改。

〔三〕歸宋　按上文雍熙、端拱都是宋代年號，此二字疑衍。

〔四〕惠秦　原作「惠泰」，據本書卷二八三王欽若傳、長編卷五一改，下同。

〔五〕湖湘　原作「湘潭」，據隆平集卷一三、東都事略卷一一五本傳改。

宋史卷四百四十二

列傳第二百一

文苑四

穆脩　石延年劉潛附　蕭貫　蘇舜欽　尹源　黃亢　黃鑑

楊蟠　顏太初　郭忠恕

穆脩字伯長，鄆州人。幼嗜學，不事章句。眞宗東封，詔舉齊、魯經行之士，脩預選，賜進士出身，調泰州司理參軍。負才，與衆齟齬，通判忌之，使人誣告其罪，貶池州。中道亡至京師，叩登聞鼓訴冤。不報。居貶所歲餘，遇赦得釋，迎母居京師，間出遊匄以給養。久之，補潁州文學參軍，徙蔡州。明道中，卒。

脩性剛介，好論斥時病，詆誚權貴，人欲與交結，往往拒之。張知白守亳，亳有豪士作佛廟成，知白使人召脩作記，記成，不書士名。士以白金五百遺脩爲壽〔一〕，且求載名于記，脩投金庭下，微裝去郡。士謝之，終不受，且曰：「吾寧糊口爲旅人，終不以匪人汚吾文也。」宰相欲識脩，且將用爲學官，脩終不往見。母死，自負櫬以葬，日誦孝經、喪記，不飯浮屠爲佛事。

自五代文敝，國初，柳開始爲古文。其後，楊億、劉筠尙聲偶之辭，天下學者靡然從之；脩於是時獨以古文稱，蘇舜欽兄弟多從之游。脩雖窮死，然一時士大夫稱能文者必曰穆參軍。

慶曆中，祖無擇訪得所著詩、書、序、記、誌等數十首，集爲三卷。

石延年字曼卿，先世幽州人。晉以幽州遺契丹，其祖舉族南走，家于宋城。延年爲人，跌宕任氣節，讀書通大略，爲文勁健，於詩最工而善書。

累舉進士，不中。眞宗錄三舉進士，以爲三班奉職，延年恥不就。張知白素奇之，謂曰：「母老乃擇祿耶？」延年不得已就命。後以右班殿直改太常寺太祝，知金鄉縣，有治名。用薦者通判乾寧軍，徙永靜軍，爲大理評事、館閣校勘，歷光祿、大理寺丞，上書章獻太后，請還政天子。太后崩，范諷欲引延年，延年力止之。後諷敗，延年坐與諷善，落職通判海州。久之，爲祕閣校理，遷太子中允，同判登聞鼓院。

嘗上言天下不識戰三十餘年，請爲二邊之備。不報。及元昊反，始思其言，召見，稍用其說。命往河東籍鄉兵，凡得十數萬〔三〕，時邊將遂欲以扞賊，延年笑曰：「此得吾粗也。夫不教之兵勇怯相雜，若怯者見敵而動，則勇者亦牽而潰矣。今既不暇教，宜募其敢行者，則人人皆勝兵也。」又嘗請募人使唃廝囉及回鶻舉兵攻元昊，帝嘉納之。

延年喜劇飲，嘗與劉潛造王氏酒樓對飲，終日不交一言。王氏怪其飲多，以爲非常人，益奉美酒肴果，二人飲啖自若，至夕無酒色，相揖而去。明日，都下傳王氏酒樓有二仙來飲，已乃知劉、石也。延年雖酣放，若不可攖以世務，然與人論天下事，是非無不當。

初，與天章閣待制吳遵路同使河東，及卒，遵路言於朝廷，特官其一子。

劉潛字仲方，曹州定陶人。少卓逸有大志，好爲古文，以進士起家，爲淄州軍事推官。嘗知蓬萊縣，代還，過鄆州，方與曼卿飲，聞母暴疾亟歸。母死，潛一慟遂絕，其妻復撫潛大號而死。時人傷之，曰：「子死于孝，妻死于義。」

同時以文學稱京東者，齊州歷城有李冠，舉進士不第，得同三禮出身，調乾寧主簿，卒。有東皋集二十卷。

蕭貫字貫之，臨江軍新喻人。俊邁能文，尚氣概。舉進士甲科，爲大理評事，通判安、宿二州，遷太子中允、直史館。仁宗卽位，進太常丞、同判禮院。歷吏部南曹、開封府推官、三司鹽鐵判官，爲京東轉運使。

時提舉捉賊劉舜卿善捕盜，號「劉鐵彈」，恃功爲不法，前後畏其凶悍，莫敢治。貫至，發之，廢爲民。徙江東，改知洪州，累遷尚書刑部員外郎。坐前使江東不察所部吏受賕，降知饒州。

有撫州司法參軍孫齊者，初以明法得官，以其妻杜氏留里中，而給娶周氏入蜀。後周欲訴于官，齊斷髮誓出杜氏。久之，又納倡陳氏，挈周所生子之撫州。未踰月，周氏至，齊捽置廡下，出僞券曰：「若傭婢也，敢爾邪！」乃殺其所生子。周訴于州及轉運使，皆不受。人或告之曰：「得知饒州蕭史君者訴之，事當白矣。」周氏以布衣書姓名，乞食道上，馳告貫。撫非所部，而貫特爲治之；更赦，猶編管齊濠州。遷兵部員外郎，召還，將試知制誥，會營建獻、懿二皇太后陵，未及試而卒。

貫臨事敢爲，不苟合於時。初，感疾，夢綠衣中人召至帝所，賦禁中曉寒歌，詞語淸麗，人以比唐李賀。

蘇舜欽字子美，參知政事易簡之孫。父耆，有才名，嘗爲工部郎中，直集賢院。舜欽少慷慨有大志，狀貌怪偉。當天聖中，學者爲文多病偶對，獨舜欽與河南穆脩好爲古文、歌詩，一時豪俊多從之游。

初以父任補太廟齋郎，調滎陽縣尉〔三〕。玉淸昭應宮災，舜欽年二十一，詣登聞鼓院上疏曰：

烈士不避鈇鉞而進諫，明君不諱過失而納忠，是以懷策者必吐上前，蓄寃者無至腹誹。然言之難不如容之難，容之難不如行之難，有言之必容之行之，則三代之主也，幸陛下留聽焉。

臣覩今歲自春徂夏，霖雨陰晦未嘗少止，農田被菑者幾於十九。臣以謂任用失人、政令多過、賞罰弗中之所召也。天之降災，欲悟陛下，而大臣歸咎于刑獄之濫，陛下聽之，故肆赦天下以爲禳救。如此則是殺人者不死，傷人者不抵罪，而欲以合天意也。古者斷決滯訟以平水旱，不聞用赦，故赦下之後，陰霾及今。

前志曰：「積陰生陽，陽生則火災見焉。」乘夏之氣發洩於玉清宮，震雨雜下，烈焰四起，樓觀萬疊，數刻而盡，非慢於火備，乃天之垂戒也。陛下當降服、減膳、避正寢，責躬罪己，下哀痛之詔，罷非業之作，拯失職之民，察輔弼及左右無裨國體者罷之，竊弄權威者去之；念政刑之失，收芻蕘之論，庶幾所以變災爲祐。

浹日之間，未聞爲此，而將計工役以圖修復，都下之人聞者駭惑，聚首橫議，咸謂非宜。皆曰章聖皇帝勤儉十餘年，天下富庶，帑府流衍，乃作斯宮，及其畢功，海內虛竭。陛下卽位未及十年，數遭水旱，雖征賦咸入，而百姓困乏。若大興土木，則費用不知紀極，財力耗于內，百姓勞于下，內耗下勞，何以爲國！況天災之，己違之，是欲競天，無省己之意。逆天不祥，安己難任，欲祈厚貺，其可得乎！今爲陛下計，莫若來吉士，去佞人，修德以勤至治，使百姓足給而征稅寬減，則可以謝天意而安民情矣。

夫賢君見變，修道除凶，亂世無象，天不譴告。今幸天見之變，是陛下修己之日，豈可忽哉！昔漢元帝〔四〕三年，茂陵白鶴館災，詔曰：「迺者火災降於孝武園館，朕戰慄恐懼，不燭變異，罪在朕躬。羣有司又不肯極言朕過，以至于斯，將何寤焉」夫茂陵不及上都，白鶴館大不及此宮，彼尙降詔四方，以求己過，是知帝王憂危念治，汲汲如此。

臣又按五行志：賢佞分別，官人有敍，率由舊章，禮重功勳，則火得其性。若信道不篤，或燿虛僞，讒夫昌，邪勝正，則火失其性，自上而降。及濫炎妄起，燔宗廟，燒宮室，雖興師徒而不能救。魯成公三年，新宮災，劉向謂成公信三桓子孫之讒，逐父臣之應。襄公九年春，宋火，劉向謂宋公聽讒，逐其大夫華弱奔魯之應。今宮災豈亦有是乎？願陛下拱默內省而追革之，罷再造之勞，述前世之法，天下之幸也。

又上書曰：

歷觀前代聖神之君，好聞讜議，蓋以四海至遠，民有隱慝，不可以偏照，故無間愚賤之言而擇用之。然後朝無遺政，物無遁情，雖有佞臣，邪謀莫得而進也。

臣覩乙亥詔書，戒越職言事，播告四方，無不驚惑，往往竊議，恐非出陛下之意。蓋陛下即位以來，屢詔羣下勤求直言，使百僚轉對，置匭函，設直言極諫科。今詔書頓異前事，豈非大臣壅蔽陛下聰明，杜塞忠良之口，不惟虧損朝政，實亦自取覆亡之道。夫納善進賢，宰相之事，蔽君自任，未或不亡。今諫官、御史悉出其門，但希旨意，即獲美官，多士盈庭，噤不得語。陛下拱默，何由盡聞天下之事乎？

前孔道輔、范仲淹剛直不撓，致位臺諫，後雖改他官，不忘獻納。二臣者非不知緘口數年，坐得卿輔，蓋不敢負陛下委注之意。而皆罹中傷，竄謫而去，使正臣奪氣，鯁士咋舌，目覩時弊，口不敢論。

昔晉侯問叔向曰：「國家之患孰爲大？」對曰：「大臣持祿而不極諫，小臣畏罪而不敢言，下情不得上通，此患之大者。」故漢文感女子之說而肉刑是除，武帝聽三老之議而江充以族。肉刑古法，江充近臣，女子三老，愚耄疏隔之至也。蓋以義之所在，賤不可忽，二君從之，後世稱聖。況國家班設爵位，列陳豪英，故當責其公忠，安可敎之循默？賞之使諫，尙恐不言；罪其敢言，孰肯獻納？物情閉塞，上位孤危，軫念于茲，可爲驚怛！覬望陛下發德音，寢前詔，勤於采納，下及芻蕘，可以常守隆平，保全近輔。

尋舉進士，改光祿寺主簿，知長垣縣，遷大理評事，監在京店宅務。康定中，河東地震〔五〕，舜欽詣匭通疏曰：

臣聞河東地大震裂，涌水壞屋廬城堞，殺民畜幾十萬，歷旬不止。始聞惶駭疑惑。竊思自編策所紀前代衰微喪亂之世，亦未嘗有此大變〔六〕。今四聖接統，內外平寧，戎夷交歡，兵革偃息，固與夫衰微喪亂之世異，何災變之作反過之耶？且妖祥之興，神實尸之，各以類告，未嘗妄也。天人之應，古今之鑒，大可恐懼。豈王者安於逸豫、信任近臣而不省政事乎？廟堂之上，有非才冒祿、竊弄威福而侵上事者乎？又豈施設之政有不便民者乎？深宮之中，有陰敎不謹以媚道進者乎？西北羌夷有背盟犯順之心乎？

臣從遠方來，不知近事，心疑而口不敢道也。所怪者，朝廷見此大異，不修闕政，以厭天戒、安民心，默然不恤，如無事之時；諫官、御史不聞進牘鋪白災害之端，以開上心。然民情洶洶，聚首橫議，咸有憂悸之色。

臣以世受君祿，身齒國命，涵濡惠澤，以長此軀，目覩心思，驚怛流汗，欲盡吐肝膽，以拜封奏。又見范仲淹以剛直忤姦臣，言不用而身竄謫，降詔天下，不許越職言事。臣不避權右，必恐橫罹中傷，無補於國，因自悲嗟，不知所措。

既而孟春之初，雷震暴作，臣以謂國家闕失，衆臣莫敢爲陛下言者，唯天丁寧以告陛下。陛下果能沛發明詔，許羣臣皆得獻言，臣初聞之踴躍欣抃。旬日間頗有言事者，其間豈無切中時病，而未聞朝廷舉而行之，是亦收虛言而不根實效也。臣聞唯誠可以應天，唯實可以安民，今應天不以誠，安民不以實，徒布空文，增人太息耳，將何以謝神靈而救弊亂也！豈大臣蒙塞天聽，不爲陛下行之？豈言事迂闊無所取，不足行也？臣竊見綱紀隳敗，政化闕失，其事甚衆，不可概舉，謹條大者二事以聞：

一曰正心。夫治國如治家，治家者先修己，修己者先正心，心正則神明集而萬務理。今民間傳陛下比年稍邇俳優賤人，燕樂踰節，賜予過度。燕樂踰節則蕩，賜予過度則侈。蕩則政事不親，侈則用度不足。臣竊觀國史，見祖宗日視朝，旰昃方罷，猶坐於後苑，門有白事者，立得召對，委曲詢訪，小善必納。眞宗末年不豫，始間日視事。今陛下春秋鼎盛，實宵衣旰食求治之秋，而乃隔日御殿，此政事不親也。又府庫匱竭，民鮮蓋藏，誅斂科率，殆無虛日。計度經費，二十倍於祖宗時，此用度不足也。政事不親，用度不足，誠國大憂。臣望陛下修己以御人，洗心以鑒物，勤聽斷，舍燕安，放棄優諧近習之纖人，親近剛明鯁直之良士。因此災變，以思永圖，則天下幸甚。

其二曰擇賢。夫明主勞於求賢而逸於任使，然盈庭之士不須盡擇，在擇一二輔臣及御史、諫官而已。陛下用人尙未愼擇。昨王隨自吏部侍郎遷門下侍郎平章事，超越十資，復爲上相。此乃非常之恩，必待非常之才，而隨虛庸邪諂，非輔相之器，降麻之後，物論沸騰。故疾纏其身，災仍於國，此亦天意愛惜我朝，陛下鑒之哉！且石中立頃在朝行，以詼諧自任，士人或有宴集，必置席間，聽其語言，以資笑噱。今處之近輔，不聞嘉謀，物望甚輕，人情所忽，使災害屢降而朝廷不尊，蓋近臣多非才者。陛下左右尙如此，天下官吏可知也。實恐遠人輕笑中國，宜即行罷免，別選賢才。又張觀爲御史中丞，高若訥爲司諫，二人者皆登高第，頗以文詞進，而溫和軟懦，無剛鯁敢言之氣。斯皆執政引拔建置，欲其愼默，不敢舉揚其私，時有所言，則必暗相關說，旁人窺之，甚可笑也。故御史、諫官之任，臣欲陛下親擇之，不令出執政門下。臺諫官既得其人，則近臣不敢爲過，乃馭下之策也。

臣以謂陛下身旣勤儉，輔弼、臺諫又皆得人，則天下何憂不治，災異何由而生，惟陛下少留意焉。

范仲淹薦其才，召試，爲集賢校理，監進奏院。舜欽娶宰相杜衍女，衍時與仲淹、富弼在政府，多引用一時聞人，欲更張庶事。御史中丞王拱辰等不便其所爲。會進奏院祠神，舜欽與右班殿直劉巽輒用鬻故紙公錢召妓樂，間夕會賓客。拱辰廉得之，諷其屬魚周詢等劾奏，因欲搖動衍。事下開封府劾治，於是舜欽與巽俱坐自盜除名，同時會者皆知名士，因緣得罪逐出四方者十餘人。世以爲過薄，而拱辰等方自喜曰：「吾一擧網盡矣。」

舜欽旣放廢，寓于吳中，其友人韓維責以世居京師而去離都下，隔絶親交。舜欽報書曰：

蒙聞責以兄弟在京師，不以義相就，獨羈外數千里，自取愁苦。予豈無親戚之情，豈不知會合之樂也？安肯舍安逸而甘愁苦哉！

昨在京師，不敢犯人顏色，不敢議論時事，隨衆上下，心志蟠屈不開，固亦極矣。不幸適在疑嫌之地，不能決然早自引去，致不測之禍，捽去下吏，人無敢言，友讎一波，共起謗議。被廢之後，喧然未已，更欲置之死地然後爲快。來者往往鉤賾言語，欲以傳播，好意相恤者幾希矣。故閉戶不敢與相見，如避兵寇。偷俗如此，安可久居其間！遂超然遠舉，羈泊於江湖之上，不唯衣食之累，實亦少避機穽也。

況血屬之多，資入之薄，持國見之矣。常相團聚，可乏衣食乎？不可也。可閉關常不與人接乎？不可也。與人接必與之言，與之言必與之還往，使人人皆如持國則可，不迨持國者必加釀惡言，喧布上下，使僕不能自明，則前日之事未爲重也。

都無此事，亦終日勞苦，應接之不暇，寒暑奔走塵土泥淖中，不能了人事，羸馬餓僕，日栖栖取辱於都城，使人指背譏笑哀閔，亦何顏面，安得不謂之愁苦哉！

此雖與兄弟親戚相遠，而伏臘稍足，居室稍寬，無終日應接奔走之勞，耳目淸曠，不設機關以待人，心安閑而體舒放。三商而眠，高舂而起，靜院明窗之下，羅列圖史琴樽以自愉悅，有興則泛小舟出盤、閶二門，吟嘯覽古於江山之間。渚茶、野釀足以銷憂，蓴鱸、稻蟹足以適口。又多高僧隱君子，佛廟勝絕，家有園林，珍花奇石，曲池高臺，魚鳥留連，不覺日暮。

昔孔子作春秋而夷吳，又曰：「吾欲居九夷。」觀今之風俗，樂善好事，知予守道好學，皆欣然願來過從，不以罪人相遇，雖孔子復生，是亦必欲居此也。以彼此較之，孰爲然哉！人生內有自得，外有所適，固亦樂矣，何必高位厚祿，役人以自奉養，然後爲樂。今雖僑此，亦如仕宦南北，安可與親戚常相守耶！予窘迫，勢不得如持國意，必使我尸轉溝洫，肉餧豺虎，而後以爲安所義，何其忍耶！詩曰：「凡今之人，莫如兄弟。」謂兄弟以恩，急難必相拯救。後章曰：「喪亂既平，既安且寧。雖有兄弟，不如友生。」謂友朋尙義，安寧之時，以禮義相琢磨。予於持國，外兄弟也。急難不相救，又於未安寧之際，欲以義相琢剡，雖古人所不能受，予欲不報，慮淺吾持國也。

二年，得湖州長史，卒。舜欽數上書論朝廷事，在蘇州買水石作滄浪亭，益讀書，時發憤懣於歌詩，其體豪放，往往驚人。善草書，每酣酒落筆，爭爲人所傳。及謫死，世尤惜之。妻杜氏有賢行。

兄舜元字才翁，爲人精悍任氣節，爲歌詩亦豪健，尤善草書，舜欽不能及。官至尙書度支員外郎、三司度支判官。

尹源字子漸，少博學彊記，與弟洙皆以文學知名。洙議論明辨，果於有爲。源自晦，不矜飾，有所發卽過人。初以祖蔭補三班借職，稍遷殿直。舉進士，爲奉禮郎，累遷太常博士，歷知芮城、河陽、新鄭三縣，通判涇州。時知滄州劉渙坐專斬部卒，降知密州。源上書言：「渙爲主將，部卒有罪不伏，筈輒呼萬歲，渙斬之不爲過。以此謫渙，臣恐邊兵愈驕，輕視主將，所繫非輕也。」渙遂獲免。

嘗作唐說及敍兵十篇上之。其唐說曰：

世言唐所以亡，由諸侯之彊，此未極于理。夫弱唐者，諸侯也。唐既弱矣，而久不亡者，諸侯維之也。燕、趙、魏首亂唐制，專地而治，若古之建國，此諸侯之雄者，然皆恃唐爲輕重。何則？假王命以相制則易而順，唐雖病之，亦不得而外焉。故河北順而聽命，則天下爲亂者不能遂其亂；河北不順而變，則姦雄或附而起。德宗世，朱泚、李希烈始遂其僭而終敗亡者，田悅叛于前，武俊順于後也。憲宗討蜀、平夏、誅蔡、夷鄆，兵連四方而亂不生，卒成中興之功者，田氏稟命、王承宗歸國也。武宗將討劉稹之叛，先正三鎭，絕其連衡之計，而王誅以成。如是二百年，姦臣逆子專國命者有之，夷將相者有之，而不敢窺神器，非力不足，畏諸侯之勢也。

及廣明之後，關東無復唐有，方鎭相侵伐者，猶以王室爲名。及梁祖舉河南，劉仁恭輕戰而敗，羅氏內附，王鎔請盟，于時河北之事去矣。梁人一舉而代唐有國，諸侯莫能與之爭，其勢然也。向使以僖、昭之弱，乘巢、蔡之亂，而田承嗣守魏，王武俊、朱滔據燕、趙，彊相均，地相屬，其勢宜莫敢先動，況非義舉乎？如此雖梁祖之暴，不過取霸于一方耳，安能彊禪天下？故唐之弱者，以河北之彊也；唐之亡者，以河北之弱也。

或曰：「諸侯彊則分天子之勢，子何議之過乎？」曰：「秦、隋之勢無分于諸侯，而亡速于唐，何如哉？」或曰：「唐之亡其由君失道乎？」曰：「君非失道，而才不至焉爾，其亡也，臣實主之。請極其說：唐太宗起艱難有天下，其用臣也，聽其言而盡其才，故君臣相親而至治安。以及後世，視太宗由茲而興，雖其聖不及，而任臣納諫之心一也。君有太宗之心，臣非太宗之臣，上聽其下，或不能辨其姦，下惑其上，無所不至，所以敗也。何哉？夫君一而臣衆，大聖之君不相繼而出，大姦之臣則世有之。大聖在上，則姦無所容，其臣莫不賢；苟君之才不能勝臣之姦，則雖有賢者不能進矣。如是，然未至於失道，猶失道也。明皇非不欲天下如貞觀之治，而馭臣之才不能勝林甫之姦，於是有祿山之禍。德宗非不欲平暴亂、安四方，而君人之術不能勝盧杞之邪，於是有朱泚之變。以至于僖、昭，其心皆欲去亂而卽治也，而才不逮於明皇、德宗，輔臣之姦邪或過於林甫、盧杞，求國不亡，安可得已！然迹其事，君豈有失道乎？于時天下非無賢，由君不能主聽也。故至賢之主與夫失道之主，其興其亡，皆自取之，此繫乎君者也；中才之主，其臣正勝邪則治而安，邪勝正則亂而亡，此繫乎臣者也。然則唐之亡非君之爲，臣之爲也。」

其叙兵曰：

唐杜牧當會昌中河朔用兵，嘗爲文數篇，上論歷代軍事利害，繼以本朝制兵、用將之得失，下參以當時事機。牧，儒者，位不顯，其術未嘗試，然識者謂牧知兵，雖古名將不能過。今觀牧所著，大要究極當世之務，不專狃古法，使時君可行而易爲功，此其善也。

今兵之利鈍所以與唐世異者，唐自中世以來，諸侯皆自募兵訓練，出攻入守，上下一志，故討淮西、靑、冀、滄德、澤潞之叛，以至四征夷狄，大率假外兵以集事，朝廷所出神策禁軍，不過爲聲援而已，故所至多有功。

今則不然，國家患前世藩鎭之疆，凡天下所募驍勇，一萃於京師。雖濱塞諸郡，大者籍兵不踰數千，每歲防秋，則戍以禁兵，將帥任輕而勢分，軍事往往中御。愚謂此可以施於無事時，鎭中國，服豪傑心，苟戎夷侵軼，未必能取勝也。何則？兵主於外則勇，主於內則驕，勇生於勞，驕生於逸。夫外兵所習尙皆疆場戰鬥勞苦之事，死生之命制之於將，故勇，勇而使之戰則多利；內兵居京都，日享安逸，加之以賞賚，未嘗服甲冑、荷戈戟，不知將帥號令之嚴，故驕，驕而勞之則怨，以之戰則多鈍。

若唐之失，失於諸侯之不制，非失於外兵之彊，故有驕將，罕聞有驕兵。今之失，失於將太輕，而外兵不足以應敵，內兵鮮得其用，故有驕兵，不聞有驕將。且唐之所失者勢也，今之所失者制也。勢也者不得已也，制也者可爲而不爲也。

然則爲今之計當如何？曰：「稍革舊制，大募豪勇，益外兵之籍，俾足以戰敵。以內兵爲聲勢，重邊將之任，使專一軍之事，而不得連州郡之勢，斯可以獲近利而亡後害也。

餘文多不錄。

趙元昊寇定川堡，葛懷敏發涇原兵救之，源是時通判慶州，遺懷敏書曰：「賊舉國而來，其利不在城堡，而兵法有不得而救者，宜駐兵瓦亭，擇利而後動。」懷敏不聽，以敗。范仲淹、韓琦薦其才，召試學士院。源素不喜賦，請以論易賦，主試者方以賦進，不悅其言，第其文下，除知懷州，卒。

黃亢字清臣，建州浦城人也。母夢星殞于懷，掬而呑之，遂有娠。少奇穎過人，年十五，以文謁翰林學士章得象，得象奇之。遊錢塘，以詩贈處士林逋，逋尤激賞。時王隨知杭州，奏禁西湖爲放生池，亢作詩數百言以諷，士人爭傳之。亢爲人侏儒，不飾小節，對人野率，如不能言。然嗜學彊記，爲文詞奇偉。卒，鄉人類其文爲十二卷，號東溪集。

黃鑑字唐卿，與亢同鄉里，少敏慧過人。舉進士，補桂陽監判官，爲國子監直講。同郡楊億尤善其文詞，延置門下，由是知名。累遷太常博士，爲國史院編修官。嘗詔館閣官後苑賞花，而鑑特預召。國史成，擢直集賢院。以母老，出通判蘇州，卒。

楊蟠字公濟，章安人也。舉進士，爲密、和二州推官。歐陽脩稱其詩。蘇軾知杭州，蟠通判州事，與軾倡酬居多。平生爲詩數千篇，後知壽州，卒。

顏太初字醇之，徐州彭城人，顏子四十七世孫。少博學，有雋才，慷慨好義。喜爲詩，多譏切時事。天聖中，亳州衞眞令黎德潤爲吏誣構，死獄中，太初以詩發其寃，覽者壯之。

文宣公孔聖祐卒，無子，除襲封且十年。是時有醫許希以鍼愈仁宗疾，拜賜已，西向拜扁鵲曰：「不敢忘師也！」帝爲封扁鵲神應侯，立祠城西。太初作許希詩，指聖祐事以諷在位，又致書參知政事蔡齊，齊爲言於上，遂以聖祐弟襲封。山東人范諷、石延年、劉潛之徒喜豪放劇飲，不循禮法，後生多慕之，太初作東州逸黨詩，孔道輔深器之。太初中進士後，爲莒縣尉，因事忤轉運使，投劾去。久之，補閬中主簿。時范諷以罪貶，同黨皆坐斥，齊與道輔薦太初，上其嘗所爲詩，召試中書，言者以爲此嘲譏之辭，遂報改臨晉主簿。

前此有太常博士宋武通判同州，與守爭事，恚死，守憾之，捃構其子以罪，發狂亦死，父子寓骨僧舍。時守方貴顯，無敢爲直冤，太初因事至同州，葬武父子，蘇舜欽表其事于墓左。後移應天府戶曹參軍、南京國子監說書，卒。著書號洙南子，所居在梟、繹兩山之間，號梟繹處士。有集十卷，淳曜聯英二十卷。

子復，嘉祐中，本郡敦遣至京師，召試舍人院，爲奉議郎。

郭忠恕字恕先，河南洛陽人。七歲能誦書屬文，舉童子及第，尤工篆籀。弱冠，漢湘陰公召之，忠恕拂衣遽辭去。周廣順中，召爲宗正丞兼國子書學博士，改周易博士。建隆初，被酒與監察御史符昭文競於朝堂，御史彈奏，忠恕叱臺吏奪其奏，毀之，坐貶爲乾州司戶參軍。乘醉毆從事范滌，擅離貶所，削籍配隸靈武。其後，流落不復求仕進，多游岐、雍、京、洛間，縱酒跅弛，逢人無貴賤輒呼「苗」。有佳山水卽淹留，浹旬不能去。或踰月不食。盛暑暴露日中，體不沾汗，窮冬鑿河冰而浴，其傍凌澌消釋，人皆異之。

尤善畫，所圖屋室重復之狀，頗極精妙。多游王侯公卿家，或待以美醞，豫張紈素倚於壁，乘興卽畫之，苟意不欲而固請之，必怒而去，得者藏以爲寶。太宗卽位，聞其名，召赴闕，授國子監主簿，賜襲衣、銀帶、錢五萬，館於太學，令刊定歷代字書。

忠恕性無檢局，放縱敗度，上憐其才，每優容之。益使酒，肆言謗讟，時擅鬻官物取其直，詔減死，決杖流登州。時太平興國二年。已行至齊州臨邑，謂部送吏曰：「我今逝矣！」因掊地爲穴，度可容其面，俯窺焉而卒，槀葬於道側。後累月，故人取其尸將改葬之，其體甚輕，空空然若蟬蛻焉。所定古今尙書並釋文並行於世。

校勘記

〔一〕士以白金五百遺脩爲壽　「五百」，蘇舜欽蘇學士文集卷一五哀穆先生文作「五斤」。

〔二〕凡得十數萬　歐陽修歐陽文忠公文集卷二四石曼卿墓表，隆平集卷一五、東都事略卷一一五本傳都作「凡得數十萬」。

〔三〕調滎陽縣尉　「滎陽」原作「榮陽」，據歐陽文忠公文集卷三一湖州長史蘇君墓誌銘、本書卷八五地理志改。

〔四〕漢元帝三年　「元帝」原作「宣帝」。按漢元帝初元三年，茂陵白鶴館災，見漢書卷九元帝紀；蘇學士文集卷一一火疏亦作「元帝」，據改。

〔五〕康定中河東地震　按蘇學士文集卷一一詣匭疏上於景祐五年，長編卷一二一繫於寶元元年（即景祐五年）；本書卷六七五行志，景祐四年忻、代、并三州地震，災害很大。此處「康定」當作「景祐」。

〔六〕亦未嘗有此大變　「未」字原脫，據蘇學士文集卷一一詣匭疏、長編卷一二一補。

宋史卷四百四十三

列傳第二百二

文苑五

梅堯臣 江休復 蘇洵 章望之 王逢 孫唐卿 黃庠 楊寘附

唐庚 文同 楊傑 賀鑄 劉涇 鮑由 黃伯思

梅堯臣字聖俞，宣州宣城人，侍讀學士詢從子也。工爲詩，以深遠古淡爲意，間出奇巧，初未爲人所知。用詢蔭爲河南主簿，錢惟演留守西京，特嗟賞之，爲忘年交，引與酬倡，一府盡傾。歐陽脩與爲詩友，自以爲不及。堯臣益刻厲，精思苦學，繇是知名於時。宋興，以詩名家爲世所傳如堯臣者，蓋少也。嘗語人曰：「凡詩，意新語工，得前人所未道者，斯爲善矣；必能狀難寫之景如在目前，含不盡之意見於言外，然後爲至也。」世以爲知言。歷德興縣令，知建德、襄城縣，監湖州稅，簽書忠武、鎮安判官，監永豐倉〔一〕。大臣屢薦宜在館閣，召試，賜進士出身，爲國子監直講，累遷尙書都官員外郎。預修唐書，成，未奏而卒，錄其子一人。

寶元、嘉祐中，仁宗有事郊廟，堯臣預祭，輒獻歌詩，又嘗上書言兵。注孫子十三篇，撰唐載記二十六卷、毛詩小傳二十卷、宛陵集四十卷。

堯臣家貧，喜飲酒，賢士大夫多從之游，時載酒過門。善談笑，與物無忤，詼嘲刺譏託於詩，晚益工。有人得西南夷布弓衣，其織文乃堯臣詩也，名重於時如此。

江休復字鄰幾，開封陳留人。少彊學博覽，爲文淳雅，尤善於詩。喜琴、弈、飲酒，不以聲利爲意。進士起家，爲桂陽監藍山尉，騎驢之官，每據鞍讀書至迷失道，家人求得之。舉書判拔萃，改大理寺丞，遷殿中丞。獻其所著書，召試，爲集賢校理，判尙書刑部。與蘇舜欽游，坐預進奏院祠神會落職，監蔡州商稅。久之，知奉符縣，通判睦州、徙廬州，復集賢校理，判吏部南曹、登聞鼓院，爲羣牧判官，出知同州，提點陝西路刑獄，入判三司鹽鐵勾院，修起居注，累遷尙書刑部郎中卒。

休復外簡曠而內行甚飭，事孀姑如母，所與游皆一時豪俊。爲政簡易。嘗著神告一篇，言皇嗣未立，假神告祖宗之意，冀以感悟。又嘗言昭憲太后子孫多流落民間，宜甄錄之。著唐宜鑒十五卷、春秋世論三十卷、文集二十卷。

蘇洵字明允，眉州眉山人。年二十七始發憤爲學，歲餘舉進士，又舉茂才異等，皆不中。悉焚常所爲文，閉戶益讀書，遂通六經、百家之說，下筆頃刻數千言。至和、嘉祐間，與其二子軾、轍皆至京師，翰林學士歐陽脩上其所著書二十二篇，既出，士大夫爭傳之，一時學者競效蘇氏爲文章。所著權書、衡論、機策，文多不可悉錄，錄其心術、遠慮二篇。

心術曰：

爲將之道，當先治心，太山覆於前而色不變，麋鹿興於左而目不瞬，然後可以待敵。凡兵上義，不義雖利勿動。夫惟義可以怒士，士以義怒，可與百戰。凡戰之道，未戰養其財，將戰養其力，既戰養其氣，既勝養其心。謹烽燧，嚴斥候，使耕者無所顧忌，所以養其財；豐犒而優游之，所以養其力；小勝益急，小挫益厲〔三〕，所以養其氣；用人不盡其所爲〔三〕，所以養其心。故士當蓄其怒、懷其欲而不盡。怒不盡則有餘勇，欲不盡則有餘貪，故雖并天下而士不厭兵，此黃帝所以七十戰而兵不殆也。

凡將欲智而嚴，凡士欲愚。智則不可測，嚴則不可犯，故士皆委己而聽命，夫安得不愚？夫惟士愚而後可與之皆死。凡兵之動，知敵之主，知敵之將，而後可以動於險。鄧艾縋兵於穴中，非劉禪之庸，則百萬之師可以坐縛，彼固有所侮而動也。故古之賢將，能以兵嘗敵，而又以敵自嘗，故去就可以決。

凡主將之道，知理而後可以舉兵，知勢而後可以加兵，知節而後可以用兵。知理則不屈，知勢則不沮，知節則不窮。見小利不動，見小患不遷，小利小患不足以辱吾技也，夫然後有以支大利大患。夫惟養技而自愛者無敵於天下，故一忍可以支百勇，一靜可以制百動。

兵有長短，敵我一也。敢問：「吾之所長，吾出而用之，彼將不與吾校；吾之所短，吾斂而置之，彼將彊與吾角。奈何？」曰：「吾之所短，吾抗而暴之，使之疑而却；吾之所長，吾陰而養之，使之狎而墮其中。此用長短之術也。」

善用兵者〔四〕使之無所顧，有所恃。無所顧則知死之不足惜，有所恃則知不至於必敗。尺箠當猛虎，奮呼而操擊，徒手遇蜥蜴，變色而却步，人之情也，知此者可以將矣。袒裼而按劍，則烏獲不敢逼；冠胄衣甲據兵而寢，則童子彎弓殺之矣。故善用兵者以形固，夫能以形固，則力有餘矣。

遠慮曰：

聖人之道，有經、有權、有機，是以有民、有羣臣而又有腹心之臣。曰經者，天下之民舉知之可也；曰權者，民不可得而知矣，羣臣知之可也；曰機者，雖羣臣亦不得而知之矣，腹心之臣知之可也。夫使聖人無權，則無以成天下之務，無機，則無以濟萬世之功，然皆非天下之民所宜知；而機者又羣臣所不得聞，羣臣不得聞，則誰與議？不議不濟，然則所謂腹心之臣者，不可一日無也。後世見三代取天下以仁義，而守之以禮樂也，則曰「聖人無機」。夫取天下與守天下，無機不能。顧三代聖人之機，不若後世之詐，故後世不得見耳。

有機也，是以有腹心之臣。禹有益，湯有伊尹，武王有太公望，是三臣者，聞天下之所不聞，知羣臣之所不知。禹與湯、武倡其機於上，而三臣者和之於下，以成萬世之功。下而至於桓、文，有管仲、狐偃爲之謀主，闔廬有伍員，勾踐有范蠡、大夫種。高祖之起也，大將任韓信、黥布、彭越，裨將任曹參、樊噲、滕公、灌嬰，游說諸侯任酈生、陸賈、樅公，至於奇機密謀羣臣所不與者，唯留侯、酇侯二人。唐太宗之臣多奇才，而委之深、任之密者，亦不過曰房、杜。夫君子爲善之心與小人爲惡之心一也，君子有機以成其善，小人有機以成其惡。有機也，雖惡亦或濟，無機也，雖善亦不克，是故腹心之臣不可以一日無也。司馬氏，魏之賊也，有賈充之徒爲之腹心之臣以濟；陳勝、吳廣，秦民之湯、武也，無腹心之臣以不克。何則？無腹心之臣，無機也，有機而泄也。夫無機與有機而泄者，譬如虎豹食人而不知設陷穽，設陷穽而不知以物覆其上者也。

或曰：「機者，創業之君所假以濟耳，守成之世，其奚事機而安用夫腹心之臣？」嗚呼！守成之世，能遂熙然如太古之世矣乎？未也，吾未見機之可去也。且夫天下之變，常伏於安，田文所謂「子少國危，大臣未附」，當是之時，而無腹心之臣，可爲寒心哉！昔者，高祖之末，天下既定矣，而又以周勃遺孝惠、孝文；武帝之末，天下既治矣，而又以霍光遺孝昭、孝宣。蓋天下雖有泰山之勢，而聖人常以累卵爲心，故雖守成之世，而腹心之臣不可去也。

傳曰：「百官總己以聽于冢宰。」彼冢宰者，非腹心之臣，天子安能舉天下之事委之，三年不置疑於其間邪？又曰：「五載一巡狩。」彼無腹心之臣，五載一出，捐千里之畿，而誰與守邪？今夫一家之中必有宗老，一介之士必有密友，以開心胸，以濟緩急，奈何天子而無腹心之臣乎〔五〕？近世之君抗然于上，而使宰相眇然於下，上下不接，而其志不通矣。臣視君如天之遼然而不可親，而君亦如天之視人，泊然無愛之之心也。是以社稷之憂，彼不以爲憂，君憂不辱，君辱不死。一人譽之則用之，一人毀之則捨之。宰相避嫌畏譏且不暇〔六〕，何暇盡心以憂社稷？數遷數易，視相府如傳舍。百官泛泛於下，而天子惸惸於上，一旦有卒然之憂，吾未見其不顚沛而殞越也。聖人之任腹心之臣也，尊之如父師，愛之如兄弟，執手入臥內，同起居寢食，知無不言，言無不盡。百人譽之不加密，百人毀之不加疏，尊其爵，厚其祿，重其權，而後可與議天下之機，慮天下之變。

宰相韓琦見其書善之，奏于朝，召試舍人院，辭疾不至，遂除祕書省校書郎。會太常修纂建隆以來禮書，乃以爲霸州文安縣主簿，與陳州項城令姚闢同修禮書，爲太常因革禮一百卷。書成，方奏未報，卒。賜其家縑、銀二百，子軾辭所賜，求贈官，特贈光祿寺丞，敕有司具舟載其喪歸蜀。有文集二十卷、謚法三卷。

章望之字表民，建州浦城人。少孤，喜問學，志氣宏放。爲文辯博，長於議論。初由伯父得象廕爲祕書省校書郞，監杭州茶庫。逾年辭疾去，求舉賢良方正，得象在相位，以嫌抑之，乃上書論時政凡萬餘言，不報。丁母憂，毀瘠過制。服除，浮游江、淮間，犯艱苦，汲汲以營衣食，不自悔，人勸之仕，不應也。其兄拱之知晉江縣，忤其守蔡襄，襄怒，誣以贓，貶。

望之號泣，歷訴於朝。時襄方貴顯，事久不得直。望之訴不已，章十餘上，起獄數年，朝廷爲再劾，卒脫拱之冤，復官如初，望之遂不復仕。覃恩遷太常寺太祝、大理評事。翰林學士歐陽脩韓絳、知制誥吳奎劉敞范鎮同薦其才，宰相欲稍用之，除簽書建康軍節度判官，不赴。又除知烏程縣，趣令受命，固辭，遂以光祿寺丞致仕，卒。

望之喜議論，宗孟軻言性善，排荀卿、揚雄、韓愈、李翺之說，著救性七篇。歐陽脩論魏、梁爲正統，望之以爲非，著明統三篇。江南人李覯著禮論，謂仁、義、智、信、樂、刑、政皆出於禮，望之訂其說，著禮論一篇。其議論多有過人者。嘗北游齊、趙，南汎湖、湘，西至汧、隴，東極吳會，山水勝處，無所不歷。有歌詩、雜文數百篇，集爲三十卷。

王逢字會之，太平州當塗人。其四世祖居巖，仕唐爲驍衞長史，遭亂棄官，歸居青山。楊行密據淮南，使人以兵迫起之。居巖散遣其家人，而以一身歸行密，授以湖州別駕，不遣。一日，行密大會，失居巖，亟使人掩其家，無一人在者。其後有人於嵩山見空石室，詢其旁，或云有道人王居巖居此，去而莫知其所終。子孫仕無顯者，至逢博學，能屬文，尤長於講說。

少舉進士不中，去，教授蘇州，學者嘗數百人。晚始登第，補南雄州軍事判官，歸爲國子監直講兼隴西郡王宅教授，李瑋從學，事之甚謹。岐國公主既降，瑋爲逢求遷官，且有命，逢辭不受。久之，以太常博士通判徐州，未至，卒。逢爲人樂易，篤於朋友，與胡瑗最善。喜著書，有易傳十卷、乾德指說一卷、復書七卷。妻陳氏亦有賢行，無子。

孫唐卿〔七〕字希元，青州人。少有學行，年十七以書謁韓琦，琦甚器之。與黃庠、楊寘自景祐以來俱以進士爲舉首，有名一時。唐卿初中第，通判陝州，於吏事若素習。民有母再適人而死，及葬其父，恨母之不得祔，乃盜母之喪而同葬之。有司論以法，唐卿時權府事，乃曰：「是知有孝而不知有法爾。」乃釋之以聞。未幾，丁父憂，毀瘠嘔血而卒。詔賻其家。

黃庠字長善，洪州分寧人。博學彊記，超敏過人。初至京師，就舉國子監、開封府、禮部，皆爲第一。比引試崇政殿，以疾不時入，天子遣內侍即邸舍撫問，賜以藥劑。是時庠名聲動京師，所作程文，傳誦天下，聞于外夷，近世布衣罕比也。歸江南五年，以病卒。

楊寘字審賢，察之弟。少有雋才，慶曆二年舉進士京師，試國子監、禮部皆第一。既試崇政殿，帝臨軒啓封，見名喜動于色，謂輔臣曰：「楊寘也。」遂擢第一，公卿相賀爲得人。授將作監丞、通判潁州，未至官，持母喪，病羸卒，特詔賻恤其家。先是，其友夢寘作龍首山人，寘自謂：「龍首，我四冠多士；山人，無祿位之稱。我其終是乎！」已而果然。

唐庚字子西，眉州丹稜人也。善屬文，舉進士，稍爲宗子博士，張商英薦其才，除提舉京畿常平。商英罷相，庚亦坐貶，安置惠州。會赦，復官承議郎，提舉上淸太平宮。歸蜀，道病卒，年五十一。庚爲文精密，通於世務，作名治、察言、閔俗、存舊、內前行諸篇，時人稱之。有文集二十卷。子文若自有傳。

庚兄弟五人，長兄瞻，字望之，後改名伯虎，字長孺。治易、春秋皆有家法。元祐三年，其父游瀘南，伯虎兄弟居母喪於丹山，伯虎夜半蹴庚曰：「吾夢收父書，發之，得『亟來』二字，吾父得無他乎？吾心動矣。汝奉母奠朝夕，吾趨瀘南。」庚未及應，伯虎奮曰：「吾決矣！」起裹糧，黎明走洪川僦舟，遇江漲，聲搖數十里，客舟皆艤岸不敢動。伯虎彷徨堤上，有漁者持小艇繫港中，啗以厚利，不許。伯虎超入艇中，叱僕夫解維，漁者不得已，從之。二日半至瀘南，父果病甚，見伯虎，大驚，問其故，具告之。父嘆曰：「天告汝也！」是日，疾少間，伯虎具舟侍父以歸。居數日，疾復作，遂卒。

元符二年，庚以貢舉事繫獄臨邛，語連伯虎，臨邛幷械之。凡對吏逾年，掠治無完膚，其詞確然，一不及庚，以故獄久不具，卒會赦，除之。伯虎性眞率，無威儀，人多易之，至是皆大服，以爲不可及。伯虎仕於四方，每數年一歸，不過旬日復去。後卒于家，有子二人。

文同字與可，梓州梓潼人，漢文翁之後，蜀人猶以「石室」名其家。同方口秀眉，以學名世，操韻高潔，自號笑笑先生。善詩、文、篆、隸、行、草、飛白。文彥博守成都，奇之，致書同曰：「與可襟韻洒落，如晴雲秋月，塵埃不到。」司馬光、蘇軾尤敬重之。軾，同之從表弟也。同又善畫竹，初不自貴重，四方之人持縑素請者，足相躡於門。同厭之，投縑於地，罵曰：「吾將以爲韈。」好事者傳之以爲口實。初舉進士，稍遷太常博士、集賢校理，知陵州，又知洋州。元豐初，知湖州，明年，至陳州宛丘驛，忽留不行，沐浴衣冠，正坐而卒。

崔公度嘗與同同爲館職，見同京南，殊無言，及將別，但云：「明日復來乎？與子話。」公度意以「話」爲「畫」，明日再往，同曰：「與公話。」則左右顧，恐有聽者。公度方知同將有言，非畫也。同曰：「吾聞人不妄語者，舌可過鼻。」卽吐其舌，三疊之如餅狀，引之至眉間，公度大驚。及京中傳同死，公度乃悟所見非生者。有丹淵集四十卷行于世。

楊傑字次公，無爲人。少有名于時，舉進士。元豐中，官太常者數任，一時禮樂之事，皆預討論。嘗議玉牒帝系自僖祖而上，世次莫知，則僖祖爲始祖無疑，宜以僖祖配感生帝。又請孝惠賀后、淑德尹后、章懷潘后皆祖宗首納之后，孝章宋后嘗母儀天下，升祔之禮，久而未講，宜因慈聖光獻崇配之日，升四后神主祔于祖宗祏室，斷天下之大疑，正宗廟之大法。由是四后始得升祔。

神宗詔祕書監劉几、禮部侍郎范鎭議樂，几請命傑同議。傑言大樂七失，並圖上之。神宗下几、鎭參定，鎭不用傑議，自製。樂成，詔褒之。元豐末，晉州教授陸長愈言：「近封孟軻鄒國公，宜春秋釋奠，與顏子並配。」下太常議，傑與少卿葉均、博士盛陶王古辛公佐以謂凡配享從祀，皆孔子同時之人，今以孟軻並配非是。禮部復言：「自唐至今，以伏勝、高堂生等二十一賢從祀，豈必同時人？」詔從禮部議。

哲宗即位，議樂，又用范鎭說。傑復破鎭樂章曲名、宮架加磬、十六鍾磬之非。又論鎭以黑黍用秬制律、銅量，叩之不合黃鍾，以世無眞黍，用太府尺爲樂尺，下舊樂三律。詳具樂志。傑在神宗時與鎭異議，至是復攻之，鎭之樂律卒不用。元祐中，爲禮部員外郞，出知潤州，除兩浙提點刑獄，卒，年七十。自號無爲子，有文集二十餘卷，樂記五卷。

賀鑄字方回，衞州人，孝惠皇后之族孫。長七尺，面鐵色，眉目聳拔。喜談當世事，可否不少假借，雖貴要權傾一時，小不中意，極口詆之無遺辭，人以爲近俠。博學強記，工語言，深婉麗密，如次組繡。尤長於度曲，掇拾人所棄遺，少加檃括，皆爲新奇。嘗言：「吾筆端驅使李商隱、温庭筠常奔命不暇。」諸公貴人多客致之，鑄或從或不從，其所不欲見，終不貶也。

初，娶宗女，隸籍右選，監太原工作，有貴人子同事，驕倨不相下。鑄廉得盜工作物，屏侍吏，閉之密室，以杖數曰：「來，若某時盜某物爲某用，某時盜某物入于家，然乎？」貴人子惶駭謝「有之」。鑄曰：「能從吾治，免白發。」卽起自袒其膚，杖之數下，貴人子叩頭祈哀，卽大笑釋去。自是諸挾氣力頡頏者，皆側目不敢仰視。是時，江、淮間有米芾以魁岸奇譎知名，鑄以氣俠雄爽適相先後，二人每相遇，瞋目抵掌，論辯鋒起，終日各不能屈，談者爭傳爲口實。

元祐中，李清臣執政，奏換通直郎，通判泗州，又倅太平州。竟以尙氣使酒，不得美官，悒悒不得志，食宮祠祿，退居吳下，稍務引遠世故，亦無復軒輊如平日。家藏書萬餘卷，手自校讎，無一字誤，以是杜門將遂其老。家貧，貸子錢自給，有負者，輒折券與之，秋毫不以丐人。

鑄所爲詞章，往往傳播在人口。建中靖國時，黃庭堅自黔中還，得其「江南梅子」之句，以爲似謝玄暉。其所與交，終始厚者，惟信安程俱。鑄自裒歌詞，名東山樂府，俱爲序之。嘗自言唐諫議大夫知章之後，且推本其初，出王子慶忌，以慶爲姓，居越之湖澤所謂鏡湖者，本慶湖也，避漢安帝父淸河王諱，改爲賀氏，慶湖亦轉爲鏡。當時不知何所據。故鑄自號慶湖遺老，有慶湖遺老集二十卷。

劉涇字巨濟，簡州陽安人。舉進士，王安石薦其才，召見，除經義所檢討。久之，爲太學博士，罷，知咸陽縣，常州教授，通判莫州、成都府，除國子監丞，知處、虢、眞、坊四州。元符末上書，召對，除職方郎中。卒，年五十八。涇爲文務奇怪語，好進取，多爲人排斥，屢躓不伸。

同時有鄭少微者，字明舉，成都人也，與涇俱以文知名，而仕不偶。

鮑由字欽止〔八〕，處州龍泉人。舉進士。嘗從王安石學，又親炙蘇軾，故其文汪洋閎肆，詩尤高妙。徽宗召對，除工部員外郎，居無何，以不合去，責監泗州轉般倉。歷河東福建路常平、廣西淮南轉運判官，復召爲郎。以言者罷，提點元封觀。起知明州，又知海州，復奉祠。卒，年五十六。嘗注杜甫詩，有文集五十卷。

黃伯思字長睿，其遠祖自光州固始徙閩，爲邵武人。祖履，資政殿大學士。父應求，饒州司錄。伯思體弱，如不勝衣，風韻灑落，飄飄有凌雲意。自幼警敏，不好弄，日誦書千餘言。每聽履講經史，退與他兒言，無遺誤者。嘗夢孔雀集于庭，覺而賦之，詞采甚麗。以履任爲假承務郎。甫冠，入太學，校藝屢占上游。屢將以恩例奏增秩，伯思固辭，屢益奇之。元符三年，進士高等，調磁州司法參軍，久不任，改通州司戶。丁內艱，服除，除河南府戶曹參軍，治劇不勞而辦。秩滿，留守鄧洵武辟知右軍巡院。

伯思好古文奇字，洛下公卿家商、周、秦、漢彝器款識，研究字畫體製，悉能辨正是非，道其本末，遂以古文名家，凡字書討論備盡。初，淳化中博求古法書，命待詔王著續正法帖，伯思病其乖僞龐雜，考引載籍，咸有依據，作刊誤二卷。由是篆、隸、正、行、草、章草、飛白皆至妙絕，得其尺牘者，多藏弆。

又二年，除詳定九域圖志所編修官兼六典檢閱文字，改京秩。尋監護崇恩太后園陵使司，掌管牋奏。以修書恩，升朝列，擢祕書省校書郎。未幾，遷祕書郎。縱觀册府藏書，至忘寢食，自六經及歷代史書、諸子百家、天官地理、律曆卜筮之說無不精詣。凡詔講明前世典章文物、集古器考定眞贗，以素學與聞，議論發明居多，館閣諸公自以爲不及也。踰再考，丁外艱，宿抱羸瘵，因喪尤甚。服除，復舊職。

伯思頗好道家，自號雲林子，別字霄賓。及至京，夢人告曰：「子非久人間，上帝有命典司文翰。」覺而書之。不踰月，以政和八年卒，年四十。伯思學問慕揚雄，詩慕李白，文慕柳宗元。有文集五十卷、翼騷一卷。

二子：詔，右宣教郎、荆湖南路安撫司書寫機宜文字；諮，右從事郎、福州懷安尉，哀伯思平日議論題跋爲東觀餘論三卷。

校勘記

〔一〕永豐倉　按歐陽修歐陽文忠公文集卷三三梅聖俞墓誌銘作「永濟倉」，梅堯臣宛陵集卷三九有永濟倉書事詩，疑此誤。

〔二〕小勝益急小挫益厲　「益急小挫」四字原脫，據蘇洵嘉祐集卷二心術補。

〔三〕用人不盡其所爲　同上書同卷同篇「所爲」作「所欲爲」，按下文有「懷其欲而不盡」等語，作「所欲爲」義似較長。

〔四〕善用兵者　「善用」二字原脫，據同上書同卷同篇補。

〔五〕奈何天子而無腹心之臣乎　「天子」原作「天下」，據同上書卷四遠慮改。

〔六〕避嫌畏譏且不暇　「畏」字原脫，據同上書同卷同篇補。

〔七〕孫唐卿　下文謂「與黄庠、楊寘自景祐以來俱以進士爲舉首」，按長編卷一一四、通考卷三二選舉考，景祐元年進士第一人乃張唐卿而非孫唐卿；又韓琦安陽集卷四七故將作監丞通判陝府張唐卿墓誌銘，所敍事蹟與本傳同，顯屬一人。疑此處「孫」爲「張」之誤。

〔八〕鮑由字欽止　按本書卷二〇八藝文志，有鮑慎由文集五〇卷；汪藻浮溪集卷一七鮑吏部集序：「括蒼鮑欽止諱慎由」；陳振孫直齋書錄解題卷一七著錄夷白堂小集二〇卷、別集三卷，下注「考功員外郎括蒼鮑慎由欽止撰」，則由實名慎由。

宋史卷四百四十四

列傳第二百三

文苑六

黄庭堅　晁補之弟詠之　秦觀　張耒　陳師道　李廌　劉恕
王無咎　蔡肇　李格非　呂南公　郭祥正　米芾　劉詵　倪濤
李公麟　周邦彥　朱長文　劉弇

黄庭堅字魯直，洪州分寧人。幼警悟，讀書數過輒成誦。舅李常過其家，取架上書問之，無不通，常驚，以爲一日千里。舉進士，調葉縣尉。熙寧初，舉四京學官，第文爲優，教授北京國子監，留守文彥博才之，留再任。蘇軾嘗見其詩文，以爲超軼絕塵，獨立萬物之表，世久無此作，由是聲名始震。知太和縣，以平易爲治。時課頒鹽筴，諸縣爭占多數，太和獨否，吏不悅，而民安之。

哲宗立，召爲校書郎、神宗實錄檢討官。逾年，遷著作佐郎，加集賢校理。實錄成，擢起居舍人。丁母艱。庭堅性篤孝，母病彌年，晝夜視顏色，衣不解帶，及亡，廬墓下，哀毁得疾幾殆。服除，爲秘書丞，提點明道宮，兼國史編修官。紹聖初，出知宣州，改鄂州。章惇、蔡卞與其黨論實錄多誣，俾前史官分居畿邑以待問，摘千餘條示之，謂爲無驗證。既而院吏考閱，悉有據依，所餘才三十二事。庭堅書「用鐵龍爪治河，有同兒戲」。至是首問焉。對曰：「庭堅時官北都，嘗親見之，眞兒戲耳。」凡有問，皆直辭以對，聞者壯之。貶涪州別駕，黔州安置，言者猶以處善地爲骫法。以親嫌，遂移戎州，庭堅泊然，不以遷謫介意。蜀士慕從之游，講學不倦，凡經指授，下筆皆可觀。

徽宗卽位，起監鄂州稅，簽書寧國軍判官，知舒州，以吏部員外郎召，皆辭不行。丐郡，得知太平州，至之九日罷，主管玉隆觀〔一〕。庭堅在河北與趙挺之有微隙，挺之執政，轉運判官陳舉承風旨，上其所作荆南承天院記，指爲幸災，復除名，羈管宜州。三年，徙永州，未聞命而卒，年六十一。

庭堅學問文章，天成性得，陳師道謂其詩得法杜甫，學甫而不爲者。善行、草書，楷法亦自成一家。與張耒、晁補之、秦觀俱游蘇軾門，天下稱爲四學士，而庭堅於文章尤長於詩，蜀、江西君子以庭堅配軾，故稱「蘇、黃」。軾爲侍從時，舉以自代，其詞有「瓌偉之文，妙絕當世，孝友之行，追配古人」之語，其重之也如此。初，游灊皖山谷寺、石牛洞，樂其林泉之勝，因自號山谷道人云。

晁補之字無咎，濟州鉅野人，太子少傅迥五世孫，宗慤之曾孫也。父端友，工於詩。補之聰敏強記，纔解事卽善屬文，王安國一見奇之。十七歲從父官杭州，稡錢塘山川風物之麗，著七述以謁州通判蘇軾。軾先欲有所賦，讀之嘆曰：「吾可以閣筆矣！」又稱其文博辯儁偉，絕人遠甚，必顯於世，由是知名。

舉進士，試開封及禮部別院，皆第一。神宗閱其文曰：「是深於經術者，可革浮薄。」調澶州司戶參軍〔三〕，北京國子監教授。元祐初，爲太學正，李淸臣薦堪館閣，召試，除祕書省正字，遷校書郎，以祕閣校理通判揚州，召還，爲著作佐郎。章惇當國，出知齊州，羣盜晝掠塗巷，補之默得其姓名、囊橐皆審，一日宴客，召賊曹以方略授之，酒行未竟，悉擒以來，一府爲徹警。坐修神宗實錄失實，降通判應天府、亳州，又貶監處、信二州酒稅。徽宗立，復以著作召。旣至，拜吏部員外郎、禮部郎中，兼國史編修、實錄檢討官。黨論起，爲諫官管師仁所論，出知河中府，修河橋以便民，民畫祠其像。徙湖州、密州、果州，遂主管鴻慶宮。

還家，葺歸來園，自號歸來子，忘情仕進，慕陶潛爲人。大觀末，出黨籍，起知達州，改泗州，卒，年五十八。

補之才氣飄逸，嗜學不知倦，文章温潤典縟，其凌麗奇卓出於天成。尤精楚詞，論集屈、宋以來賦詠爲變離騷等三書。安南用兵，著罪言一篇，大意欲擇仁厚勇略吏爲五管郡守，及修海上諸郡武備，議者以爲通達世務。從弟詠之。

詠之字之道，少有異材，以蔭入官。調揚州司法參軍，未上。時蘇軾守揚州，補之倅州事，以其詩文獻軾，軾曰：「有才如此，獨不令我一識面邪？」乃具參軍禮入謁，軾下堂挽而上，顧坐客曰：「奇才也！」復舉進士，又舉宏詞，一時傳誦其文。爲河中教授，元符末，應詔上書論事，罷官。久之，爲京兆府司錄事，秩滿，提點崇福宮。卒，年五十二，有文集五十卷。

秦觀字少游，一字太虛，揚州高郵人。少豪儁，慷慨溢於文詞，舉進士不中。强志盛氣，好大而見奇，讀兵家書與己意合。見蘇軾於徐，爲賦黃樓，軾以爲有屈、宋才。又介其詩於王安石，安石亦謂淸新似鮑、謝。軾勉以應舉爲親養，始登第，調定海主簿、蔡州敎授。元祐初，軾以賢良方正薦于朝，除太學博士，校正祕書省書籍。遷正字，而復爲兼國史院編修官，上日有硯墨器幣之賜。

紹聖初，坐黨籍，出通判杭州。以御史劉拯論其增損實錄，貶監處州酒稅。使者承風望指，候伺過失，旣而無所得，則以謁告寫佛書爲罪，削秩徙郴州，繼編管橫州，又徙雷州。徽宗立，復宣德郎，放還，至藤州，出游華光亭，爲客道夢中長短句，索水欲飮，水至，笑視之而卒。先自作挽詞，其語哀甚，讀者悲傷之，年五十三，有文集四十卷。

觀長於議論，文麗而思深。及死，軾聞之嘆曰：「少游不幸死道路，哀哉！世豈復有斯人乎！」弟覿字少章，覯字少儀，皆能文。

張耒字文潛，楚州淮陰人。幼穎異，十三歲能爲文，十七時作函關賦，已傳人口。游學於陳，學官蘇轍愛之，因得從軾游，軾亦深知之，稱其文汪洋沖澹，有一倡三嘆之聲。弱冠第進士，歷臨淮主簿、壽安尉、咸平縣丞。入爲太學錄，范純仁以館閣薦試，遷祕書省正字、著作佐郞、祕書丞、著作郞、史館檢討。居三館八年，顧義自守，泊如也。擢起居舍人。紹聖初，請郡，以直龍圖閣知潤州。坐黨籍徙宣州，謫監黃州酒稅，徙復州。徽宗立，起爲通判黃州，知兗州，召爲太常少卿，甫數月，復出知潁、汝二州。崇寧初，復坐黨籍落職，主管明道宮。初，耒在潁，聞蘇軾訃，爲舉哀行服，言者以爲言，遂貶房州別駕，安置於黃。五年，得自便，居陳州。

耒儀觀甚偉，有雄才，筆力絕健，於騷詞尤長。時二蘇及黃庭堅、晁補之輩相繼沒，耒獨存，士人就學者衆，分日載酒殽飲食之。誨人作文以理爲主，嘗著論云：「自六經以下，至於諸子百氏騷人辯士論述，大氐皆將以爲寓理之具也。故學文之端，急於明理，如知文而不務理，求文之工，世未嘗有也。夫決水於江、河、淮、海也，順道而行，滔滔汩汩，日夜不止，衝砥柱，絕呂梁，放於江湖而納之海，其舒爲淪漣，鼓爲波濤，激之爲風飆，怒之爲雷霆，蛟龍魚鱉，噴薄出沒，是水之奇變也。水之初，豈若是哉！順道而決之，因其所遇而變生焉。溝瀆東決而西竭，下滿而上虛，日夜激之，欲見其奇，彼其所至者，蛙蛭之玩耳。江、河、淮、海之水，理達之文也，不求奇而奇至矣。激溝瀆而求水之奇，此無見於理，而欲以言語句讀爲奇，反覆咀嚼，卒亦無有，文之陋也。」學者以爲至言。作詩晚歲益務平淡，效白居易體，而樂府效張籍。

久於投閑，家益貧，郡守翟汝文欲爲買公田，謝不取。晚監南嶽廟，主管崇福宮。卒，年六十一。建炎初，贈集英殿修撰。

陳師道字履常，一字無己，彭城人。少而好學苦志，年十六，早以文謁曾鞏，鞏一見奇之，許其以文著，時人未之知也，留受業。熙寧中，王氏經學盛行，師道心非其說，遂絕意進取。鞏典五朝史事，得自擇其屬，朝廷以白衣難之。元祐初，蘇軾、傅堯俞、孫覺薦其文行，起爲徐州教授，又用梁燾薦，爲太學博士。言者謂在官嘗越境出南京見軾，改教授潁州。又論其進非科第，罷歸。調彭澤令，不赴。家素貧，或經日不炊，妻子慍見，弗恤也。久之，召爲祕書省正字。卒，年四十九，友人鄒浩買棺斂之。

師道高介有節，安貧樂道。於諸經尤邃詩、禮，爲文精深雅奧。喜作詩，自云學黃庭堅，至其高處，或謂過之，然小不中意，輒焚去，今存者財十一。世徒喜誦其詩文，至若奧學至行，或莫之聞也。嘗銘黃樓，曾子固謂如秦石。

初，游京師踰年，未嘗一至貴人之門，傅堯俞欲識之，先以問秦觀，觀曰：「是人非持刺字、俛顏色、伺候乎公卿之門者，殆難致也。」堯俞曰：「非所望也，吾將見之，懼其不吾見也，子能介於陳君乎？」知其貧，懷金欲爲餽，比至，聽其論議，益敬畏不敢出。章惇在樞府，將薦于朝，亦屬觀延致。師道答曰：「辱書，諭以章公降屈年德，以禮見招，不佞何以得此，豈侯嘗欺之耶？公卿不下士，尚矣，乃特見於今而親於其身，幸孰大焉。愚雖不足以齒士，猶當從侯之後，順下風以成公之名。然先王之制，士不傳贄爲臣，則不見於王公，所以成禮，而其觚必至自鬻，故先王謹其始以爲之防，而爲士者世守焉。師道於公，前有貴賤之嫌，後無平生之舊，公雖可見，禮可去乎？且公之見招，蓋以能守區區之禮也，若昧冒法義，聞命走門，則失其所以見招，公又何取焉。雖然，有一於此，幸公之他日成功謝事，幅巾東歸，師道當御款段，乘下澤，候公於東門外，尚未晚也。」及惇爲相，又致意焉，終不往。官潁時，蘇軾知州事，待之絕席，欲參諸門弟子間，而師道賦詩有「嚮來一瓣香，敬爲曾南豐」之語，其自守如是。

與趙挺之友壻，素惡其人，適預郊祀行禮，寒甚，衣無綿，妻就假於挺之家，問所從得，却去，不肯服，遂以寒疾死。

李廌字方叔，其先自鄆徙華。廌六歲而孤，能自奮立，少長，以學問稱鄉里。謁蘇軾於黃州，贄文求知。軾謂其筆墨瀾翻，有飛沙走石之勢，拊其背曰：「子之才，萬人敵也，抗之以高節，莫之能禦矣。」廌再拜受教。而家素貧，三世未葬，一夕，撫枕流涕曰：「吾忠孝焉是學，而親未葬，何以學爲！」旦而別軾，將客游四方，以蒇其事。軾解衣爲助，又作詩以勸風義者。於是不數年，盡致累世之喪三十餘柩，歸窆華山下，范鎭爲表墓以美之。益閉門讀書，又數年，再見軾，軾閱其所著，歎曰：「張耒、秦觀之流也。」

鄉舉試禮部，軾典貢舉，遺之，賦詩以自責。呂大防歎曰：「有司試藝，乃失此奇才邪！」軾與范祖禹謀曰：「廌雖在山林，其文有錦衣玉食氣，棄奇寶於路隅，昔人所歎，我曹得無意哉！」將同薦諸朝，未幾，相繼去國，不果。軾亡，廌哭之慟，曰：「吾愧不能死知己，至於事師之勤，渠敢以生死爲間！」卽走許、汝間，相地卜兆授其子，作文祭之曰：「皇天后土，監一生忠義之心；名山大川，還萬古英靈之氣。」詞語奇壯，讀者爲悚。中年絕進取意，謂潁爲人物淵藪，始定居長社，縣令李佐及里人買宅處之。卒，年五十一。

廌喜論古今治亂，條暢曲折，辯而中理。當喧溷倉卒間如不經意，睥睨而起，落筆如飛馳。元祐求言，上忠諫書、忠厚論，并獻兵鑒二萬言論西事。朝廷擒羌酋鬼章，將致法，廌深論利害，以爲殺之無益，願加寬貸，當時韙其言。

劉恕字道原，筠州人。父渙字凝之，爲潁上令，以剛直不能事上官，棄去。家于廬山之陽，時年五十。歐陽脩與渙，同年進士也，高其節，作廬山高詩以美之。渙居廬山三十餘年，環堵蕭然，饘粥以爲食，而游心塵垢之外，超然無戚戚意，以壽終。

恕少穎悟，書過目卽成誦。八歲時，坐客有言孔子無兄弟者，恕應聲曰：「以其兄之子妻之。」一坐驚異。年十三欲應制科，從人假漢、唐書，閱月皆歸之。謁丞相晏殊，問以事，反覆詰難，殊不能對。恕在鉅鹿時，召至府，重禮之，使講春秋，殊親帥官屬往聽。未冠，舉進士，時有詔，能講經義者別奏名，應詔者才數十人，恕以春秋、禮記對，先列注疏，次引先儒異說，末乃斷以己意，凡二十問，所對皆然，主司異之，擢爲第一。他文亦入高等，而廷試不中格，更下國子試講經，復第一，遂賜第。調鉅鹿主簿、和川令，發強擿伏，一時能吏自以爲不及。恕爲人重意義，急然諾。郡守得罪被劾，屬吏皆連坐下獄，恕獨恤其妻子，如己骨肉，又面數轉運使深文峻詆。

篤好史學，自太史公所記，下至周顯德末，紀傳之外至私記雜說，無所不覽，上下數千載間，鉅微之事，如指諸掌。司馬光編次資治通鑑，英宗命自擇館閣英才共修之。光對曰：「館閣文學之士誠多，至於專精史學，臣得而知者，唯劉恕耳。」卽召爲局僚，遇史事紛錯難治者，輒以諉恕。恕於魏、晉以後事，考證差繆，最爲精詳。

王安石與之有舊，欲引置三司條例。恕以不習金穀爲辭，因言天子方屬公大政，宜恢張堯、舜之道以佐明主，不應以利爲先。又條陳所更法令不合衆心者，勸使復舊，至面刺其過，安石怒，變色如鐵，恕不少屈；或稠人廣坐，抗言其失無所避，遂與之絕。方安石用事，呼吸成禍福，高論之士，始異而終附之，面譽而背毀之，口順而心非之者，皆是也。恕奮厲不顧，直指其事，得失無所隱。

光出知永興軍，恕亦以親老，求監南康軍酒以就養，許卽官修書。光判西京御史臺，恕請詣光，留數月而歸。道得風攣疾，右手足廢，然苦學如故，少間，輒修書，病亟乃止。官至祕書丞，卒，年四十七。

恕爲學，自曆數、地里、官職、族姓至前代公府案牘，皆取以審證。求書不遠數百里，身就之讀且抄，殆忘寢食。偕司馬光游萬安山，道旁有碑，讀之，乃五代列將，人所不知名者，恕能言其行事始終，歸驗舊史，信然。宋次道知亳州，家多書，恕枉道借覽。次道日具饌爲主人禮，恕曰：「此非吾所爲來也，殊廢吾事。」悉去之。獨閉閤，晝夜口誦手抄，留旬日，盡其書而去，目爲之翳。著五代十國紀年以擬十六國春秋，又采太古以來至周威烈王時事，史記、左氏傳所不載者，爲通鑑外紀。

家素貧，無以給旨甘，一毫不妄取於人。自洛南歸，時方冬，無寒具。司馬光遺以衣襪及故茵褥，辭不獲，強受而別，行及潁，悉封還之。尤不信浮屠說，以爲必無是事，曰：「人如居逆旅，一物不可乏，去則盡棄之矣，豈得齎以自隨哉。」好攻人之惡，每自訟平生有二十失、十八蔽，作文以自警，亦終不能改也。

死後七年，通鑑成，追錄其勞，官其子羲仲爲郊社齋郎。次子和仲，有超軼材，作詩清奧，刻厲欲自成家，爲文慕石介，有俠氣，亦早死。

王無咎字補之，建昌南城人。第進士，爲江都尉、衞眞主簿〔三〕、天台令，棄而從王安石學，久之，無以衣食其妻子，復調南康主簿，已又棄去。好書力學，寒暑行役不暫釋，所在學者歸之，去來常數百人。王安石爲政，無咎至京師，士大夫多從之游，有卜鄰以考經質疑者。然與人寡合，常閉門治書，惟安石言論莫逆也。安石上章薦其文行該備，守道安貧，而久棄不用，詔以爲國子直講，命未下而卒，年四十六。

蔡肇字天啓，潤州丹陽人。能爲文，最長歌詩。初事王安石，見器重。又從蘇軾游，聲譽益顯。第進士，歷明州司戶參軍、江陵推官。元祐中，爲太學正，通判常州，召爲衞尉寺丞，提舉永興路常平。徽宗初，入爲戶部、吏部員外郎，兼編修國史，言者論其學術反覆，出提舉兩浙刑獄。張商英當國，引爲禮部員外，進起居郎，拜中書舍人。前此，試三題，率以宰相上馬爲之候，肇援筆立就，不加潤飾，商英讀之擊節。纔踰月，以草御史幸義責詞不稱，罷爲顯謨閣待制、知明州，言者又論其包藏異意，非議辟雍以爲不當立，奪職，提舉洞霄宮。會赦，復之，卒。

李格非字文叔，濟南人。其幼時，俊警異甚。有司方以詩賦取士，格非獨用意經學，著禮記說至數十萬言，遂登進士第。調冀州司戶參軍，試學官，爲鄆州教授，郡守以其貧，欲使兼他官，謝不可。入補太學錄，再轉博士，以文章受知于蘇軾。嘗著洛陽名園記，謂「洛陽之盛衰，天下治亂之候也」。其後洛陽陷于金，人以爲知言。紹聖立局編元祐章奏，以爲檢討，不就，戾執政意，通判廣信軍。有道士說人禍福或中，出必乘車，甿俗信惑，格非遇之塗，叱左右取車中道士來，窮治其姦，杖而出諸境。召爲校書郎，遷著作佐郎、禮部員外郎，提點京東刑獄，以黨籍罷。卒，年六十一。

格非苦心工於詞章，陵轢直前，無難易可否，筆力不少滯。嘗言：「文不可以苟作，誠不著焉，則不能工。且晉人能文者多矣，至劉伯倫酒德頌、陶淵明歸去來辭，字字如肺肝出，遂高步晉人之上，其誠著也。」

妻王氏，拱辰孫女，亦善文。女淸照，詩文尤有稱於時，嫁趙挺之之子明誠，自號易安居士。

呂南公字次儒，建昌南城人。於書無所不讀，於文不肯綴緝陳言。熙寧中，士方推崇馬融、王肅、許愼之業，剽掠補拆臨摹之藝大行，南公度不能逐時好，一試禮闈不偶，退築室灌園，不復以進取爲意。益著書，且借史筆以褒善貶惡，遂以「衮斧」名所居齋。嘗謂士必不得已於言，則文不可以不工，蓋意有餘而文不足，則如吃人之辨訟，心未始不虛，理未始不直，然而或屈者，無助於辭而已。觀書契以來，特立之士，未有不善於文者。士無志於立則已，必有志焉，則文何可以卑淺而爲之？故毅然盡心，思欲與古人並。

元祐初，立十科薦士，中書舍人曾肇上疏，稱其讀書爲文，不事俗學，安貧守道，志希古人，堪充師表科，一時廷臣亦多稱之。議欲命以官，未及而卒。遺文曰灌園先生集，傳於世。

郭祥正字功父，太平州當塗人，母夢李白而生。少有詩聲，梅堯臣方擅名一時，見而歎曰：「天才如此，眞太白後身也！」舉進士，熙寧中，知武岡縣，簽書保信軍節度判官。時王安石用事，祥正奏乞天下大計專聽安石處畫，有異議者，雖大臣亦當屏黜。神宗覽而異之，一日問安石曰：「卿識郭祥正乎？其才似可用。」出其章以示安石，安石恥爲小臣所薦，因極口陳其無行。時祥正從章惇察訪辟，聞之，遂以殿中丞致仕。後復出，通判汀州，知端州，又棄去，隱于縣青山，卒。

米芾字元章，吳人也。以母侍宣仁后藩邸舊恩，補浛光尉。歷知雍丘縣、漣水軍，太常博士，知無爲軍。召爲書畫學博士，賜對便殿，上其子友仁所作楚山淸曉圖，擢禮部員外郎，出知淮陽軍。卒，年四十九。

芾爲文奇險，不蹈襲前人軌轍。特妙於翰墨，沈著飛翥，得王獻之筆意。畫山水人物，自名一家，尤工臨移，至亂眞不可辨。精於鑒裁，遇古器物書畫則極力求取，必得乃已。王安石嘗摘其詩句書扇上，蘇軾亦喜譽之。冠服効唐人，風神蕭散，音吐清暢，所至人聚觀之。而好潔成癖，至不與人同巾器。所爲譎異，時有可傳笑者。無爲州治有巨石，狀奇醜，芾見大喜曰：「此足以當吾拜！」具衣冠拜之，呼之爲兄。又不能與世俯仰，故從仕數困。嘗奉詔倣黃庭小楷作周興嗣千字韻語。又入宣和殿觀禁內所藏，人以爲寵。

子友仁字元暉，力學嗜古，亦善書畫，世號小米，仕至兵部侍郎、敷文閣直學士。

劉詵字應伯，福州福清人。中進士第，歷莆田主簿、知廬江縣。崇寧中，爲講議司檢討官，進軍器、大理丞，大晟府典樂。詵通音律，嘗上歷代雅樂因革及宋制作之旨，故委以樂事。又言：「周官大司樂禁淫聲、慢聲，蓋孔子所謂放鄭聲者。今燕樂之音，失於高急，曲調之詞，至於鄙俚，恐不足以召和氣。宋，火德也，音尙徵，徵調不可闕，臣按古制，旋十二宮以七聲，得正徵一調，惟陛下財取。」徽宗曰：「卿言是也，五聲闕一不可，徵招、角招爲君臣相說之樂，此朕所欲聞而無言者，卿宜爲朕典司之。」他日禁中出古鍾二，詔執政召詵按於都堂，詵曰：「此與今太簇、大呂聲協。」命取大晟鍾扣之，果應。又曰：「鍾擊之無餘韻，不如石聲，詩所云『依我磬聲』者，言其淸而定也。」復取以合之，聲益諧。歷宗正、鴻臚、衞尉、太常四少卿，纂續因革禮，卒。

誂居母喪盡禮，有雙芝生墓側，人以爲孝感。

倪濤字巨濟，廣德軍人。丱角能屬文，博學強記。年十五，試太學第一，遂擢進士，調廬陵尉、信陽軍敎授。入爲太學正，祕書省校書郞、著作佐郞，司勳、左司員外郞。朝廷議有事燕雲，大臣爭先決策，爲固位計，皆心知不可，無敢一出口，濤獨言其非。且曰：「景德以來，遼守約不犯邊，盟誓固在，不可渝也。天下久平，士不習戰，軍儲又屈，毋輕議以詒後患。」王黼怒曰：「君敢沮軍事邪！」於是言者論其鼓唱撰造，貶監朝城縣酒稅，再徙茶陵船場。卒，年三十九。死之明年，金人犯闕，朝廷憶濤言，官其一子。有雲陽集傳於世。

李公麟字伯時，舒州人〔四〕。第進士，歷南康、長垣尉，泗州錄事參軍，用陸佃薦爲中書門下後省删定官、御史檢法。好古博學，長於詩，多識奇字，自夏、商以來鍾、鼎、尊、彝，皆能考定世次，辨測款識，聞一妙品，雖捐千金不惜。紹聖末，朝廷得玉璽，下禮官諸儒議，言人人殊。公麟曰：「秦璽用藍田玉，今玉色正青，以龍蚓鳥魚爲文，著『帝王受命之符』，玉質堅甚，非昆吾刀、蟾肪不可治，琱法中絕，此眞秦李斯所爲不疑。」議由是定。元符三年，病痹，遂致仕。既歸老，肆意於龍眠山巖壑間。雅善畫，自作山莊圖，爲世寶。傳寫人物尤精，識者以爲顧愷之、張僧繇之亞。襟度超軼，名士交譽之，黃庭堅謂其風流不減古人，然因畫爲累，故世但以藝傳云。

周邦彥字美成，錢塘人。疏儁少檢，不爲州里推重，而博涉百家之書。元豐初，游京師，獻汴都賦餘萬言，神宗異之，命侍臣讀於邇英閣，召赴政事堂，自太學諸生一命爲正，居五歲不遷，益盡力於辭章。出教授廬州，知溧水縣，還爲國子主簿。哲宗召對，使誦前賦，除祕書省正字。歷校書郎，考功員外郎，衞尉、宗正少卿，兼議禮局檢討，以直龍圖閣知河中府，徽宗欲使畢禮書，復留之。踰年乃知隆德府，徙明州，入拜祕書監，進徽猷閣待制、提舉大晟府。未幾，知順昌府，徙處州。卒，年六十六，贈宣奉大夫。

邦彥好音樂，能自度曲，製樂府長短句，詞韻淸蔚，傳於世。

朱長文字伯原，蘇州吳人。年未冠，舉進士乙科，以病足不肯試吏，築室樂圃坊，著書閱古，吳人化其賢。長吏至，莫不先造請，謀政所急，士大夫過者以不到樂圃爲恥，名動京師，公卿薦以自代者衆。元祐中，起教授於鄉，召爲太學博士，遷祕書省正字。元符初，卒，哲宗知其淸，賻絹百。

有文三百卷，六經皆爲辨說。又著琴史而序其略曰：「方朝廷成太平之功，制禮作樂，比隆商、周，則是書也，豈虛文哉！」蓋立志如此。

劉弇字偉明，吉州安福人。兒時警穎，日誦萬餘言。登元豐二年進士第，繼中博學宏詞科。歷官知嘉州峩眉縣，改太學博士。元符中，有事于南郊，弇進南郊大禮賦，哲宗覽之動容，以爲相如、子雲復出，除祕書省正字。徽宗卽位，改著作佐郞、實錄院檢討官，以疾卒于官。

弇少嗜酒，不事拘檢。爲文辭刻劃瑕纇，卓詭不凡。有龍雲集三十卷，周必大序其文，謂「廬陵自歐陽文忠公以文章續韓文公正傳，遂爲一代儒宗，繼之者弇也」。其相推重如此云。

校勘記

〔一〕玉隆觀　原作「玉龍觀」，據東都事略卷一一六本傳、宋會要職官六七之四〇改。

〔二〕澶州司戶參軍　「澶州」原作「澧州」，據琬琰集删存卷二張耒晁太史補之墓誌銘、晁補之雞肋集卷五八授澶州司戶答韓諫議璹請充敎授啓改。

〔三〕江都尉衞眞主簿　「尉」字原脫，「衞眞」原作「儀眞」，據臨川先生文集卷九一王補之墓誌銘補改。

〔四〕舒州人　東都事略卷一一六李公麟傳、輿地紀勝卷四五均作「舒城人」。

宋史卷四百四十五

列傳第二百四

文苑七

陳與義 汪藻 葉夢得 程俱 張嵲 韓駒 朱敦儒 葛勝仲 熊克 張即之 趙蕃附

陳與義字去非，其先居京兆，自曾祖希亮始遷洛，故爲洛人。與義天資卓偉，爲兒時已能作文，致名譽，流輩斂衽，莫敢與抗。登政和三年上舍甲科，授開德府教授。累遷太學博士，擢符寶郎，尋謫監陳留酒稅。

及金人入汴，高宗南遷，遂避亂襄漢，轉湖湘，踰嶺嶠。久之，召爲兵部員外郎。紹興元年夏，至行在。遷中書舍人，兼掌內制。拜吏部侍郎，尋以徽猷閣直學士知湖州。召爲給事中，駁議詳雅。又以顯謨閣直學士提舉江州太平觀，被召，會宰相有不樂與義者，復用爲中書舍人、直學士院。六年九月，高宗如平江，十一月，拜翰林學士、知制誥。

七年正月，參知政事，唯師用道德以輔朝廷，務尊主威而振綱紀。時丞相趙鼎言：「人多謂中原有可圖之勢，宜便進兵，恐他時咎今日之失機。」上曰：「今梓宮與太后、淵聖皆未還，若不與金議和，則無可還之理。」與義曰：「若和議成，豈不賢於用兵；萬一無成，則用兵必不免。」上曰：「然。」三月，從帝如建康。明年，扈蹕還臨安。以疾請，復以資政殿學士知湖州，陛辭，帝勞問甚渥，遂請閑提舉臨安洞霄宮。十一月，卒，年四十九。

與義容狀儼恪，不妄笑言，平居雖謙以接物，然內剛不可犯。其薦士於朝，退未嘗以語人，士以是多之。尤長於詩，體物寓興，清邃紆餘，高舉橫厲，上下陶、謝、韋、柳之間。嘗賦墨梅，徽宗嘉賞之，以是受知于上云。

汪藻字彥章，饒州德興人。幼穎異，入太學，中進士第。調婺州觀察推官，改宣州教授，稍遷江西提舉學事司幹當公事。

徽宗親製君臣慶會閣詩，羣臣皆賡進，惟藻和篇，衆莫能及。時胡伸亦以文名，人爲之語曰：「江左二寶，胡伸、汪藻。」尋除九域圖志所編修官，再遷著作佐郎。時相王黼與藻同舍，素不咸，出通判宣州，提點江州太平觀，投閑凡八年，終黼之世不得用。

欽宗即位，召爲屯田員外郎，再遷太常少卿、起居舍人。高宗踐祚，召試中書舍人。時次揚州，藻多論奏，宰相黄潛善惡之，遂假他事，免爲集英殿修撰、提舉太平觀。明年，復召爲中書舍人兼直學士院，擢給事中，遷兵部侍郎兼侍講，拜翰林學士。帝以所御白團扇，親書「紫誥仍兼綰，黄麻似六經」十字以賜，搢紳豔之。

屬時多事，詔令類出其手。嘗論諸大將擁重兵，寖成外重之勢，且陳所以待將帥者三事，後十年卒如其策。又言：「崇、觀以來，貲結權倖，奴事閹宦，與開邊誤國，得職名自觀文殿大學士而下直祕閣、官至銀青光祿大夫者，近稍鐫褫，而建炎恩宥，又當甄復，盍依國初法，止中大夫。」

紹興元年〔一〕，除龍圖閣直學士、知湖州，以顏眞卿盡忠唐室，嘗守是邦，乞表章之，詔賜廟忠烈。又言：「古者有國必有史，故書榻前議論之辭，則有時政記，錄柱下見聞之實，則有起居注，類而次之，謂之日曆，修而成之，謂之實錄。今踰三十年〔二〕，無復日曆，何以示來世？乞即臣所領州，許臣訪尋故家文書，纂集元符庚辰以來詔旨，爲日曆之備。」制可。史館既開，修撰綦崇禮言不必別設外局，乃已。郡人顏經投匭愬其數羅軍食，遂貶秩停官。起知撫州，御史張致遠又論之，予祠。六年，修撰范沖言：「日曆，國之大典，比詔藻纂修，事復中止，恐遂散逸，宜令就閒復卒前業。」詔賜史館修撰餐錢，聽辟屬編類。八年，上所修書，自元符庚辰至宣和乙巳詔旨，凡六百六十有五卷，藻再進官，其屬鮑延祖、孟處義咸增秩有差。藻升顯謨閣學士，遣使賜茶藥。尋知徽州，逾年徙宣州。言者論其嘗爲蔡京、王黼之客，奪職居永州，累赦不宥。二十四年，卒。

秦檜死，復職，官其二子。二十八年，徽宗實錄成書，右僕射湯思退言藻嘗纂集詔旨，比修實錄，所取十蓋七八，深有力於斯文。詔贈端明殿學士。

藻通顯三十年，無屋廬以居。博極羣書，老不釋卷，尤喜讀春秋左氏傳及西漢書。工儷語，多著述，所爲制詞，人多傳誦。子六人，恬、恪、憺、㤫、懍、憘。

葉夢得字少蘊，蘇州吳縣人。嗜學蚤成，多識前言往行，談論亹亹不窮。紹聖四年，登進士第，調丹徒尉。徽宗朝，自婺州教授召爲議禮武選編修官。用蔡京薦，召對，言：「自古帝王爲治，廣狹大小，規模各不同，然必自先治其心者始。今國勢有安危，法度有利害，人材有邪正，民情有休戚，四者，治之大也。若不先治其心，或誘之以貨利，或陷之以聲色，則所謂安危、利害、邪正、休戚者，未嘗不顚倒易位，而况求其功乎？」上異其言，特遷祠部郎官。

大觀初，京再相，向所立法度已罷者復行，夢得言：「周官太宰以八柄詔王馭羣臣，所謂廢置賞罰者，王之事也，太宰得以詔王而不得自專。夫事不過可不可二者而已，以爲可而出於陛下，則前日不應廢，以爲不可而不出於陛下，則今不可復。今徒以大臣進退爲可否，無乃陛下有未了然於中者乎？」上喜曰：「邇來士多朋比媒進，卿言獨無觀望。」遂除起居郎。時用事者喜小有才，夢得言：「自古用人必先辨賢能。賢者，有德之稱，能者，有才之稱，故先王常使德勝才，不使才勝德。崇寧以來，在內惟取議論與朝廷同者爲純正，在外惟取推行法令速成者爲幹敏，未聞器業任重、識度經遠者，特有表異。恐用才太勝，願繼今用人以有德爲先。」

二年，累遷翰林學士，極論士大夫朋黨之弊，專於重內輕外，且乞身先衆人補郡。蔡京初欲以童貫宣撫陝西，取青唐。夢得見京問曰：「祖宗時，宣撫使皆是見任執政，文彥博、韓絳因此即軍中拜相，未有以中人爲之。元豐末，神宗欲命李憲，雖王珪亦能力爭，此相公所見也。昨八寶恩遽除貫節度使，天下皆知非祖宗法，此已不可救。今又付以執政之任，使得青唐，何以處之？」京有慚色，然卒用貫取青唐。

三年，以龍圖閣直學士知汝州，尋落職，提舉洞霄宮。政和五年，起知蔡州，復龍圖閣直學士。移帥潁昌府，發常平粟振民，常平使者劉寄惡之。宦官楊戩用事，寄括部內，得常平錢五十萬緡，請糴粳米輸後苑以媚戩。戩委其屬持御筆來，責以米樣如蘇州。夢得上疏極論潁昌地力與東南異，願隨品色，不報。時旁郡糾民輸鏹就糴京師，怨聲載道，獨潁昌賴夢得得免。李彥括公田，以黠吏告訐，籍郟城、舞陽隱田數千頃，民詣府訴者八百戶。夢得上其事，捕吏按治之，郡人大悅。戩、彥交怒，尋提舉南京鴻慶宮，自是或廢或起。

逮高宗駐蹕揚州，遷翰林學士兼侍讀，除戶部尙書。陳「待敵之計有三，曰形、曰勢、曰氣而已。形以地理山川爲本，勢以城池、芻粟、器械爲重，氣以將帥士卒爲急。形固則可恃以守，勢強則可資以立，氣振則可作以用，如是則敵皆在吾度內矣」。因請上南巡，阻江爲險，以備不虞。又請命重臣爲宣總使，一居泗上，總兩淮及東方之師以待敵；一居金陵，總江、浙之路以備退保。疏入不報。

既而帝駐蹕杭州，遷尙書左丞，奏監司、州縣擅立軍期司掊斂民財者，宜罷。上諭以兵、食二事最大，當擇大臣分掌。門下侍郎顏岐、知杭州康允之皆嫉夢得，又與宰相朱勝非議論不協，會州民有上書訟夢得過失者，上以夢得深曉財賦，乃除資政殿學士、提舉中太一宮，專一提領戶部財用，充車駕巡幸頓遞使，辭不拜，歸湖州。

紹興初，起爲江東安撫大使兼知建康府，兼壽春等六州宣撫使。時建康荒殘，兵不滿三千。夢得奏移統制官韓世清軍屯建康，崔增屯采石，閭皐分守要害。會王才降劉豫，引兵入寇，夢得遣使臣張偉諭才降之，以其衆分隸諸軍。濠、壽叛將寇宏、陳卞，雖陽受朝命，陰與劉豫通，夢得諭以福禍，皆聽命。及豫入寇，卞擊敗之，齊兵宵遁。

八年，除江東安撫制置大使兼知建康府、行宮留守。又奏防江措畫八事：一、申飭邊備，二、分布地分，三、把截要害，四、約束舟船，五、團結鄉社，六、明審斥堠，七、措置積聚，八、責官吏死守。又言建康太平池州緊要隘口、江北可濟渡去處共一十九處，願聚集民兵，把截要害，命諸將審度敵形，併力進討。

金都元帥宗弼犯含山縣，進逼歷陽，張俊諸軍遷延未發，夢得見俊，請速出軍，曰：「敵已過含山縣，萬一金人得和州，長江不可保矣。」俊趣諸軍進發，聲勢大振，金兵退屯昭關。明年，金復入寇，遂至柘皐，夢得團結沿江民兵數萬，分據江津，遣子模將千人守馬家渡，金兵不得渡而去。

初，建康屯兵歲費錢八百萬緡，米八十萬斛，榷貨務所入不足以支。至是，禁旅與諸道兵咸集，夢得兼總四路漕計以給饋餉，軍用不乏，故諸將得悉力以戰。詔加觀文殿學士，移知福州，兼福建安撫使。

海寇朱明猖獗，詔夢得挾御前將士便道之鎮，或招或捕，或誘之相戕，遂平寇五十餘羣。然頗與監司異議，上章請老，特遷一官，提舉臨安府洞霄宮。尋拜崇信軍節度使致仕。十八年，卒湖州，贈檢校少保。

程俱字致道，衢州開化人。以外祖尙書左丞鄧潤甫恩，補蘇州吳江主簿，監舒州太湖茶場，坐上書論事罷歸。起知泗州臨淮縣，累遷將作監丞，近臣以譔述薦，遷著作佐郎。宣和二年，進頌，賜上舍出身，除禮部郎，以病告老，不俟報而歸。

建炎中，爲太常少卿，知秀州。會車駕臨幸，賜對。俱言：「陛下德日新，政日舉，賞罰施置，仰當天意，俯合人心，則趙氏安而社稷固；不然，則宗社危而天下亂，其間蓋不容髮。」高宗嘉納之。金兵南渡，據臨安，遣兵破崇德、海鹽，馳檄諭降。俱率官屬棄城保華亭，留兵馬都監守城，朝廷命俱部金帛赴行在，既至，以病乞歸。

紹興初，始置祕書省，召俱爲少監。奏修日曆，祕書長貳得預修纂，自俱始。時庶事草創，百司文書例從省記，俱摭三館舊聞，比次爲書，名曰麟臺故事上之。擢中書舍人兼侍講。俱論：「國家之患，在於論事者不敢盡情，當事者不敢任責，言有用否，事有成敗，理固不齊。今言不合則見排於當時，事不諧則追咎於始議。故雖有智如陳平，不敢請金以行閒；勇如相如，不敢全璧以抗秦；通財如劉晏，不敢言理財以贍軍食。使人人不敢當事，不敢盡謀，則艱危之時，誰與圖回而恢復乎？」

武功大夫蘇易轉横行，俱論：「祖宗之法，文臣自將作監主簿至尚書左僕射，武臣自三班奉職至節度使，此以次遷轉之官也。武臣自閤門副使至内客省使爲横行，不繫磨勘遷轉之列，其除授皆頒特旨。故元豐之制，以承務郎至特進爲寄祿官，易監主簿至僕射之名；武臣獨不以寄祿官易之者，蓋有深意也。政和間，改武臣官稱爲郎、大夫，遂并横行易之爲轉官等級，蓋當時有司不習典故，以開僥倖之門。自改使爲大夫以來，常調之官，下至皂隸，轉爲横行者，不可勝數。且文臣所謂庶官者，轉不得過中大夫，而武臣乃得過皇城使，此何理也！夫官職輕重在朝廷，朝廷愛重官職，不妄與人，則官職重；反是則輕，輕則得者不以爲恩，未得者常懷觖望，此安危治亂所關也。」

徐俯爲諫議大夫，俱繳還，以爲：「俯雖才俊氣豪，所歷尚淺，以前任省郎，遽除諫議，自元豐更制以來，未之有也。昔唐元稹爲荆南判司，忽命從中出，召爲省郎，便知制誥，遂喧朝聽，時謂監軍崔潭峻之所引也。近聞外傳，俯與中官唱和，有『魚須』之句，號爲警策。臣恐外人以此爲疑，仰累聖德。陛下誠知俯，姑以所應得者命之。」不報。後二日，言者論俱前棄秀州城，罷爲提舉江州太平觀。久之，除徽猷閣待制。

俱晚病風痺，秦檜薦俱領史事，除提舉萬壽觀、實錄院修撰，使免朝參，俱力辭不至。卒，年六十七。俱在掖垣，命令下有不安于心者，必反覆言之，不少畏避。其爲文典雅閎奥，爲世所稱。

張嵲字巨山，襄陽人。宣和三年，上舍選中第。調唐州方城尉，改房州司刑曹。劉子羽薦于川、陝宣撫使張浚，辟利州路安撫司幹辦公事，以母病去官。

紹興五年，召對，嵲上疏曰：「金人去冬深涉吾地，王師屢捷，一朝宵遁，金有自敗之道，非我幸勝之也。今士氣稍振，乘其銳而用之，固無不可。然兵疲民勞，若便圖進取，似未可遽。臣竊謂爲今日計，當築塢堡以守淮南之地，興屯田以爲久戍之資，備舟楫以阻長江之險，以我之常，待彼之變。又荆、襄、壽春皆古重鎭，敵之侵軼，多出此塗。願速擇良將勁兵，戍守其地，以重上流之勢。」召試，除祕書省正字。

六年，地震。嵲奏：「比年以來，賦斂繁重，征求百出，流移者擠溝壑，土著者失常業，地震之異，殆或爲此。願深思變異之由，修政之闕，致民之安。」

七年，遷校書郎兼史館校勘，再遷著作郎。嵲因對言：「吳、蜀，唇齒之勢也。蜀去朝廷遠，今無元帥一年矣。蜀之利害，臣粗知之。忠勇之人，使之捍外侮則可，至於撫循斯民，則非所能辦也。宜於前宰執中，擇其可以任川事者委任之。然川蜀繫國利害，非腹心之臣不可，今早得一賢宣撫使爲要。」又言：「自駐蹕吳會以來，似未嘗以襄陽、荆南爲意，今宜亟選儒臣有牧御之才者爲二路帥，使之招集流散，興農桑，治城壁，以爲保固之資，益重上流之勢。」

既而何掄以刊改神宗實錄得罪，語連𡼖，出爲福建路轉運判官。上疏略曰：「古之人君，其患有二，不在於拒諫，在納諫而不能用；不在於不知天下利害，在知而不以爲意。陛下渡江十年矣，外有勍敵之國，內有驕悍之兵，下有窮困無聊之民。進言者多矣，今皆以爲陳腐而別取新奇之說；任事者衆矣，今皆習是以爲當然而更爲迂闊之事。此近於納諫而不知用，知利害而不知恤也。爲今之計，朝斯夕斯，非是二者不務，數年之後，庶其有濟！有國之所惡者，莫大於朋黨，今一宰相用，凡其所與者不擇賢否而盡用之，一宰相去，凡其所與者不擇賢否而盡逐之，宜其朋黨之寖成也。」

九年，除司勳員外郎，兼實錄院檢討官。金人叛盟，上命兩省、卿、監、郎、曹各草檄以進，獨取𡼖所進者，播之四方。十年，擢中書舍人，升實錄院同修撰。論王德收復宿、亳兩郡，乃擅退軍，使岳飛勢孤，金人猖獗，授承宣、防禦使，何應罰而反賞？封還詞頭，乞罷已降轉官指揮。未幾，右正言万俟卨論𡼖爲侍從日，薦引非才，以酬私恩，邊報始至，託疾家居，由是罷去。頃之，起知衢州，除敷文閣待制。爲政頗尚嚴酷，歲滿，得請提舉江州太平興國宮。時方修好息兵，朝廷講稽古禮文之事，𡼖作中興復古詩以進。上將召用，會疽發背卒，年五十三。子昌時。

韓駒字子蒼，仙井監人。少有文稱。政和初，以獻頌補假將仕郎，召試舍人院，賜進士出身，除祕書省正字。尋坐爲蘇氏學，謫監華州蒲城縣市易務。知洪州分寧縣。召爲著作郎，校正御前文籍。駒言國家祠事，歲一百十有八，用樂者六十有二，舊撰樂章，辭多牴牾。於是詔三館士分撰親祠明堂、圓壇、方澤等樂曲五十餘章，多駒所作。

宣和五年，除祕書少監。六年，遷中書舍人兼修國史，入謝。上曰：「近年爲制誥者，所褒必溢美，所貶必溢惡，豈王言之體。且盤、誥具在，寧若是乎？」駒對：「若止作制誥，則粗知文墨者皆可爲，先帝置兩省，豈止使行文書而已。」上曰：「給事實掌封駁。」駒奏：「舍人亦許繳還詞頭。」上曰：「自今朝廷事有可論者，一切繳來。」尋兼權直學士院，制詞簡重，爲時所推。未幾，復坐鄉黨曲學，以集英殿修撰提舉江州太平觀。

高宗卽位，知江州。紹興五年，卒于撫州。進一官致仕，贈中奉大夫，與遺澤三人。駒嘗在許下從蘇轍學，評其詩似儲光羲。其後由宦者以進用，頗爲識者所薄云。子遜、遊。

朱敦儒字希眞，河南人。父勃，紹聖諫官。敦儒志行高潔，雖爲布衣而有朝野之望。靖康中，召至京師，將處以學官，敦儒辭曰：「麋鹿之性，自樂閑曠，爵祿非所願也。」固辭還山。高宗卽位，詔舉草澤才德之士，預選者命中書策試，授以官。於是淮西部使者言敦儒有文武才，召之，敦儒又辭。避亂客南雄州，張浚奏赴軍前計議，弗起。紹興二年，宣諭使明橐言敦儒深達治體，有經世才，廷臣亦多稱其靖退。詔以爲右迪功郎，下肇慶府敦遣詣行在，敦儒不肯受詔。其故人勸之曰：「今天子側席幽士，翼宣中興，譙定召於蜀，蘇庠召於浙，張自牧召於長蘆，莫不聲流天京，風動郡國，君何爲棲茅茹藿，白首巖谷乎！」敦儒始幡然而起。既至，命對便殿，論議明暢。上悅，賜進士出身，爲祕書省正字。俄兼兵部郎官，遷兩浙東路提點刑獄。會右諫議大夫汪勃劾敦儒專立異論，與李光交通。高宗曰：「爵祿所以厲世，如其可與，則文臣便至侍從，武臣便至節鉞；如其不可，雖一命亦不容輕授。」敦儒遂罷。十九年，上疏請歸，許之。

敦儒素工詩及樂府，婉麗淸暢。時秦檜當國，喜獎用騷人墨客以文太平，檜子熺亦好詩，於是先用敦儒子爲删定官，復除敦儒鴻臚少卿。檜死，敦儒亦廢。談者謂敦儒老懷舐犢之愛，而畏避竄逐，故其節不終云。

葛勝仲字魯卿，丹陽人。登紹聖四年進士第，調杭州司理參軍。林希薦試學官及詞科，俱第一，除兗州教授，入爲太學正。上幸學，多獻頌者，勝仲獨獻賦，上命中書第其優劣，勝仲爲首，差提舉議曆所檢討官兼宗正丞。始，朝廷以從臣提舉議曆所，至是，代以郭天信，勝仲力請罷之。稍遷禮部員外郎。會御史中丞石公弼言：「僖祖原廟增置殿室，違元豐之舊。」詔禮官議。勝仲建言：「予而復奪，在常人猶難之，况在天之靈乎！」議者非之。責知歙州休寧縣，復召爲禮部員外郎，權國子司業。時朝廷命諸生習雅樂，樂成，進一官，遷太常少卿〔三〕。

宋自建隆至治平所行典禮，歐陽脩嘗哀集爲書，凡百篇，號太常因革禮，詔勝仲續之，增爲三百卷，詔藏太常。及建春宮，以勝仲兼諭德，勝仲爲仁、孝、學三論獻之太子，復採春秋、戰國以來歷代太子善惡成敗之迹，日進數事。詔嘉之，徙太府少卿〔四〕，除國子祭酒。

尋知汝州。李彥括田，破產者衆，勝仲請錮不當括者，彥怒，劾勝仲，上寢其奏，改湖州。尋徙鄧州，朱勔先求白雀之屬，勝仲不與，至是媒孽其短，罷歸。

建炎中，范宗尹爲相，凡前日以朋附被罪遠貶者，咸赦還，復知湖州。時羣盜縱橫，聲搖諸郡，勝仲修城郭，作戰艦，閱士卒，賊知有備，引去。歲大饑，發官廩振之，民賴以濟。紹興元年，丐祠歸。十四年，卒，年七十三，謚文康。子立方，官至侍從。孫邲，爲右相，自有傳。

熊克字子復，建寧建陽人，御史大夫博之後。將生，有雀翠羽翔臥內。克幼而翹秀，既長，好學善屬文，郡博士胡憲器之，曰：「子學老於年，他日當以文章顯。」紹興中進士第，知紹興府諸暨縣，越帥課賦頗急，諸邑率督趣以應，克曰：「寧吾獲罪，不忍困吾民。」他日，府遣幕僚閱視有亡，時方不雨，克對之泣曰：「此催租時耶！」部使者芮煇行縣至其境，謂克曰：「曩知子文墨而已，今迺見古循吏。」爲表薦之，入爲提轄文思院。

嘗以文獻曾覿，覿持白于孝宗，孝宗喜之，內出御筆，除直學士院。宰相趙雄甚異之，因奏曰：「翰苑清選，熊克小臣，不由論薦而得，無以服衆論，請自朝廷召試，然後用之。」上曰：「善。」乃以爲校書郎，累遷學士院權直。上御選德殿，召諭曰：「卿制誥甚工，且有體，自此燕閒可論治道。」

克自以見知於上，數有論奏。嘗言：「金人雖講和，而不能保於他日，今宜以和爲守，以守爲攻。當和好之時，爲備守之計，彼不能禁吾不爲也。邊備旣實，金人萬一猖獗，必不得志於我，退而乘我，曲不在我矣。且今日之守，莫重淮東。金犯淮西，負糧自隨，其勢必難；若犯淮東，淸河糧船直下，易耳。然則守淮之策，以墾田、修堰、教民兵爲先。援淮東之策，莫若卽江陰建水軍，緩急可相應。然驟立一軍，慮敵生疑，當託以海道商賈之衝，多奪攘，置一巡檢警督之，自此歲增兵，不出十年，隱然一軍矣。中興之際，不患兵不可用，而患將權難收。今日之弊，不患將不可馭，而患軍情易動。往時諸大將拊士卒如家人，自罷諸將兵權，御前主帥，更徙不常，凡軍中筦権之利，所以養士卒者，今皆轉而爲包苴矣，又朘其餘以佐之，得無怨乎！宜嚴戒將帥，毋縱掊削。」帝嘉其有志，召草明堂赦書。克言：「二浙荐饑，蝗且起，赦文不宜飾詞。」帝嘉其識體。除起居郎兼直學士院，以言者出知台州，奉祠。

克博聞強記，自少至老，著述外無他嗜。尤淹習宋朝典故，有問者酬對如響。家素儉約，雖貴不改，舊所居卑陋，門不容轍，雖部使者、郡守至，必降車乃入。嘗愛臨川童子王克勤之才，將妻以女而乏資遣，會草制獲賜金，遂以歸之，人稱其淸介。卒，年七十三。

張卽之字溫夫，參知政事孝伯之子。以父恩授承務郎，銓中兩浙轉運司進士舉，歷監平江府糧料院。丁父憂，服除，監臨安府樓店務。丁母憂，服除，監臨安府龍山稅、寧國府城下酒麯務，簽書荆門軍判官廳公事，烏程丞，特差簽書江陰軍判官廳公事，提領戶部犒賞酒庫所幹辦公事，添差兩浙轉運司主管文字，行在檢點贍軍激賞酒庫所主管文字，監尙書六部門，淮南東路提舉常平司主管文字，添差通判揚州，改鎭江，又改嘉興，將作監簿，軍器監丞，司農寺丞，知嘉興未赴，以言者罷。丐祠，主管雲臺觀，引年告老，特授直祕閣，致仕。

寶祐四年，制置使余晦入蜀，以讒劾閬州守王惟忠。於是削惟忠五官，沒入其貲，下詔獄鍛鍊誣伏，坐棄市。惟忠臨刑，謂其友陳大方曰：「吾死當上愬于天。」七揮刃不殊，血逆流。卽之雖閒居，移書言於淮東制置使賈似道恤其遺孤。又使從孫士倩娶惟忠孤女。未幾，似道入相，中書舍人常挺亦以爲言。景定元年，給還首領，以禮改葬，復金壇田，多卽之倡義云。

惟忠字肖尊，慶元之鄞人，嘉定十三年進士。卽之以能書聞天下，金人尤寶其翰墨。

趙蕃字昌父，其先鄭州人。建炎初，大父暘以祕書少監出提點坑冶，寓信州之玉山。蕃以暘致仕恩，補州文學。調浮梁尉、連江主簿，皆不赴。爲太和主簿，受知於楊萬里。調辰州司理參軍，與郡守爭獄罷，人以蕃爲直。

始，蕃受學於劉清之，清之守衡州，乃求監安仁贍軍酒庫，因以卒業。至衡而清之罷，蕃即丐祠，從清之歸。其後眞德秀書之國史曰：「蕃於師友之際蓋如此，肯負國乎！」家居連書祠官之考者三十有一。理宗即位，以太社令與劉宰同召，不拜；特改奉議郎，直祕閣，又辭。奉祠，得致仕，轉承議郎，依前直祕閣。卒，年八十七。

蕃年五十，猶問學于朱熹。既耄，猶虞末路之難，命所居曰難齋。蕃賦性寬平，與人樂易而剛介不可奪。丞相周必大與蕃契，屢加引薦，蕃竟不受。宰之言曰：「文獻之家，典刑之彥，巋然獨存，猶有以繫學者之望者，蕃一人而已。」信州守吳旂乞錄其後，詔其子遂補上州文學，遂亦力辭。又詔以承務郎致仕，與一子恩澤。景定三年，祕閣修撰鄭協等請謚，乃謚文節。

校勘記

〔一〕紹興元年　「元年」原作「二年」，據嘉泰吳興志卷一四郡守題名、繫年要錄卷四七改。

〔二〕三十年　「三」原作「二」，按汪藻浮溪集卷二〇修日曆狀說：「若太上皇帝、淵聖皇帝及陛下建炎改元，至今三十餘年，並無日曆。」繫年要錄卷六〇所記亦同。從公元一一〇一年徽宗改元建中靖國到一一三一年高宗改元紹興，適爲三十年，據改。

〔三〕遷太常少卿　「少」字原脫，據葛勝仲丹陽集卷二四附章倧葛勝仲行狀、周麟之海陵集卷二三葛勝仲神道碑補。

〔四〕徙太府少卿　「府」原作「常」，據同上二書同文補。